大雪山研究と開発のパイオニア

大雪山調査会

——大雪山の調査研究と
観光開発の礎を築いた組織の全貌

清水敏一

北海道出版企画センター

層雲峡案内
（大雪山調査会発行）

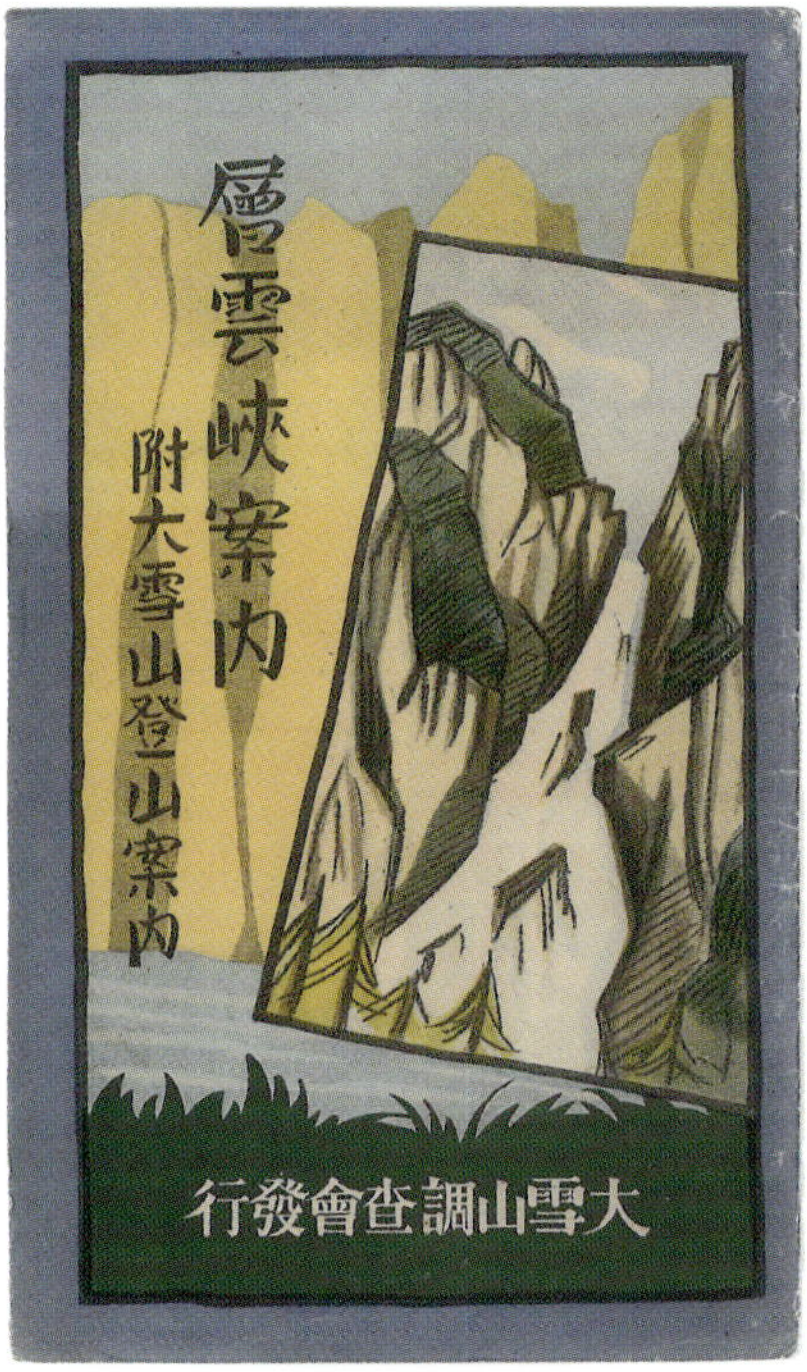

層雲峡案内
附大雪山登山案内
（大雪山調査会発行）

小泉秀雄著
『大雪山 登山法及登山案内』
（大雪山調査会 1926）

河野常吉著
『大雪山及石狩川上流探検開発史』
（大雪山調査会 1926）

大雪山調査會々長　荒井初一　黒岳頂上三角点にて

荒井初一翁之像
（荒井建設本社前）

大町桂月
(『大雪山及石狩川上流探検開発史』)

旭 (27)　第三種郵便物認可

漢詩を贈った桂月

山案内の〝神様〟成田嘉助さん

大雪山に標識や登山道もまだなかったころ、山に入るには山に熟知した案内人の助けが必要だった。明治、大正、昭和を通じ大雪山で活躍した山案内人に成田嘉助さん(明治九年—昭和四十七年)がいる。

旭川で植木や造園の仕事をしていた嘉助さんは、形の良い木を求めて大雪山に入るようになり、そのうち、クマ撃ちやヤマベ釣りで大雪山を縦横に走り回っていたアイヌとも知り合って、大雪山に精通していった。山道だけでなく高山植物、昆虫、クマのこと、なんでも詳しかった。

嘉助さんが案内した人は数知れないが、大正九年の大島亮吉、翌十年の大町桂月を案内した模様は大島と桂月のそれぞれの山行記の名文で世に紹介され、嘉助さんの名も文中に幾度も出て来る。

『一面に痛々しくも黒い土が掘り起こされ、草の根がむしり散らされてある(中略)おうおうオヤジ(熊)の畑だと嘉助がこともなげに言い放ちつつ進んでゆく』(大島亮吉『石狩岳より石狩川に沿って』)。

『余の褌は新しくして白く、嘉助の褌は古くて黒き也』(大町桂月『層雲峡より大雪山へ』)。

嘉助さんの長男の嫁・成田キヨ子さん(旭川在住)は『口数が少なく、お酒が好きで死ぬ一カ月ぐらい前からはご飯を食べずに一日一合のお酒をノドから流しこんでいた』という。キヨ子さんは、桂月が嘉助さんに贈った漢詩を掛け軸にして大切にしている。

『漢詩の説明文も桂月さんは書いてくれてたんですが、嘉助さんがその解説書を二升の酒と交換して知人にあげてしまった』そうだ。

桂月が嘉助さんに贈った漢詩を、成田家では掛け軸にして大切にしている

成田嘉助に漢詩を贈った桂月
(「北海タイムス」特集 1984年1月1日)

女性の登山、山中で一休みの名士夫人ら
『絵はがき』

第二回大雪山
夏期大學すけっち
（8）層雲峡にて　悦郎生

大雪山登りは既報の如く三日と四日に決行された。三日には第一班が猛烈な雷雨を衝いて先発し、第二班は四日の午前五時、前日とは打つて変つた絶好の日和に恵まれて、元気よく層雲閣前から繰出した。この第二班について特筆したいのは、七名の婦人会員が加はつた事だ。その七婦人たちは、全然登山の準備が無かつたので、[illegible]一枚に脚絆かなんかをぐるぐると巻きつけて、さながら[illegible]よろしく……といふ頗る愉快千萬ないでたちだ。七名のうち登山の經驗を有するお方は只一人だけ、他はいづれも今回が始めてのいはゆる處女登山とある。[illegible]ではおみ足が痛からうといふので下駄をゆはひつけ、金剛杖にとりすがり[illegible]意気[illegible]とよち登られる勇姿は、明日の紙上でご紹介申上げる。（圖中向つて左から[illegible]士夫人、竹内夫人、井上夫人、有馬[illegible]士夫人、旭川向井病院[illegible]院長夫人、その他）

HT）1927（S2）8.12

第二回大雪山　夏期大学すけっち
（「北海タイムス」1927年８月12日）

蓬莱岩

層雲閣と蓬莱橋

北海道山岳会が制作した登山見学旅行系統図

大雪山旭岳 石室
（北海アルプス 大雪山旭岳勝景『絵はがき』）

村田丹下筆 大雪山北鎮岳ヨリ荒井岳方面遠望
（北海アルプス 大雪山『絵はがき』）

村田丹下筆 大雪山雲ノ平ノお花畑
（北海アルプス 大雪山『絵はがき』）

奥村天酔の絵

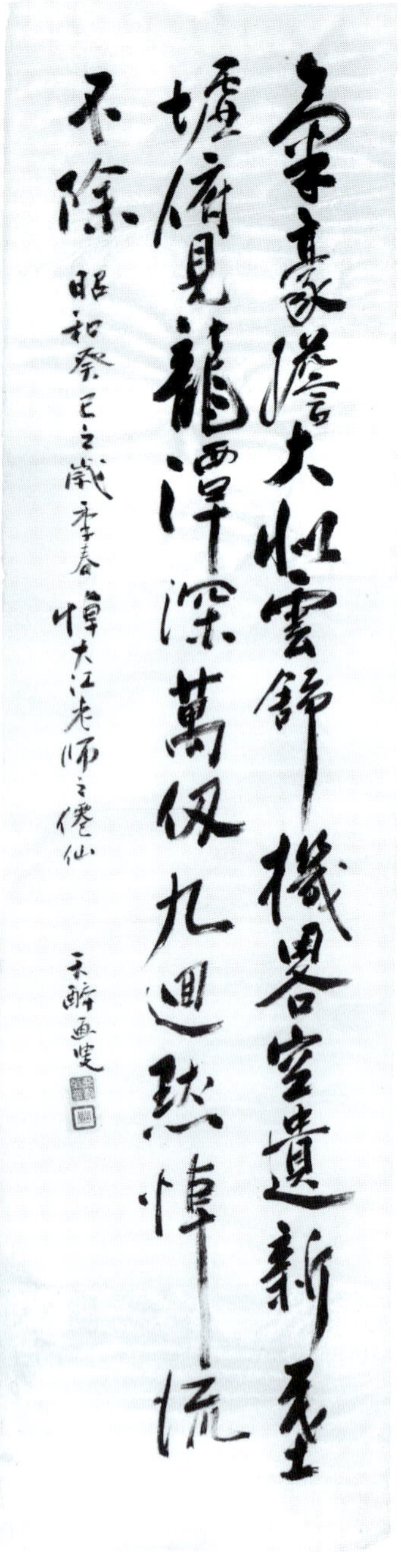

奥村天酔の書

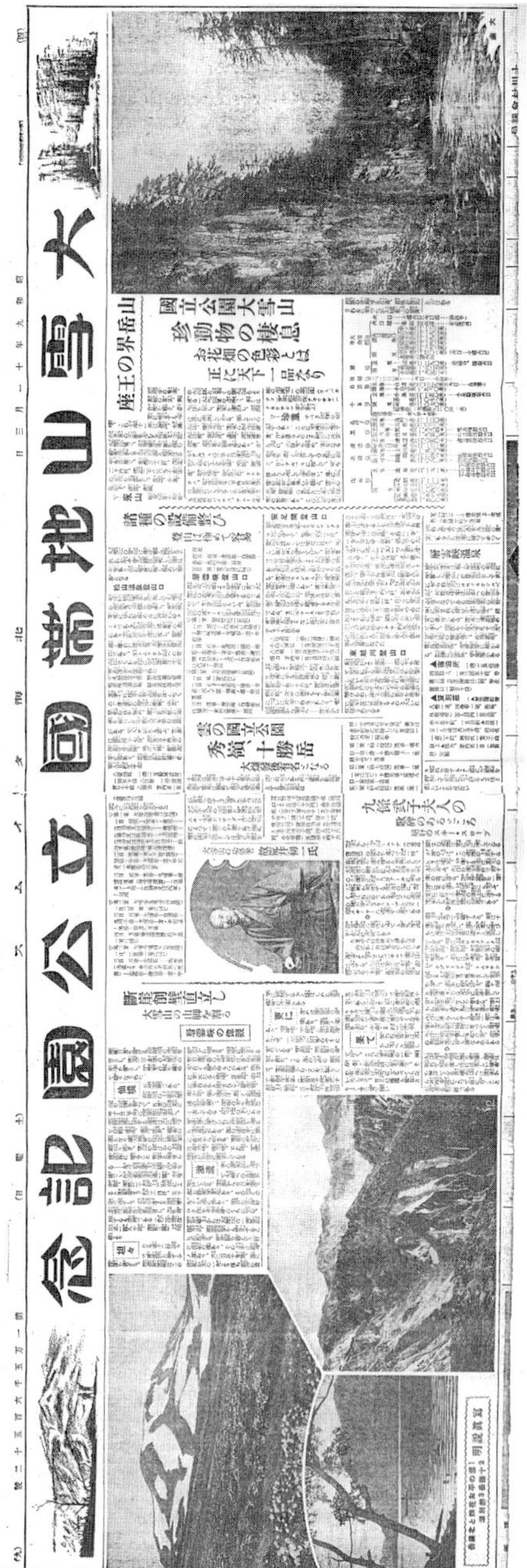
大雪山地帯國立公園記念

大雪山の功労者　故荒井初一氏（紙面中央）
（「北海タイムス」1934年11月３日付「大雪山地帯国立公園記念」）

吉積長春の屏風絵　登山の図

吉積長春の屏風絵　野営の図

大雪山アーカイブス所蔵・展示の『ヌプリ』

『大雪火山彙概論』／『北海道中央高地の地學的研究付圖』
（小泉秀雄が遺した手書き資料　大雪山アーカイブス所蔵・展示）

冬の馬車 層雲峡、一名霊山碧水峡の入り口
（冬は馬橇が活躍・塩谷忠氏撮影）

一本橋／地獄谷 大町桂月登山当時は交通不便なりし状況
（榊原章氏撮影、大正10年 8 月23日）

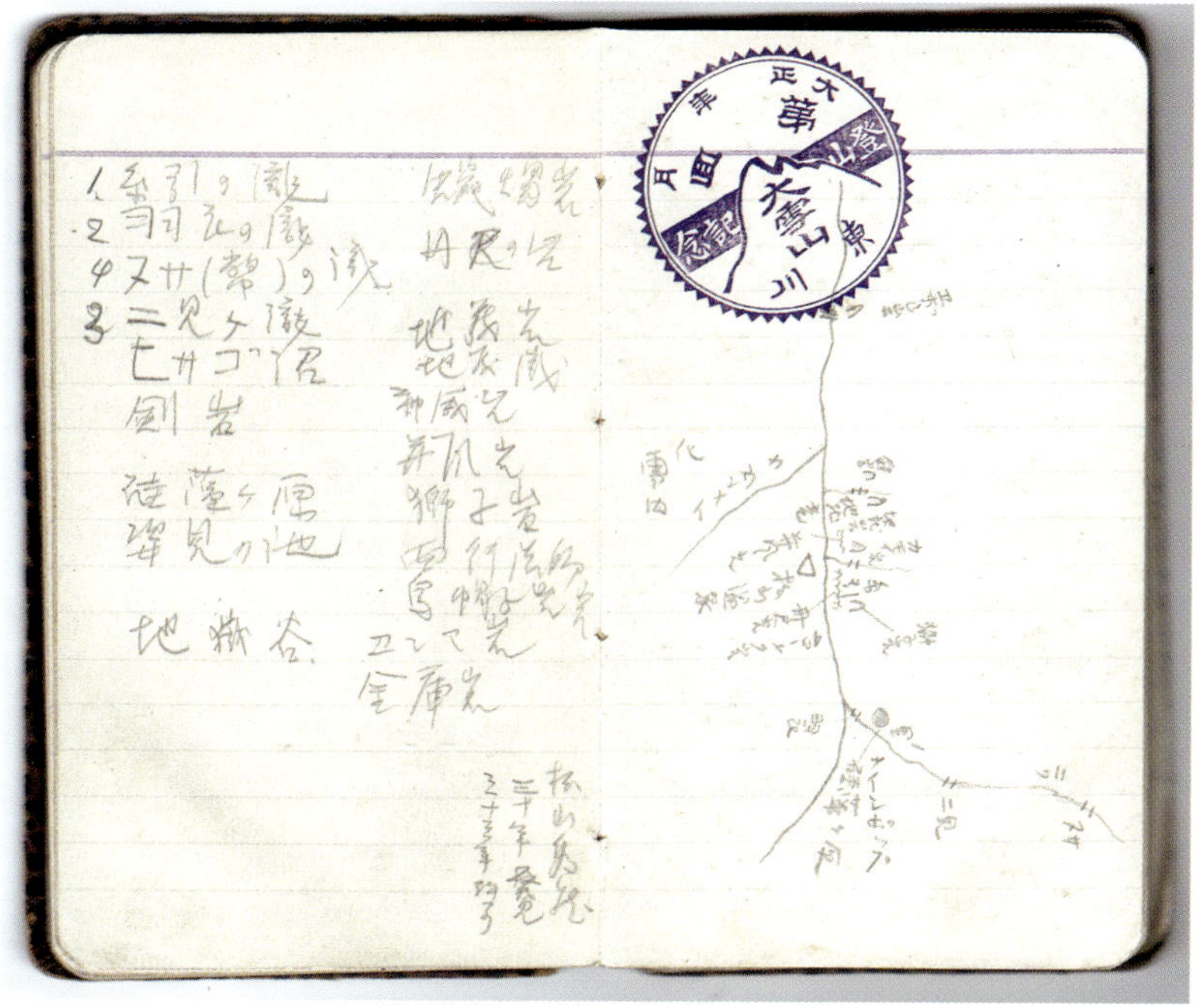

小泉秀雄がつけていた「野帖」

小泉秀雄は当時出回っていたさまざまな手帳を「野帖」に活用していた
（横内文人さん所蔵）

北海第一の大瀑布　羽衣ノ滝
（藤田寅夫氏撮影1924年 9 月 2 日）

雲ノ平石室に於ける大正14年大雪山夏期大学一行
（金子夘助氏撮影1925年 8 月19日）

目　次

大雪山調査会

大雪山調査会

序

一、大雪山調査会の創立

大雪山調査会は一九二四年（大正十三年）、旭川の実業家・荒井初一（一八七三～一九二八）によって創立された。同会については小泉秀雄著『大雪山　登山法及登山案内』（一九二六年、大雪山調査会刊）の巻末の付録三編によって知ることができる。すなわち

付録第一「大雪山調査会趣意書及会則」
付録第二「寒地（高山）植物保護区域設定請願書」
付録第三「寒地（高山）植物園設置請願書」

である。

付録の三編について小泉は、「昨年調査会の依頼を受けて書いたものであるが、本書の補助として必要であるから、調査会の内容と共につけ加えることとした。読者は本文と合わせ参照せられたい」とある。

　このように設立趣意書について小泉は、会の依頼を受けて書いたということであるが、彼は一般的な常識をはるかに超越する六千五百字に及ぶ長文を書いた。しかも漢字カタカナの文語調表記ルビなしである。冒頭の一例を示すと次のようになる。

登山熱ノ勃興《ぼっこう》近年ノ如ク著《いちじる》シキハナク、登山趣味ハ全国ニ普及シテ山頂足跡ヲ

在りし日の小泉秀雄

印《しる》セザルモノ稀ナリ。日本「アルプス」ノ如キハ帽影参《ぼうえいさん》差《さ》踵《きびす》ヲ接シ、大正十三年ハ十万人ヲ突破セリト云フ、豈《あ》ニ盛《さかん》ナラズヤ。之《これ》ヲ日本各地ノ山岳ニ徴《ちょう》スルモ登山者数ハ年一年ニ増加セザルナク、又之ヲ登山ノ種類ニ見ルモ数年前迄ハ学生並ビニ山岳研究者ノミナリシガ、近年ハ職業ノ如何《いかん》ヲ問ハズ、年齢ノ老若ヲ論ゼズ、皆高《みなたか》キニ向《むかい》テ登ラント欲スルモノ、如シ。

（漢字は常用漢字に改めてある。ルビは改めて打った）

このような表現が延々と続くのであるが、このままでは現代の一般人にはいささか読みにくいので、現代文に訳した。とはいえ意訳、要約であるが以下に拙訳を述べる。

大雪山調査会設立趣意書

登山は近年全国に普及しつつあるが、なかでも日本アルプスは大正十三年（一九二四）に十万人を突破、各地の山も年々登山者は増加している。以前は登山者も学生や山岳研究者のみであったが、昨今は職業や年齢にかかわらず、いろいろな人が高山や、前人未踏の山を志すようになった。なかには日本アルプスはすでに一般化してしまったということで、原始的な北海道中央高地を探訪する人も年々増加している。

登山の季節も夏季だけでなく春秋はもちろん、冬季もスキーによって縦横に登られるようになってきた。この進歩発展の早さには愕くべきものがある。登山の

小泉秀雄の明治四十四年の野帖

目的も探検や研究のほか、ただ山を楽しむ登山者も少なくない。
このように年とともに登山者は増加し、山岳研究も盛んになってきたのは、強健な心身を養う見地からもまことに喜ばしいことである。
このように登山が盛んになった原因はどこにあるか。
近代文化の進展に伴い、物質文明は生活を支配し、精神文明はますます乱れ、思想は不安定でどうにもならなくなってきている。都市生活においては耳を覆うほどの騒音であり、空は塵が舞い上がり、また煙のために濁り、心身ともに汚濁にまみれている。かてて加えて周囲は繁雑な幾何学的に形づくられたものばかりで、どこへ行っても心身を十分休めるところもない。そのために我々人間は環境の支配を受けて神経は過敏となり、「ヒステリー」となり、なかには自殺をする人もあるくらいである。
我々にとってこのように煩わしい生活は不快であるばかりでなく、長くそのなかにいることには耐えられない。渇したるものはまず泉に走る、自然に飢えた現代人はどこに向かうべきか、それは大自然の楽園のほかにはない。

（中略）

欧米先進国はもちろん、日本アルプス地方においては以前から山岳会あるいは教育会においてその委員会を設け、専門家を招いてその指導を受けながら地質を探り、動植物を採集して学術研究を進めている。
一方交通機関の設備、道路の延長、案内組合の設立、案内人や人夫の養成、山頂宿泊小屋の建設など、月日とともに完備されつつあるのみならず、研究の成果

附録第一
大雪山調査會趣意書及會則

大雪山調査会趣意書及会則　扉

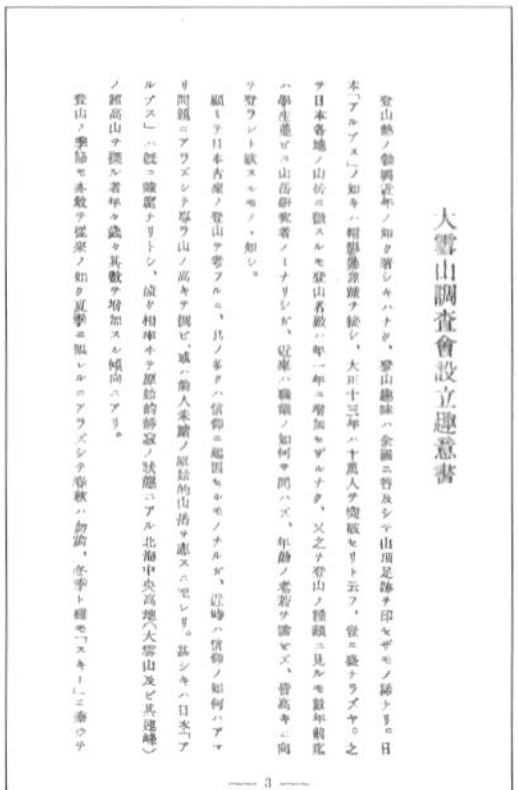
大雪山調査會設立趣意書

登山熱ノ勃興近年ノ如ク盛ンナルハナク、登山趣味ハ全國ニ普及シテ山頂足跡ヲ印セザルモノ稀ナリ。日本「アルプス」ノ如キハ相踵接踵ヲ続シ、大正十三年ハ十萬人ヲ突破セリト云フ。豈ニ盛ナラズヤ。之ヲ日本各地ノ山岳ニ徴スルモ登山者數ハ年一年ニ増加セザルナク、又之ヲ登山ノ種類ニ見ルモ數年前迄ハ學生並ビニ山岳研究者ノミナリシガ、現今ハ職業ノ如何ヲ問ハズ、年齢ノ老若ヲ論セズ、皆高キニ向ツテ登ラント欲スルモノヽ如シ。

翻ツテ日本古來ノ登山ヲ考フルニ、其ノ多クハ信仰ニ起因セルモノナルガ、近時ハ信仰ノ如何ハアマリ問題ニアラズシテ專ラ山ノ高キヲ撰ビ、或ハ人未踏ノ原始的山岳ヲ慕フニ至レリ。甚シキハ日本「アルプス」ハ既ニ陳腐ナリトシ、相率ヰテ原始的静寂ノ状態ニアル北海中央高地（大雪山及ビ其連峰）ノ諸高山ヲ撰ル者年々歳々其數ヲ増加スル傾向ニアリ。

登山ノ季節モ亦數年前ノ如ク夏季ニ限レルニアラズシテ春秋ハ勿論、冬季ト雖モ「スキー」ニ乗ウテ

— 3 —

大雪山調査会趣意書

は学術的報告書となり、登山案内書となって登山者を指導、或いは相談役、或いはよき友となっている。このように登山者の受け入れ体制を整え、各地から年々十数万人の登山者を迎えて手落ちのないようにしている。

それによって地方の文化や産業の開発はもとより、経済的発展に寄与することも大きい。たとえば木曽福島、上松、藪原、宮越、軽井沢、小諸の諸町村を始め、野尻、四ツ谷、有明、中房、上高地、大河原、富士見などは、年々内外人の別荘も建築され、旅館の全部や民家の多くは登山客と避暑客によって一年の生計を立てつつある。

山岳会として日本山岳会は東京に古くから設立されて全国に向かって活動しており、信州には信濃山岳会、京阪には日本アルカウ会、奈良市に大和山岳会、富山市に富山山岳会、名古屋市に名古屋山岳会、甲府市に甲斐山岳会等が設立され、婦女子の登山を奨め、また幻燈に、活動写真に、名士の講演に、登山を奨励し山の科学的知識を与えている。

一方北海道における登山の現況を見ると、近年北海道山岳会は設立されたが、その事業はまだ始まったばかりであり、登山道さえまだわずか二、三の山岳に造られたばかりである。そのほかの山は未だに蔓や棘に閉ざされ、猛獣は咆哮し、まだ寒月の照らすままである。これを嘆かずにいられようか。

それならば北海道の山岳は登山上価値がないのであろうか、いや絶対にそうではない。わが北海道中央高地（大雪山とその連峰）は山高くして秀麗、渓谷深くして幽邃、原始林の雄大にして鬱蒼たることは国内でも稀に見るところである。

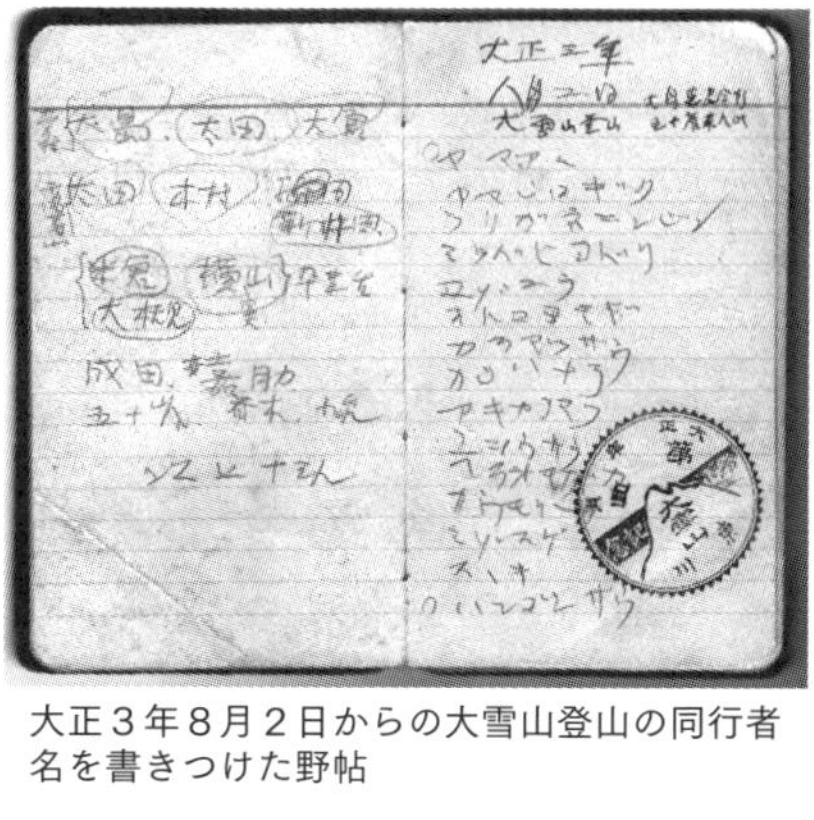
大正３年８月２日からの大雪山登山の同行者名を書きつけた野帖

小泉秀雄の大正３年の野帖

なかでも天上の楽園たるお花畑は、日本アルプスでも見られない霊花も多く、山はすべて原始的であり、一つとして俗化したものはない。

その点よりすれば文豪ラスキンが賞賛して止まない荘厳雄偉の絶景は、むしろ大雪山とその連峰の専有するものであろう。このように登山上の価値が高いことは、日本アルプスといえども後れを取るのではないか。従って研究、開発、宣伝がよければ、内外人の別荘を始め、療養所の建立、避暑客の集まり来ることはもちろん、登山客は次々と来て絶えることがないだろう。

（中略）

すでに述べたように大雪山は登山の価値の高い点において北海道第一であるばかりでなく、学術研究の面からも貴重な研究資料を持つ高山であることは識者の認めるところである。火山学上ほとんどすべての場合を網羅し、寒地（高山）植物は豊富で種類も多く、全道のなかでもはるかに優れ、高尚優雅な姿は俗界の及ぶところではない。寒地（高山）動物の異種珍品も我々の研究を待っている。

火山の鋳造した岩石、氷雪に削磨された地形など、みな活きた書籍というべきであり、その森林、その岩峰、その湖沼、その渓流、瀑布、雲霧、氷雪、一つとして科学、文学、美術、実業などの面から、探検、研究に値しないものはない。実に大雪山は天地の秀麗、神秘、幽玄、壮美を集めた学術的大宝庫と称しても決して誉め過ぎではない。

このように自然物を連ねた自然の大博物館である大雪山は、実に科学研究の大殿堂であり、精神修養の大道場というべきである。我々はこれを利用することに

雲ノ平（一九〇〇）より赤石川を隔てゝ烏帽子岳火山を望む。寒地植物群落がある

よって、国民保健の大鍊磨場とすべきである。その開発と研究と宣伝を疎かにするとすれば、それは道民の責任ではないか。ことにその山麓に住む旭川市民は、この一大宝庫を疎かにし、他人の開発に委ねるのか。

上述のことを我々は深く考えた結果、本山の調査開発はもっとも急務あることを覚り、同志と合議し同学と計り、ここに大雪山調査会を設立するに至った次第である。さいわい大方諸氏の賛同を得て本山を研究開発し、登山設備を完成し、案内書、絵葉書、アルバムなどを発行し、進んで学術的研究報告書を公表したいと願っている。望むところは本会の趣旨に賛同していただき、その目的を達成したいものである。

（小泉秀雄稿）

大正十三年盛夏

大雪山調査会

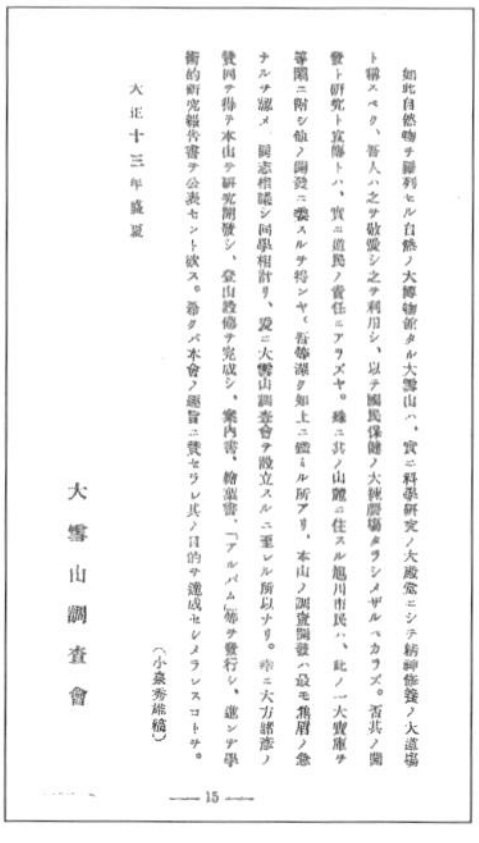
如此自然物ヲ羅列セル自然ノ大博物館タル大雪山ハ、實ニ科學研究ノ大殿堂ニシテ精神修養ノ大道場ト稱スベク、吾人ハ之ヲ敬愛シ之ヲ利用シ、以テ國民保健ノ大鍊磨場タラシメザルベカラズ。否其ノ開發ト研究ト宣傳トハ、實ニ道民ノ責任ニアラズヤ。殊ニ其ノ山麓ニ住スル旭川市民ハ、此ノ一大寶庫ヲ等閑ニ附シ他ノ開發ニ委スルヲ得ンヤ。吾等深ク如上ニ鑑ミル所アリ、本山ノ調査開發ハ最モ焦眉ノ急ナルヲ認メ、同志相議シ同學相計リ、茲ニ大雪山調査會ヲ設立スルニ至レル所以ナリ。幸ニ大方諸彦ノ賛同ヲ得テ本山ヲ研究開發シ、登山設備ヲ完成シ、案内書、繪葉書、「アルバム」等ヲ發行シ、進ンデ學術的研究報告書ヲ公表セント欲ス。希クバ本會ノ趣旨ニ賛セラレ其ノ目的ヲ達成セシメラレンコトヲ。

（小泉秀雄稿）

大正十三年盛夏

大雪山調査會

—15—

趣意書の締めに小泉秀雄稿が明記された

小泉は日本アルプスの登山現況に筆を起こし、山岳界の情勢を述べ、大雪山の特長と景観を賛美するとともに、その研究開発の必要性を論じ、その達成を目的として大雪山調査会を起ち上げたことを謳っている。彼はそのなかで大雪山の特長と美観について、二十項目にわたって詳述しているが、あまりに長文になるので拙訳では省略した。

彼は著書『大雪山　登山法及登山案内』「自序」で述べているがこの時点で彼は、大雪山はもちろん、奥羽、北海道の諸高山、樺太を調査、日本アルプス、富士山、八ヶ岳など三百余座の山岳を調査したが、なかでも日本アルプスの高山百数十座はことごとく調査し尽したという。彼はこれらの知見をもとに、比較検証しながら大雪山の特長と美観を述べているので説得力がある。

彼はまた、自然保護の意識もきわめて高く、山に対して広い視野を持つ人であった。会長・荒井は、「松本高等学校（現・信州大学）講師小泉秀雄氏は山岳に関して豊富なる経験と卓越せる識見とを有せらるゝ知名の研究家なり」と賞した。

自序の末尾には「日本アルプスを西窓に眺めつつ、信州松本に於て、小泉秀雄誌」とあるが、自宅の西窓から北アルプスが見えたのであろう。もし松本市内で転住していないとすれば、住居は「松本市大字北深志堂町五百四十二番地」である。

さて同じく前年の大正十二年（一九二三年）に設立した北海道山岳会の趣意書を見ると、主旨目的は同じながらきわめて簡潔、かつ口語体であり分かりやすい。その差はあまりにも歴然としている。

本来、会の設立趣意書は会長もしくは会の設立者が宣言するものである。または会長・荒井の意を解して（もしくは介して）代弁する形で表現するものであるはずである。しかしながら大雪山調査会設立趣意書はそうではなく、大雪山調査会の名を借りた小泉自身の論稿と考えた方がよさそうである。すなわち大雪山に情熱を注いだ小泉渾身の力作論考なのである。そう解釈して読めば小泉の長文も理解できる。日本アルプスとの比較論証も活きてくる。

起草を委託された彼は、「小泉秀雄稿」の名を入れて寄稿者であることを明らかにするとともに、原案であることをも意味したと考えてよいのではないか。も

研究室における小泉秀雄

ちろん会長・荒井の了解のもとになされたであろうし、改めて趣意書を作成することもなく、原案がそのまま生きて活動を始めたと解される。

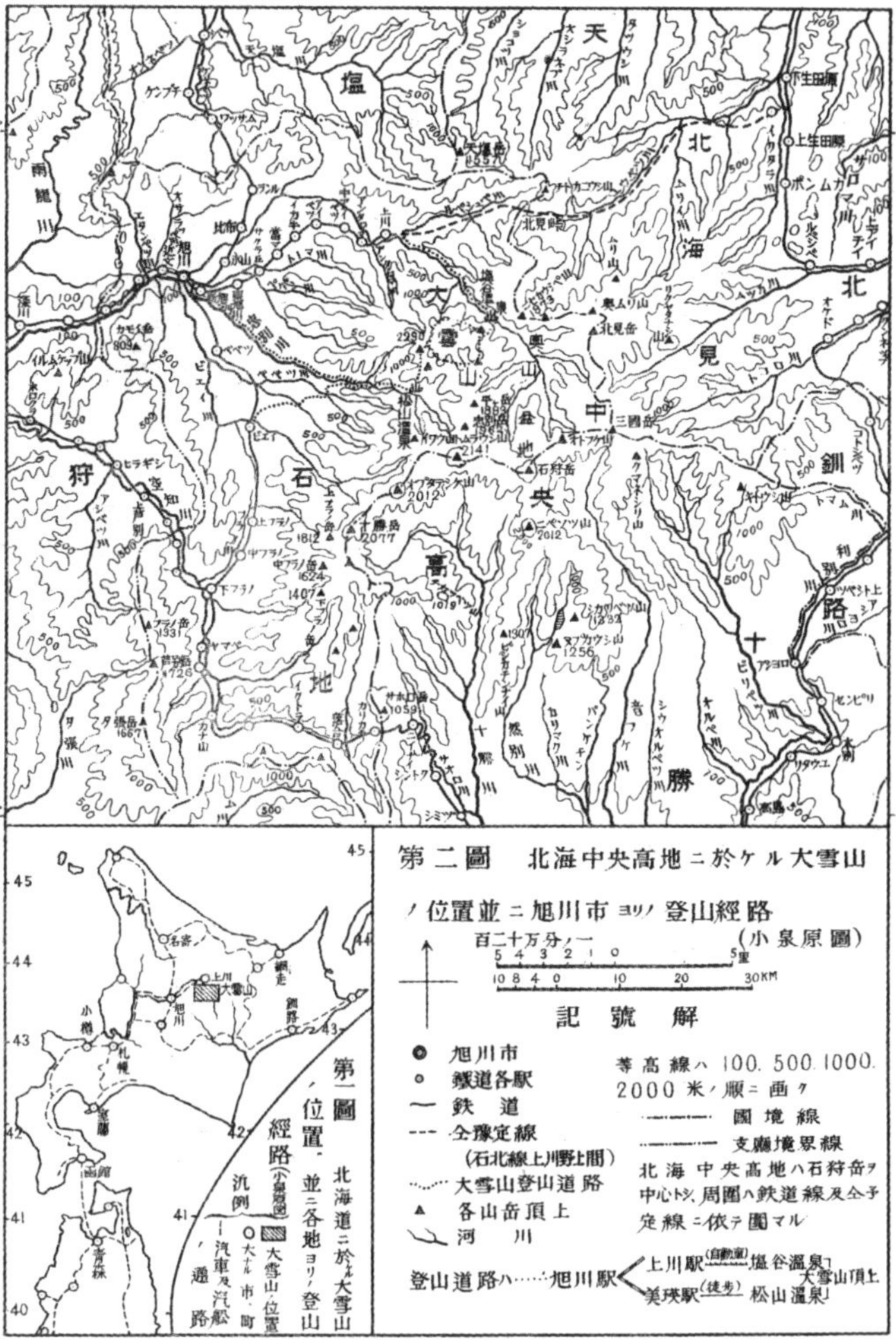

北海中央高地ニ於ケル大雪山ノ位置並ニ旭川市ヨリノ登山経路

二、大雪山調査会の業績

（一）調査会の目的と内容

大雪山調査会の設立趣意書、会則については先に述べた。その第二条に、「本會ハ大雪山並ニ其連嶺ニ關スル調査研究ヲナスヲ目的トス」とあり、第三条に、「本會ハ第二條ノ趣旨ヲ達スル爲ニ左ノ事業ヲ行フ」とあって四事業を挙げている。調査項目は十一項目、「一、地質ニ關スル事項」以下、地形、植物、動物、気象、天然記念物、史跡名勝、開山沿革、地名、登山路、登山準備、以上である。では四事業について、事業別の活動を追ってみよう。

一、調　査

左記学者、専門家が、一九二四〜五年にわたって、それぞれの分野で調査を行っている。

地　　質：田中館秀三（同会調査顧問、東北大講師）
　　　　　早坂　一郎（同会調査顧問、東北大教授）
登山設備その他：塩谷　忠（同会理事、『北海タイムス』記者）
気　　象：根本　廣記（同会調査顧問、函館測候所長）
歴　　史：竹内　運平

一號三人

街頭の學者

常任幹事　田中館秀三氏

○山岳會の實際運動の中心は田中館さんであることは自他共に許してゐることです。さう實行力の弱い方でもない木下幹事が、「稀に見る實行力の强い學者」と驚嘆の言葉を發してゐるのでも氏の實行力の强さがわかります。
○學問の民衆化と云ことを最も必要と感じてゐる私は田中館氏こそこの言葉を實現すべき第一人者だと思つてゐます、凡ゆる階級に理解を持ち殊にプロレタリアに深い同情を持つ氏は其の深い學殖を多くの人に頒たれることを最も快心のことゝされるでせう。

○まことさ山岳會の既往に於ける登山會に於て又夏期大學に於て私共は隨分困難な學理が氏の頭腦を通ると、潤ひのある親しみ易いものになつて私共

田中館秀三

写　　真：金子　卯助、藤田寅夫（ともに同会嘱託委員）
地形、植物：小泉　秀雄（同会調査委員、松本高校講師）
動　　物：犬飼　哲夫（同会調査嘱託）

二、調査報文に関する出版物

出版物については後述する。

三、講演会

講演会については、層雲峡を会場とする「大雪山夏期大学」がある。これは北海道山岳会との共催であるが、詳細については後述する。

四、展覧会

村田丹下画伯の展覧会を開催しているが、これについても別に述べる。

五、その他、本会の目的を達するに必要なる事項

ここに該当するものとして考えられるのは、大雪山、層雲峡、高山植物の写真、村田丹下画伯の絵画などを絵葉書としたもの、折り込み鳥瞰図などである。これらは十数種類になるものと思われるが、現在分かっているものを挙げると次のようなものがある。

「北海アルプス大雪山絵葉書」（写真、十六枚）
「北海アルプス大雪山絵葉書」（写真、八枚）
「大雪山寒地（高山）植物　第一集」（写真、着彩、八枚）
「日本百景層雲峡絵葉書」（写真、着彩、十五枚）
「日本百景層雲峡絵葉書」（写真、十六枚）

「北海アルプス大雪山絵葉書」袋

「塩谷温泉層雲閣」とあり、塩谷温泉名称が使用されている。
「日本百景層雲峡絵葉書」（写真、十枚）
「北海道大雪山洋画展覧会」（着彩、十六枚、村田丹下画）
「北海アルプス大雪山絵葉書」（着彩、七枚、村田丹下画）
村田丹下画、二点の絵葉書は袋の名称、枚数も違うが、内容は同じである。
「大雪山と層雲峡」（写真）、桂月岳から俯瞰する花の池の写真は珍しい。
「大雪山登山案内図」（袋入り、旭川大雪山調査会とある）
中に「大雪山登山路略図」「北鎮岳頂上展望図」が折りたたんで入っている。

（二）出版物

『大雪山調査概報』

この大雪山調査概報は、三部構成で収録されていて、其一は根本廣記著（旭川測候長）による「大雪山気象概報」、其二は田中館秀三著（東北大講師）による「大雪山地質概報」、其三は同じく田中館秀三による「大雪山火山概報」の三部構成で、手書き資料である。その後、この概報のうち、田中館秀三による其二、其三が活字印刷され、「大雪山調査概報」として発行された。

其一の気象概報は、大正十三年八月二十九日から九月一日に亘り大雪山黒岳石室にて、気圧・気温・水蒸気張力・湿度・風向・風速・その他天気概況の一般観

桂月岳から俯瞰する花の池

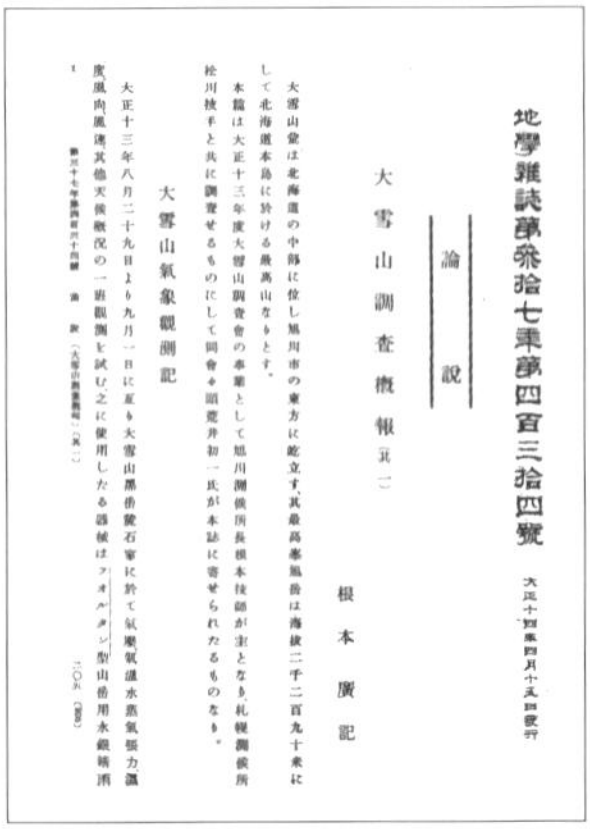

地學雜誌第參拾七年第四百三拾四號　大正十四年四月十五日發行

論説

大雪山調査概報（其一）

根本廣記

大雪山彙は北海道の中部に位し旭川市の東方に屹立す、其最高峯旭岳は海拔二千二百九十米にして北海道本島に於ける最高山なりとす。

本篇は大正十三年度大雪山調査會の事業として旭川測候所長根本技師が主となり札幌測候所栓川技手と共に調査せるものにして同會々頭荒井初一氏が本誌に寄せられたるものなり。

大雪山氣象觀測記

大正十三年八月二十九日より九月一日に亙り大雪山黒岳舊石室に於て氣壓、氣温、水蒸氣張力、濕度、風向、風速、其他天候概況の一般觀測を試み、之に使用したる器械はフォルタン型山岳用水銀晴雨

大雪山調査概報（其一）根本廣記

測を行った結果をもとに「気象概況」としてまとめたものである。

その文頭には、「大雪山系は北海道の中央に位し、旭川市の東方に屹立す。其最高峰旭岳は海抜二千二百九十米にして北海道本島に於ける最高峰なりとす。本編は大正十三年度大雪山調査会の事業として、旭川測候所所長根本技師が主となり、札幌測候所技手松川氏と共に調査せるものにして同会々頭荒井初一氏が本誌に寄せられたるものなり」とある。

其二の文頭には、「該報告は大雪山系の地形及び地質の概観を記述せるものにして、大正十三年八月下旬より九月初旬に亘り数日間大雪山附近を旅行せる時の記事にして、同行の旭川測候所長根本技師、札幌測候所松川技手に負うところ大なり、岩石薄片は大平理学士の鑑定によるものなり」とある。

其三の文頭には、「火山、流紋岩の噴出後凝灰岩、火山岩、岩屑等如何なる順序によりて噴出せられ、大雪山系を形成するに至れるや明ならざるも、火山頂部の観察は、或は火山系全体としての成立を物語るべきを信じ、其地形及地質構造の一般を記述せんとなす」と記されている。

『十勝岳爆発概報』

これは田中館秀三チームによる、十勝岳噴火直後に現地入りをして行った調査結果について大雪山調査会長荒井初一の援助により、『十勝岳爆発概報』として、発行したものである。その序文を紹介する。

田中館秀三『十勝岳爆発概報』

序

大正一五年五月二四日。突如として起った十勝岳の大爆発は泥流を流す事実に六里余。途中の森林を薙倒し且つ数千の移住民が三〇余年間辛苦をなめ拮据《きっきょ》経営した約一〇〇〇町歩の美田と約五〇〇町歩の耕地とを瞬時の間に泥流の海と化し去った。

就中《なかんづく》泥水が上富良野の平原を埋めた処は草木も住宅も馬も人も、挙げて自然の暴威に褶伏し死体が其処彼処の泥中に横たわる悲惨なる光景は筆舌のよく尽し得るものではなかった。

此の惨たる悲報が翌二五日朝、札幌に入るや我が教室では即刻中野理学博士を現状に特派し、越えて同月二八日より六月七日迄、余は第一次調査に従った。尚六月一九日より二一日に至る期間被害地方第二次調査をするの機会をも得たのである。

本報告は此の二回に亘る調査の結果に基き又今迄蒐集した材料から可成正確に事実を記述するを目的として編んだものであるから多少の不備杜撰は免れない事と思ふが之等は他日精細なる研究の結果に俟つ事にする。

大雪山調査会長荒井初一氏の好意ある援助に依り本報告文を出版するに際し河野常吉氏を始め、状報記録等を寄せられた諸氏に対し此処に特記して深謝する。

大正一五年六月二五日

北海道帝国大学にて

田中館秀三

新火口西側に転下せる大岩塊、六月三日

『層雲峡案内』昭和四年（一九二九年）六月一日、塩谷忠

鳥瞰図絵師・道岡敏《びん》の描いた層雲峡の折り込み鳥瞰図である。中央に「塩谷温泉層雲閣」とあり、塩谷温泉名称である。鳥瞰図の裏面には、層雲峡の案内、温泉の伝説、温泉の効能などを記している。

『層雲峡案内　附大雪山登山案内』昭和七年（一九三二年）八月十日、塩谷忠

鳥瞰図絵師・道岡敏の描いた層雲峡の折り込み鳥瞰図である。同じ絵師であるが、図柄は昭和四年版に比べてかなり相違している。塩谷温泉がなくなり、「温泉旅館　層雲閣」となっている。開発が進んでいるせいもあって詳しくなった。裏面の表題は、「国立公園候補地　大雪山と層雲峡」とある。案内以外は略同じである。

小泉秀雄『大雪山　登山法及登山案内』（一九二六年七月二十五日）

発行者・荒井初一、袖珍判ながら本文のほか、写真図版、付録を加えて六百ページにもなる大著である。大雪山に関する名著として、長く岳界に貢献した。

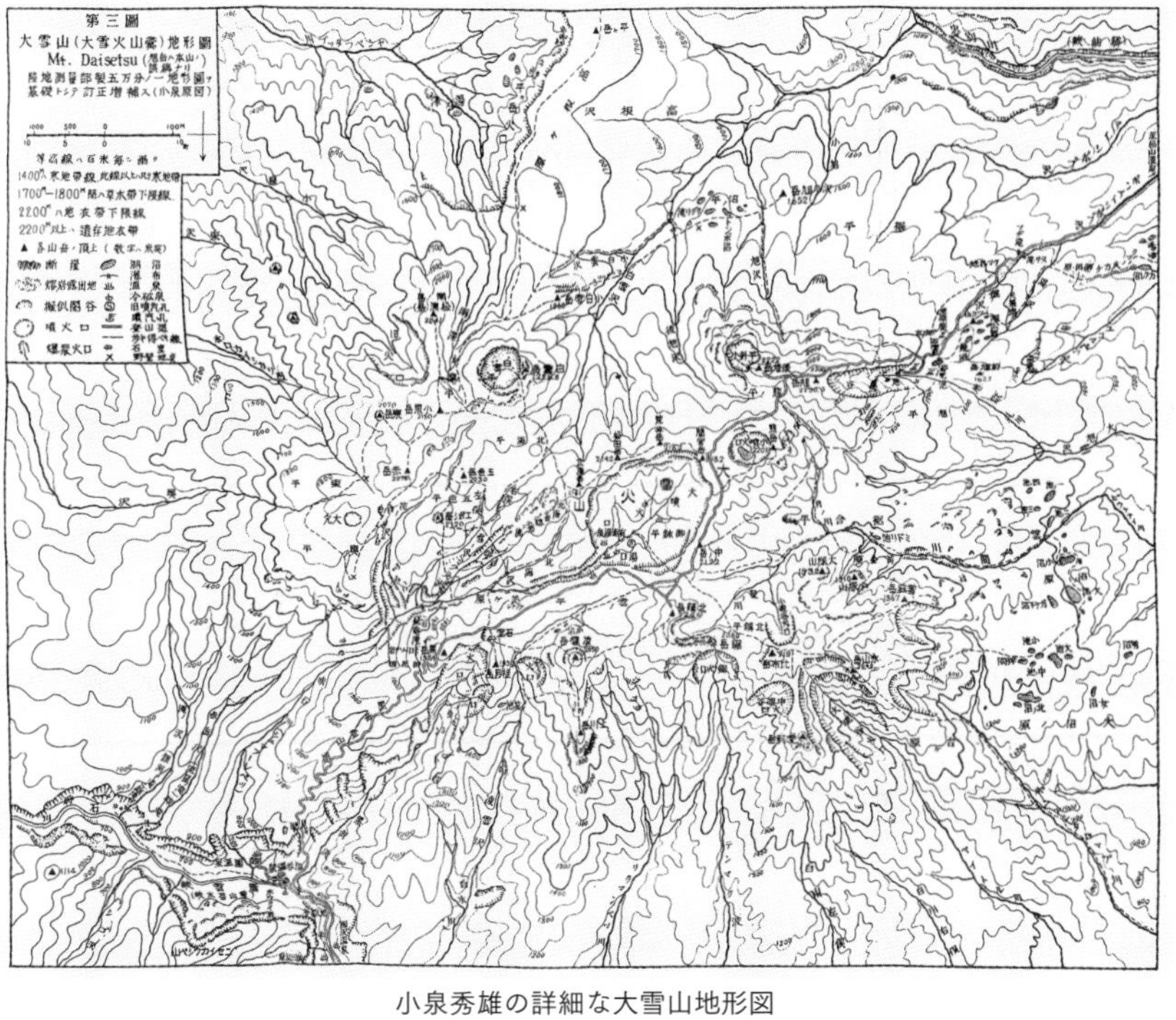

小泉秀雄の詳細な大雪山地形図

本書の「序」において大雪山調査会会長・荒井初一はいう。

松本高等学校講師小泉秀雄氏は山岳に関して豊富なる経験と卓越せる識見とを有せらるゝ知名の研究家なり。山岳研究の権威者たる氏は、嘗《かつ》て旭川市に在りし日、数年間前後七回に亘り大雪山の大踏査を試みて既に価値ある論文著述あり。更に本調査会の委員として大正十三四年の二か年に亘《わた》りて苦心惨憺克く詳細なる学術的研究を遂げらる。今爰《ここ》に出版せらるゝ本書は即ち其の専門的著述の縮写にして、其の純学術的公表はこれを他日に譲るものなり。

本書の目的とする所凡そ二あり、一は一般登山者の案内役を務めしめて本山岳の開発に資し、一は学術的価値を保有せしめて学界に貢献せしめんとすることこれなり。

著者・小泉は、「自序」においても会長・荒井の「序」と同様のことを述べているので略するが、そのなかで、「本書を著すに当り、最近二回の調査を援助せられ、登山調査上始終多大の便宜を与えられし、大雪山調査会長荒井初一氏並に荒井孝忠氏に対しては、満腔《まんこう》の誠意を以て感謝の意を表するものである。本調査の資力と出版の一切は、実に荒井氏の助力に待つもので、本書の如く多額の出版費を要するものが、安々と世に出づるは全く荒井氏の賜である。余は国家の為め荒井氏の如き学術に理解ある、社会奉仕力の大なる富豪に大いなる敬意を表すると同時に、其続出を国家の為めに祈るものである」と、感謝の意を述べている。

「北海アルプス大雪山絵葉書」層雲別ヨリノ大雪山

そして大雪山は高山の粋を集め、森林の美、お花畑の麗を尽くしている。その上、北海道一の高山のみならず、奥羽以北の最高峰である。山容雄大にして秀麗、火山として地学的変化に富み、雪渓雪田が大、植物の豊富なことは、他に比べるものはない、と大雪山を賛美する。さらに韻を含んだ美文が続く。

蝦夷ヶ島根《しまね》に聳え立ち、長《とこし》へに揺ぎ無き大雪山は、実に北海の鎮めにて、春は山桜咲き山隈《やまぐま》に靉靆《あいたい》たる綺霞《きか》を懸け、夏草は茫々たる裾野に其花を開落し、月は旭岳頂に満虧《まんか》す。秋は忠別、石狩二川の間に深くして木々に錦繍《きんしゅう》を織り、冬は満山白妙《しろたえ》の雪を宿して玲瓏玉の如し。誠に其荘厳清高《そうごんせいこう》なる姿は吾人《ごじん》精神鍛錬の良師《よきし》友《ゆう》たらざるはなく、渾々《こんこん》一百数十里石狩川に宿る月影は、崇高潔白なる人格修養の鏡であらう。宜《ぎ》なる哉、旭中《きょくちゅう》の青年が、花の晨《あした》、月の夕《ゆうべ》、比純美《じゅんび》荘厳比類もなき山河の風光に憧憬《あこが》るゝことを。

このような美文が続くが省略する。

河野常吉『**大雪山及石狩川上流探検開発史**』（一九二六年八月五日）

著者・河野常吉は北海道史研究家。本書は前記小泉著と時を同じくして発行された。同じく袖珍判ながら文庫版であり、厚みも百数十ページと少ない。著者は、石器時代に筆を起こし、近藤重蔵、松田市太郎、松浦武四郎の探検、高畑利宜、ライマン、松本十郎、福士成豊の踏査、太田龍太郎の探検、小泉秀雄の調査、大町桂月の登山、大雪山調査会の創立と活動を、年代を追って、きわめて簡潔に記

「北海アルプス大雪山絵葉書」上川町カラノ大雪山

述している。後半は、桂月の「層雲峡より大雪山へ」（総合雑誌『中央公論』一九二三年八月号）の転載である。なお本書は大雪山の名称を巡って、小泉秀雄と山名論争の端緒となった。

『北海アルプス写真帖』（一九二八年）

表紙は村田丹下・画「大雪山黒岳トニセイカウシュペ」、珍しく蝶や花のカラー写真が数ページある。

『北海アルプス写真帖』（一九二八年八月一日）

前掲と同じ表題であり発行日も同じであるが、表紙絵は同じ村田丹下・画でありながら絵の図柄は「大雪山　上川岳ト愛別岳」である。扉には「北海中央高地日本百景層雲峡　写真帖」とある。内容は前掲に同じ。

『北海アルプス写真帖』（一九二八年八月一日）

前掲と同じ表題であり発行日も同じであるが、表紙絵は同じ村田丹下・画でありながら絵の図柄は「層雲峡ヨリノ大雪山」である。内容は前掲に同じ。

（三）講演会

講演会については夏期大学を開催しており主催は北海道山岳会であるが、調査会も共催しているのでここに記述する。まずは山岳会誌『ヌプリ』第三号にはつぎのようにある。

『北海アルプス写真帖』

「北海アルプス大雪山絵葉書」黒岳トニセイカウシュペ

北海道の最高峰大雪山を中心として夏期大学が開かれる。北海道を縦貫する日高中央山脈の中部にあって大雪山の連峰は聳える。一望際涯《さいがい》なき真の原生林、日本一と称せられる山上のお花畑、さては温泉層雲渓《そううんけい》を中心とせる附近の勝地何れも代表的な北海道の大風景たらざるはない。

北海道山岳会では昨年、一昨年と夏期大学を開いたが、この北海道の中核大雪山に於て第三回夏期大学を開催する。主として北海道の大自然を探究せんとする人、夏の山岳に憧憬を持つ人々のために樹《た》てられたプランである。

講師は目下大雪山附近の古生層研究中の地質学のオーソリテー早坂博士、植物学の泰斗《たいと》宮部博士等である。

時は北海の盛夏、北海道の真の原生林の中に心ゆくばかりの涼味に浸りつつ思索と登山の数日を過ごし得ることは恂《まこと》に快適の極《きわみ》ではないか。

◆第一回大雪山夏期大学　主催・北海道山岳会　共催・大雪山調査会

時　一九二五年（大正十四年）八月十五日～十九日

所　塩谷温泉「層雲閣」…旭川―塩谷温泉―大雪山登山（有志）

講演　通俗的に眺めたる北海道の気象並地変　道庁農務課長・山岳会幹事　里見哲太郎

山と電気　札鉄電気課長・山岳会幹事　阿部徳三郎

高山植物園設置の目的　北大教授・植物園園長　宮部　金吾

普通選挙と多数階級　道庁道路課長・山岳会常任幹事　遠山信一郎

『ヌプリ』三号　北海道山岳紀行号

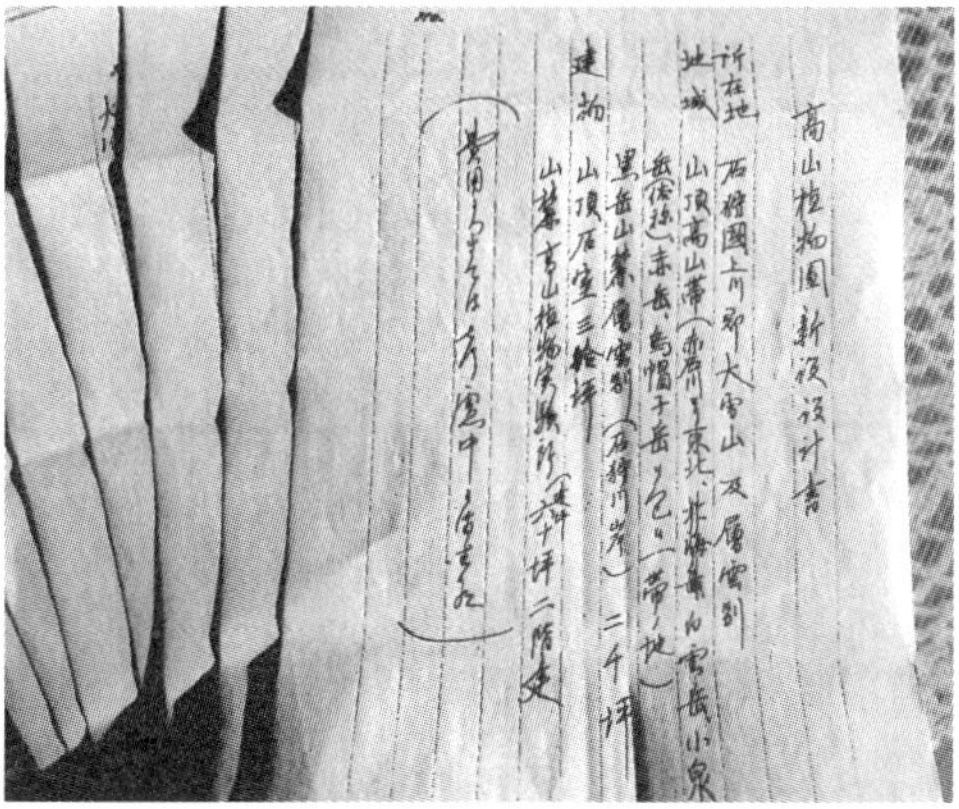

高山植物園新設設計書

所在地　石狩國上川郡大雪山及層雲別

地域　山頂高山帯（赤岩川ヨリ東北、北鎮岳白雲岳小泉岳（仮称）赤岳、烏帽子岳ノ包ム一帯ノ地）

黒岳山麓層雲別（石狩川岸）二千坪

建物　山頂石室三棟坪

山麓高山植物実験所（木造六十坪二階建）

宮部金吾の手紙「高山植物園新設設計書」

国防観念と実際　　　　　　第七師団参謀長　　　　　　斎藤　瀏
日本の地質と北海道　　　　理学博士・東北大教授　　　早坂　一郎

日程及時間

八月十五日　午前九時　旭川商工会議所　発会式（開校式）

（晴天）講師、役員、会員（受講者）百余名が参集、

講演　道庁農務課長・山岳会幹事・道庁事務官　北崎　巽

「開会の辞」山岳会幹事・山岳会幹事　里見哲太郎

札鉄電気課長・山岳会幹事　阿部徳三郎

「挨拶」大雪山調査会会長・荒井初一、副会長・笠原定蔵、理事・井内謹二

「閉会の辞」山岳会上川支部長・乗竹暎一（上川支庁長）

正午　講師、役員は北海ホテルで昼餐会、その他の会員は各自昼食。

午後一時半、商工会議所参集、自動車に分乗して近文のアイヌ部落へ。

酋長の家にてアイヌの宝物、手芸品を見学、アイヌについて山岳会相談役であり調査会顧問・河野常吉（道史編纂主任）の解説あり。

その後、アイヌの舞踊を観賞、午後四時終了。

八月十六日　講師、役員、会員一行七十余名、登山姿で旭川駅に集合、国鉄に乗車。

（昨夜来豪雨）午前六時発〜八時三分上川着。（雨止む、大雪山も見える）

上川駅では水野村長ら上川村有志、山岳会上川支部係員の出迎え

第一回大雪山夏期大学参加者

を受ける。講師は馬車で、参加者の荷物やリュックサックも馬車に載せ、その他の者は五里半（約二十二キロ）の道程を徒歩で出発。夏期大学が開かれるというので村では国旗を掲げ、注連縄を飾り、各所に麦茶の接待所を設けるという大歓迎ぶりであった。

道すがら河野常吉、北大助教授・犬飼哲夫、北大助手・舘脇操らが、石狩川の歴史や動植物についての解説をしながら、午後三時ごろ会場の層雲閣に到着した。層雲閣は予期に反する立派な建物で、広い部屋、豊富な温泉に一同にきわめて好評であった。

夕食後、大広間で茶話会が開かれ、乗竹上川支庁長の挨拶と登山の注意に始まり、次いで早坂博士は地質について、河野講師は本道開拓の状況を、根本廣記測候所長（調査会顧問）は大雪山概況と登山の心得について話があった。

八月十七日　午前八時～九時　講演　北大教授・北大植物園園長　宮部金吾

高山植物園の設置には塩谷温泉が最適地であること。大雪山調査会の計画には最大限に推奨する。

午前九時より石狩川上流を探勝、流星ノ滝、銀河ノ滝以奥は径もなく、有志は谷沿いに難行しながら小函に達して帰途に着く。なかには魚釣りを楽しむ者もあり、最後の者が帰着したのは午後六時半であった。

夕食後　講　演　道庁道路課長・山岳会常任幹事　遠山信一郎

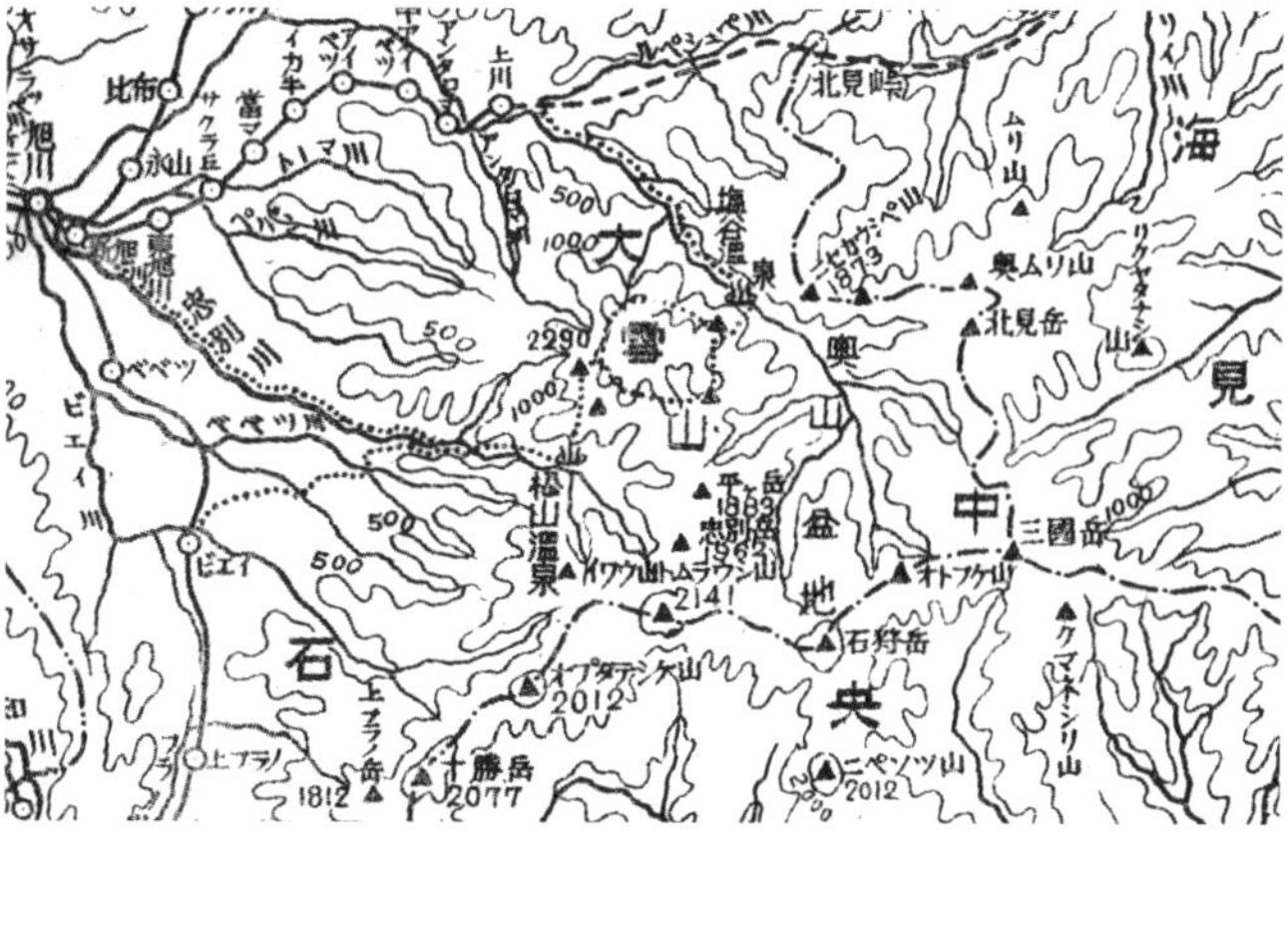

小泉原図の部分拡大図（夏期大学参加者は上川駅から塩谷温泉まで二十二km歩き、縦走組はさらに松山温泉へと下りた）

八月十八日　午前　茶話会「大雪山の名称について」調査会顧問　河野　常吉
講　演　第七師団参謀長　斎藤　瀏
講　演　理学博士・東北大教授　早坂　一郎

午後　自由行動、縦走組（十八日、石室泊）、残留組（十九日出発、黒岳日帰り）、午後に帰るもの、それぞれに応じた行動をとる。

縦走組は五名、午後一時出発、四時に黒岳頂上、展望を楽しむ。石室は三十余人の登山者でいっぱい。河野常吉、小泉秀雄、宮部金吾博士、山案内人・成田嘉助も宿泊した。夜は遠山幹事の司会で懇話会、自己紹介に始まり、お国自慢、隠し芸が出るなど、打ちくつろいだ愉しい一夜となる。

八月十九日　黒岳石室に泊まった一行は桂月岳ですばらしいご来光を迎える。午前五時半石室発、天候は急変、風雨となったが強行、旭岳十一時、姿見の池の石室で休憩後、ようやくのことで松山温泉に下山。掘立小屋式の温泉に一泊、翌二十日、四里（約十六キロ）の道を歩き、志比内から自動車で旭川に出た。

残留組三十余名は十九日、午前五時に宿舎を出発、黒岳頂上に達したころは期待した眺望はまったく効かず、石室でストーブに温まり昼食、石室では宮部博士、河野講師を中心に講演と登山談を愉しむ。一行は記念撮影ののち午後二時発、四時宿舎に帰着。夜

石狩国上川郡東川村忠別川上流・松山温泉

石狩国上川郡東川村忠別川上流・松山温泉・鶴ノ湯

は登山談、登山文芸発表にと、話題は尽きず最後の一夜を過ごした。

興味を惹くのは夏期大学の大雪山黒岳登山について、漫画家・加藤悦郎が連載記事を寄せていることである。加藤悦郎（一八九九〜一九五九）は北海道生まれ。『小樽新聞』に入りのち、『北海タイムス』（現・『北海道新聞』）に転じ漫画家として活動する。プロレタリア美術運動に参加、風刺漫画を発表。戦後は『アカハタ』にも執筆した。しかし風刺画が政治的批判をするようになり、新聞社の経営陣から疎まれ退社、東京に出てフリーで活動する。風刺画家としての評価は、さまざまであるが、近藤日出造ともども一時代を築いたことはたしかである。

さて加藤悦郎は、「北海タイムス」紙に、夏期大学時の大雪山黒岳登山を連載した。題して「夏尚寒き大雪山へ」という漫画漫筆である。そのうちの一編を紹介する。

（四）三角関係の岩

▽八十八曲りの入学試験で劣等生の極印を捺された連中の一群が東北大学の早坂博士を分隊長にして、さながら虫が這うようにのそのそと登って行く。

▽健脚な早坂分隊長は、劣等生にふさわしい距離を見計らって弱卒どもをちょいちょい休憩させてくれるので大助かりだ。

▽辛うじて八合目あたりにさしかかると図にあるような形状の岩が見える。一弱

夏尚寒き大雪山へ　（四）　三角關係の岩

HT T14.8.25

▽八十八曲りの入學試驗で劣等生の極印を捺された連中の一群が東北大學の早坂博士を分隊長にして、さながら蟲が這ふやうにのそ〳〵と登つて行く。

▽健脚な早坂分隊長は、劣等生にふさはしい距離を見計らつて弱卒どもをちよい〳〵休憩させて呉れるので大助かりだ。

▽辛うじて八合目あたりにさしかゝると圖にあるやうな形狀の岩が見える。一弱卒、その岩を評して曰『ありや、三角關係の岩つて云ふんだネ』……自然を冒瀆するも甚だしいへらず口だ。俗人はこれだから困る（悦郎生）

夏尚寒き大雪山へ…三角関係の岩
（北海タイムス　一九二五年八月二十五日）

卒、その岩を評して曰「ありゃ三角関係の岩っていうんだネ」……自然を冒涜するのも甚だしいへらず口だ。俗人はこれだから困る（悦郎生）

この記事は連載四回目、一九二五年八月二十五日付である。「三角関係の岩」は三本の岩塔からなる岩で、一般に「まねき岩」と呼ばれている。ひとひねりをした漫画漫筆だが、後年の風刺画家・加藤悦郎の片鱗を窺わせる。

◆第二回大雪山夏期大学　主催　北海タイムス社、大雪山調査会、後援　北海道山岳会

主催の北海タイムス社では六月から予告宣伝に努め、開催前後を含めて逐一自社新聞紙上に報道した。夏期大学に先立って山開きの大雪山登山会が、調査会、山岳会上川支部の共催で行われている。一行は七月四日、層雲峡を探勝して塩谷温泉層雲閣に泊まり五日、役員、報道陣を加えて四十名近くの参加者が黒岳へ、山頂では上川神社社司を招いて山開きの式が行われた。この年、正式の山開きから三年目ということである。一行のなかにはそのまま下山するもの、石室に泊まってさらに登山を続けるものなどさまざまであった。北海タイムス社の活動写真班も同行し、七日まで石室に滞在してその様子をフイルムに収めたが、それもまた夏期大学で映写するためでもあった。

興味深いのは同じとき、東京朝日新聞社主催で、静岡県以北十八山を結ぶ山岳リレーが北海道の大雪山からスタートしたのである。全くの偶然ながら登山会と

大雪山の山開き
五日黒岳頂上にて北海道山岳會上川支部及大雪山調査會共催で縣社上川神社々司柴田鳳凰氏を招いて盛大に擧行された

大雪山の山開き
（「北海タイムス」1927年7月8日）

昭和二年七月六日
人を呼ぶ大雪山
大雪山夏期大学
七月廿九日、卅日　大休禅寺にて
八月一日より五日まで　層雲峡にて
當代一流の名家数名
主催　北海タイムス社　大雪山調査會
後援　北海道山岳會

大雪山夏期大学の予告宣伝
（「北海タイムス」1927年7月6日）

同じく四日、層雲峡を経て成田嘉助を案内とし黒岳を往復し石室に宿泊、五日、北鎮岳から旭岳へ縦走、直ちに引き返し、層雲峡から自動車で旭川へ、十八時十五分発の急行で本州に直行という計画であった。

　登山会の一行が難渋しているところも、「さすがは東朝山岳リレーの大沢選手は頗る慣れた足どりで〈全く愉快だネ〉と子供の様に嬉しがりながら平気で登って行く（「北海タイムス」紙、七月十四日付）」のであった。黒岳宿泊名簿にも「東京市麹町区有楽町　東京朝日新聞社　山岳踏破リレー　岡本隆、上野悟郎」の名が見える。

　続いて「旭川市六条十七丁目左一　大雪山調査会理事　塩谷忠」の名があり、「山岳リレー選手岡本隆氏一行を午后〇時四十分石室、共に活動写真、大沢選手一同元気下山す」と記入がある。表現不十分の個所もあるが、塩谷も同行したようである。一行は石室には休憩のみで下山した。

　さて夏期大学は七月二十九日から始まった。その前の七月二十五日、講師の一人、野口雨情は十一時四十四分着の列車で旭川駅に降り立った。彼一九〇九年に離道以来十八年ぶりの来道であった。二十七日の「北海タイムス」に記事がある。

◇…辺幅《へんぷく》を飾らぬ、粗末な詰襟《つめえり》に包まれて小柄な氏は詩人らしい敬虔《けいけん》な口調で語る。「前に来た時から見ると北海道も全然覚えがない様に変わっています。札幌の停車場は恐ろしくみすぼらしく見えましたよ」と軽く一矢を酬《むく》ゆる。「今度の来道は大雪山調査会の依頼に応じて、大雪山の歌を作る仕事もあるので直ちに層雲峡に赴いたが、山

大雪山とは
恐しい山の様だ
夏季大學講師として來旭の
野口雨情氏語る

大雪山とは恐ろしい山の様だ　野口雨情氏語る（「北海タイムス」1927年７月27日）

ドラゴン

旭川での記者時代を問われた雨情　コラム：ドラゴン（「旭川新聞」1927年７月26日）

にも泊まって大雪山の
◇…景観を詩にし歌にする筈で、大雪山というと北海道のことですから雪なだれでもする恐ろしい山の様に思われます。あれが小笠原島にでもあるとそんなに思いませんがね」と観察が面白い。尚氏は旭川の大衆《まま》夏期大学の講演「民謡と大衆文芸」に
◇…民謡や自作の歌を歌うことになって居り新作大雪山や層雲峡の歌も披露されることだろう。

記者は雨情が旭川に着いたときに取材したものであろう。雨情は翌二十六日、村田丹下らと黒岳に登って石室に泊まり二十七日下山、再び旭川にとって返したのであった。その間には層雲峡も探訪している。さて前段が長くなった。夏期大学の具体的な日程と実績を以下に述べる。

時　一九二七年（昭和二年）七月二十九日～八月五日
所　七月二十九日～三十日　旭川市　大休禅寺
　八月一日～五日　層雲峡塩谷温泉「蓬莱閣」
聴講者　一百名、資格制限なし、男女を問わず
費用　旭川　寺院泊一泊三食一円、旅館泊二円、他・見学旅行費若干
　層雲峡蓬莱閣　十五円
　（内訳は聴講料、七月三十一日より六泊、交通費等一切含む）
婦人宿舎　婦人のため新築の貸別荘を特別宿舎に当てる。

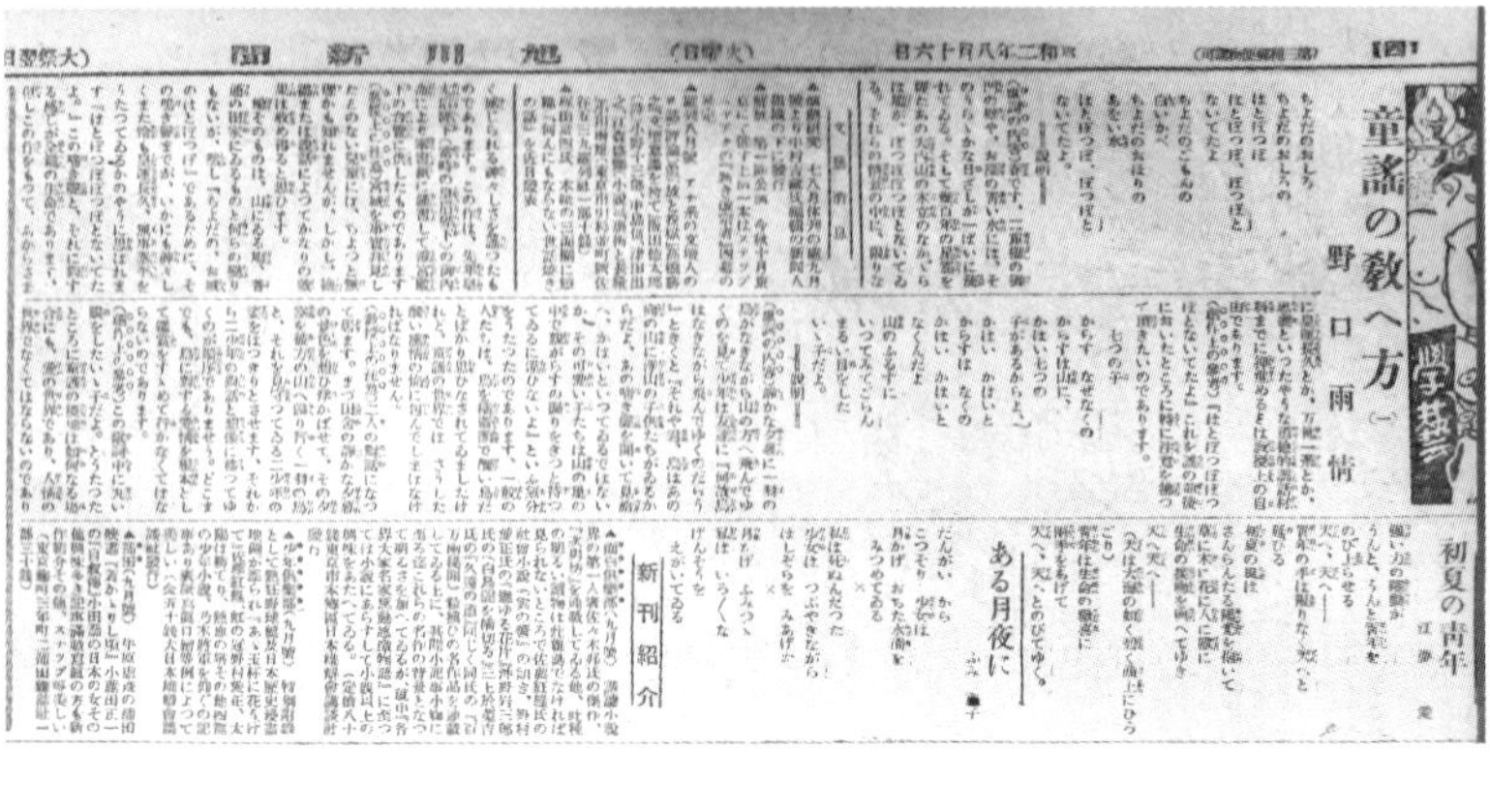
童謡の教へ方（一）
野口雨情
初夏の青年
ある月夜に
新刊紹介

童謡の教へ方　野口雨情
（「旭川新聞」一九二七年八月十六日）

講　演

旭川会場

国史より見たる国民思想	東北大学文学部教授・文学博士	喜田　貞吉
近代文芸思想の経路	慶大文学部教授	馬場　孤蝶
国民と大衆文芸	詩人	野口　雨情

層雲峡会場（講演は午前中のみ、午後は層雲峡探勝、好天には登山など）

日本民族上に於けるアイヌ民族の地位	東北大学文学部教授・文学博士	喜田　貞吉
	慶大文学部教授	馬場　孤蝶
	北大教授・医学博士	永井　一夫
	北海道史研究家	河野　常吉
独逸教育の改造	北大予科教授	青葉　萬六
児童文芸の考察	詩人	野口　雨情
（課外講演）支那事情		竹紫（本名・武）

日程及び時間

七月二十九日　神居古潭、近文アイヌコタンを見学。

七月　三十日　二日間の講演会場は大休禅寺の大きな本堂である。講師は前記の三人、民謡詩人の雨情が、「大函小函の河鹿の子さへ、岩にやせかれる瀬にや流される。浮世なりやこそ諦めしやんせ、りんきやせぬもの、恋ァせまいもの…」などと民謡入りの名講演、

大休禅寺

これには聴講生のみでなく、仏さまもすっかりいい気持ちになられた事だろう、と加藤悦郎はいう。

七月三十一日

層雲峡へ移動する。

第一班一行は、旭川午前五時五十分発の列車に乗車、野口、馬場講師も同乗、河野講師より上川盆地の発展や、大雪山についての説明あり。豊作を予想される水田や、緑の鮮やかな森林は、一行を深く喜ばせ、談笑大いにわきあがる。八時二十分上川着、千葉村長、中山郵便局長、船橋村議、その他村の有志多数の出迎えを受け、心づくしの接待に与り、九時に層雲峡へ向かった。第二班は喜田講師、延原旭川師範教諭らの一行で、旭川二番列車で、上川に向かい、少憩ののち層雲峡に向かった。以前は層雲峡まで六里の道のりは徒歩か荷馬車であったが、今は自動車で行けるのでずいぶん楽になった。

層雲峡の会場は、塩谷温泉層雲閣の川向うに新築された蓬莱閣。これは料理店の目的で建てられたが、まだ開業せぬうちに、特に夏期大学の為に家屋全部を会場にあてた。料理店の封切りに聴講生があてがわれたことは、まことに幸運である。

異色の聴講生あり。樺太の北緯五十度付近からはるばる参加したので、「北緯五十度君」、本名は木村君、内路《ないろ》小学校の先生。井後青年《いじりせいねん》（名前）、この人は明治元年（一八六八年）生まれ、年

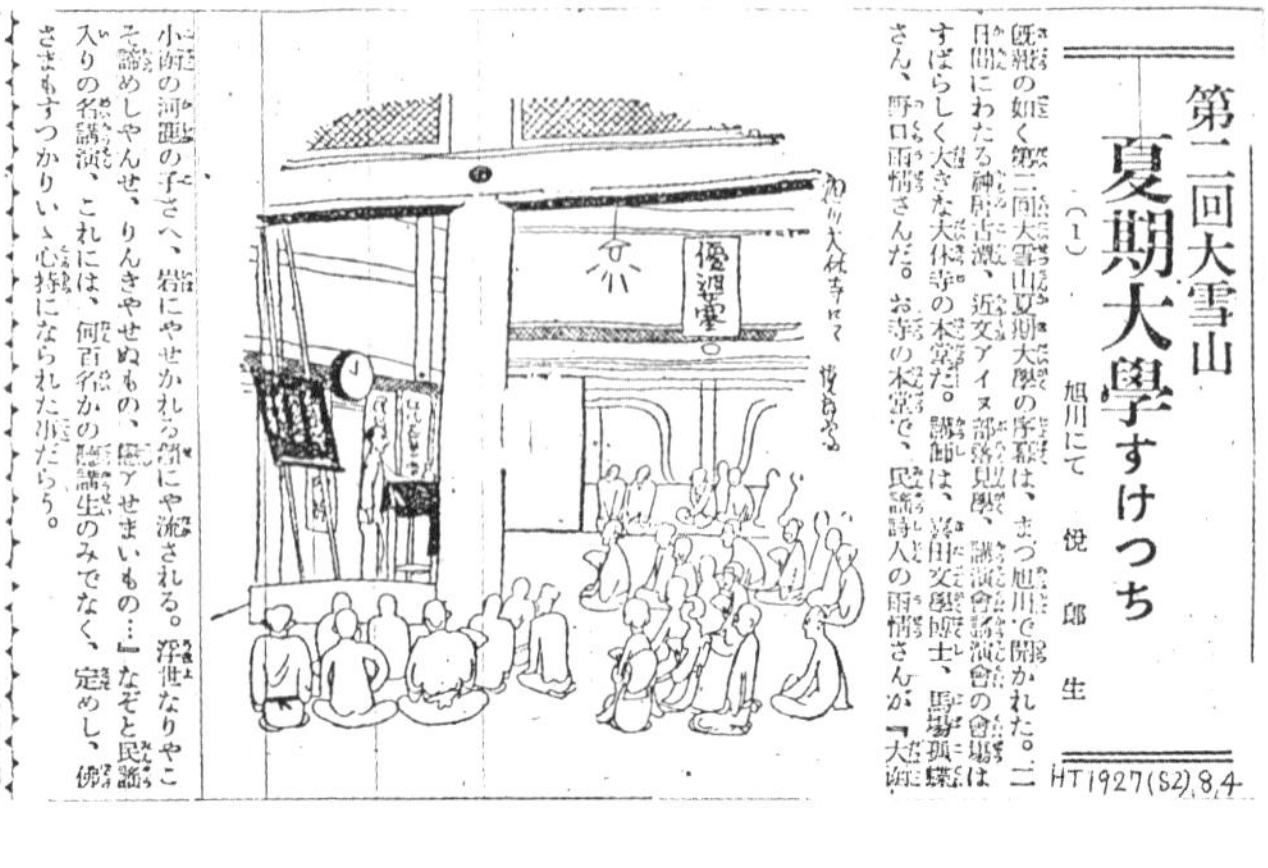

第二回大雪山
夏期大學すけっち
（1）　旭川にて　悦郎生

既報の如く第二回大雪山夏期大學の序幕は、まづ旭川で開かれた。二日間にわたる神居古潭、近文アイヌ部落見學、講演會談話會の會場はすばらしく大きな大休寺の本堂だ。講師は、喜田文學博士、馬場孤蝶さん、野口雨情さんだ。お寺の本堂で、民謡詩人の雨情さんが『大漁……小樽の河原の子さへ、岩にやせかれる瀬にや流される。浮世なりやこそ諦めしやんせ、りんきやせぬもの、悟アせまいもの…』なぞと民謡入りの名講演、これには、何百名かの聴講生のみでなく、定めし、佛さまもすっかりいゝ心持になられた事だらう。

HT1927(S2).8.4

講演会は大きな大休寺本堂で　加藤悦郎の夏期大学すけっち
（「北海タイムス」一九二七年八月四日）

齢からいうと青年らしくはないが、気持ちだけは二十歳、当年二十九歳のご令息がある。

八月　三日　待望の大雪山登山、第一班三十名が塩谷理事、南條幹事の案内で、午後に出発、石室に宿泊、石室は大賑わいであった。四日は桂月岳でご来光を拝し、北鎮岳、旭岳に縦走して戻り層雲峡に下山。

八月　四日　第二班は延原旭川師範教諭の先導で、四日午前五時に出発、午前九時に黒岳から石室で第一班に合流して噴火口やお花畑を巡り、午後三時に下山を始めるも途中で雨に遭い難渋をしたが無事に下山をした。

特筆すべきことは七名の女性が加わったことである。ただご婦人方は登山経験を有するのは一人だけ、あとは登山が初めてである。服装も寝間着《ねまき》一枚に、伊達巻《だてまき》などをぐるぐる巻きつける。草鞋《わらじ》では足が痛かろうということで下駄を結《ゆ》わいつけ、金剛杖という出《い》で立《た》ちである。珍妙な登山姿ながらご婦人方はいずれも名士夫人である。

登山口から十四五町のところに展望台がある。ご婦人方はここまでの予定であったが、「か弱い筈の婦人連が案外元気旺盛なので、結局男女の差別待遇を撤廃してその儘《まま》頂上までのしあがる事にした。然しいかに元気旺盛とはいへ婦人は矢張り婦人だ。萬一落伍者あっては……と、前に一人、後に一人の即製強力《ごうりき》を

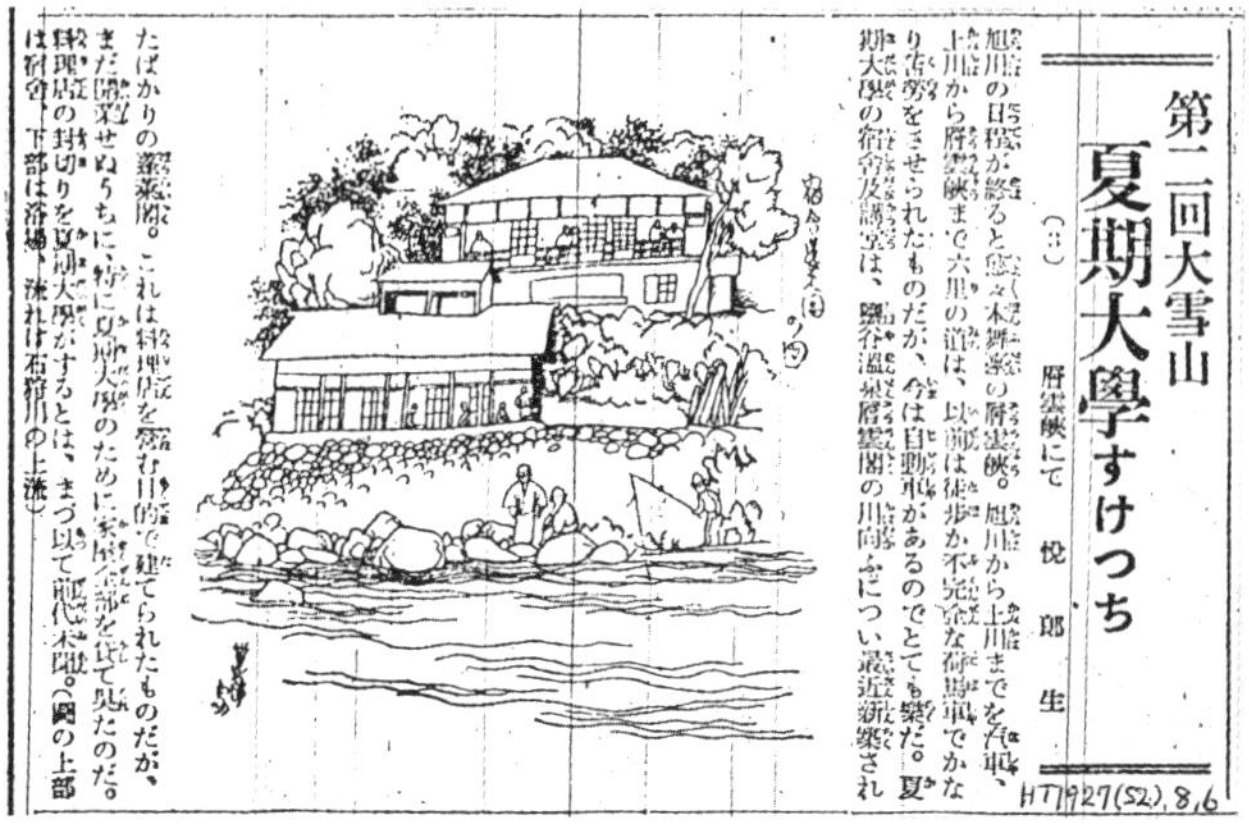
第二回大雪山
夏期大學すけっち（三）
層雲峡にて　悦郎生
旭川の日程が終ると愈々本舞臺の層雲峡。旭川から上川までを汽車、上川から層雲峡まで六里の道は、以前は徒歩か不完全な荷馬車でかなり苦勞をさせられたものだが、今は自動車があるのでとても樂だ。夏期大學の宿舍及講堂は、鹽谷溫泉層雲閣の川向ふについ最近新築されたばかりの蓬萊閣。これは料理店を營む目的で建てられたものだが、まだ開業せぬうちに、特に夏期大學のために家屋全部を貸して呉たのだ。料理店の封切りを夏期大學がするとは、まづ以て前代未聞。（圖の上部は宿舍、下部は浴場、流れは石狩川の上流）
HT1927(S2).8.6

宿舎は新築されたばかりの蓬莱閣　加藤悦郎の夏期大学すけっち
（「北海タイムス」一九二七年八月六日）

つけ」ひと足登るごとに幹事たちが元気づける。無事に登り切り、下山をしたことは前述の通り。

八月　五日　午前九時より青葉講師の講演、竹紫の課外講演あり。
午後・閉会式　挨拶　北海タイムス本社、竹内旭川支局次長
挨拶　大雪山調査会長・荒井初一代理
赤石旭商書記長
答辞　聴講生総代
夜　送別宴会（宿泊）
八月　六日　午前十一時　解散帰途に着く

以上、夏期大学の概要について述べた。前回は北海道山岳会誌『ヌプリ』に明細を記載していたが、今はその『ヌプリ』も休刊している。やむなく新聞記事の断片をつなぎ合わせて日程と成果としてまとめた。今回も漫画家・加藤悦郎が健筆をふるっている。「北海タイムス」紙に、「第二回大雪山　夏期大学すけっち」として、八月四日から十三日まで、九回にわたって連載した。相変わらずの漫画漫筆が冴える。

（四）展覧会

展覧会については村田丹下の章に述べているので、ここでは省略する。

三、大雪山調査会の会則と役員

小泉秀雄著『大雪山　登山法及登山案内』巻末の「大雪山調査会設立趣意書」に続いて「大雪山調査会会則」と役員が記載されている。重要な事項なので順を追って述べていきたい。

まずは会の事務所は、「旭川市六条通十七丁目左一号・塩谷忠方」、すなわち塩谷忠の自宅である。目的は「大雪山並びにその連嶺に関する調査研究」であり、具体的な事業は、

一、実地調査
二、調査報文に関する出版物
三、講演会
四、展覧会

その他本会の目的を達するに必要な事項

である。

本会の調査研究費は「有志の寄付を以て之に充てる」とあり、具体的な会費は徴収しないことになる。調査項目に関しては、地質、地形、植物、動物、気象、天然記念物、史跡名勝、開山沿革、地名、登山路、登山準備の十一項目である。

思えば小泉は趣意書のみならず、会則の草案も彼が作成したものと考えられる。なぜなら趣意書と会則は関連するからである。これらはまた山岳情報の豊かな信

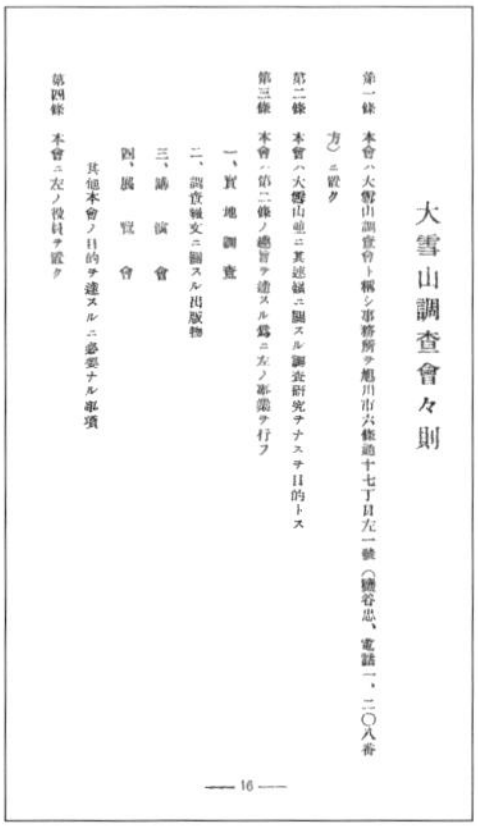

大雪山調査會々則

第一條　本會ハ大雪山調査會ト稱シ事務所ヲ旭川市六條通十七丁目左一號（鹽谷忠、電話一・二〇八番方）ニ置ク
第二條　本會ハ大雪山並ニ其連嶺ニ關スル調査研究ヲナスヲ目的トス
第三條　本會ハ第二條ノ趣旨ヲ達スル爲ニ左ノ事業ヲ行フ
一、實地調査
二、調査報文ニ關スル出版物
三、講演會
四、展覧會
其他本會ノ目的ヲ達スルニ必要ナル事項
第四條　本會ニ左ノ役員ヲ置ク

—16—

「大雪山調査会々則」

大正十五年七月廿二日印刷
大正十五年七月廿五日發行
定價金貳圓七十錢
著者　長野縣松本市堂〃　小泉秀雄
印刷人　東京市麹町區永樂町一ノ一　丸ノ内ビルヂング七六〇　中山喜三郎
印刷所　東京京橋市區鎗町八一番地　大江印刷株式會社
發行所兼發賣元　北海道旭川市六條通十七丁目左一號　鹽谷忠方　大雪山調査會

「大雪山　登山法及登山案内」奥付

州で培った知識を活用したのであろう。

次は役員であるが、小泉はすでに旭川を去って松本に移住していたので、参画していないことは確かである。会長・荒井と塩谷らで決めたのであろう。次に各役員の紹介を略記する。分かる範囲なので不明の人もある。

副会長は笠原定蔵（一八七四〜一九四六）、荒井の盟友、銘酒「笠の雪」「常磐泉」の醸造元・笠原酒造店の養子に入る、のち笠原合名会社を起こし社長、町議会議員、旭川消防組頭、そのほか各種の会社や事業所の役員を務め、旭川財界の重鎮として活躍した。

理事は、塩谷忠、赤石忠助、荒井孝忠、井内謹二の四人。塩谷忠（一八九四〜一九五八）は『北海タイムス』紙の記者、塩谷温泉の経営者であるがのちに温泉の権利を荒井初一に譲渡した。桂月を層雲峡に誘致した人物としても知られる。塩谷の自宅すなわち大雪山調査会の事務所である。赤石忠助は旭川商工会議所理事。荒井孝忠（一八九五頃〜一九四四）は東大法学部卒、初一の次女ツギの夫で荒井姓を名乗り、事業経営に加わったが早逝した。井内謹二は「タイマル醤油味噌醸造元井内醤油店」の店主、旭川商工会議所理事、旭川市消防団初代団長（一九四七年）である。

調査委員は委員長・山下直平以下四人。山下は北海道第三師範学校（現・北海道教育大学旭川校）初代校長。ほかに小泉秀雄、（一八八五〜一九四五）。吉池守太は旭川向井病院副院長、医師のかたわら温泉の泉質や効能を研究、小泉が一九二四年に調査登山中、桂月岳からの落石で重傷を負って層雲峡に担ぎ降ろされたと

常磐泉　笠原合名会社の広告

タイマル醤油味噌　井内醤油店の広告

き、電話で要請を受けて旭川から出張、最初に診察したのが吉池である。延原幸一は不明。

嘱托委員は金子卯助と藤田寅夫の二人、小泉著『大雪山　登山法及登山案内』に金子、藤田の撮影した写真が多く挿入されている。

顧問は官公庁の役職者、学者、識者が大半で十六人。まずは第七師団長・渡辺錠太郎（一八七四〜一九三六）、陸軍大将、二・二六事件で反乱軍によって殺害される。第七師団軍医部長・国友国、第七師団経理部長・眞貝寅太郎、同少将・久木村十郎次。第七師団への来訪者名簿・一九二三年十二月七日の項に「国友　国」（陸軍一等軍医正）の名がある。また陸軍軍医部将校の欄・一九二九年に第七師団陸軍軍医監「国友　国」の名が出てくる。上下どちらから読んでも同じという変わった姓名なので印象に残る。一九二八年に建立した層雲峡の「第七師団転地療養所建設記念碑」の碑文に国友軍医部長、眞貝経理部長の名が見える。

理学博士・宮部金吾（一八六〇〜一九六一）は植物学者、北海道山岳会評議員、札幌市名誉市民第一号、文化勲章受章、北大付属植物園を造営、初代園長、園内に宮部金吾記念館がある。上川支庁長・北崎巻。向井病院長・沼崎重平。函館測候所長・根本廣記。理学博士・新島善直（一八七一〜一九四三）は森林学の学者、北大教授、退任後は北星学園の校長を務める、北海道山岳会相談役でもあった。北海道史研究家・河野常吉（一八六一〜一九三〇）は北海道山岳会相談役、著書に『大雪山及石狩川上流探検開発史』（一九二六年、大雪山調査会）がある。旭川市長・岩田恒《ひさし》（一八七〇〜一九五七）は石川県金沢生まれ。陸軍士官学校卒、第

ポンアイシポプ沢渓畔のエゾブキ群落と撮影者の藤田寅夫

七師団歩兵第二十七連隊長、少将に昇進後予備役、第七師団の後援で初代市長となる、退任後大阪に居住、長寿を全うする。旭川営林区署長・柳内耕三。東北大学講師・田中館秀三（一八八四～一九五二）は北海道山岳会常任幹事、大雪山調査会より『十勝岳爆発概報』を発表、後年「田中館地質研究所」を開く。

　下村正之助（一八七八～一九四二）は会長・荒井の盟友、油味噌醸造元・下村醸造所の養子に入り、のち経営を任される、事業は隆盛を極め得た利益によって下村育英財団を設立、百七十余人の大学生に奨学金を出したほか、一万二千冊の蔵書を下村文庫と名づけて市民の利用を図った、彼の没後に蔵書をそっくり市に寄贈、今の市立図書館の基礎づくりとなった。大谷岩太郎（一八六四～一九五〇）は、銘酒「旭正宗」「旭自慢」の醸造元・大谷酒造店の店主。岡田重次郎（一八七四～一九五〇）は旭川「北の誉」創始者三人（野口吉次郎、西尾長次郎、岡田重次郎）の一人、一九〇七年、野口合資会社を設立し清酒「北の誉」を醸造、一九三六年に岡田重次郎の丸ヨ岡田商店に受け継がれた。岡田は旭川商工会議所会頭、北海ホテル社長、北海道酒造組合連合会会長などの要職を歴任、経済界に貢献した。一九三四年、自宅として建築した和風の邸宅は贅を凝らした見事な建物である。重太郎、正平、正雄の三代にわたって在住したが二〇〇三年転住、取り壊しの危機もあったが、保存を訴える市民有志によって二〇一〇年、「一般社団法人旧岡田邸二〇〇年財団」を設立、保存と活用の両立を図って、蕎麦と料理「おかだ紅雪庭」を開業している。なお二〇一二年には建物を登録有形文化財に登録している。

　以上、すべての役員について分かる範囲で略記した。こうして見ると役員には、

旭正宗　大谷酒造店の広告

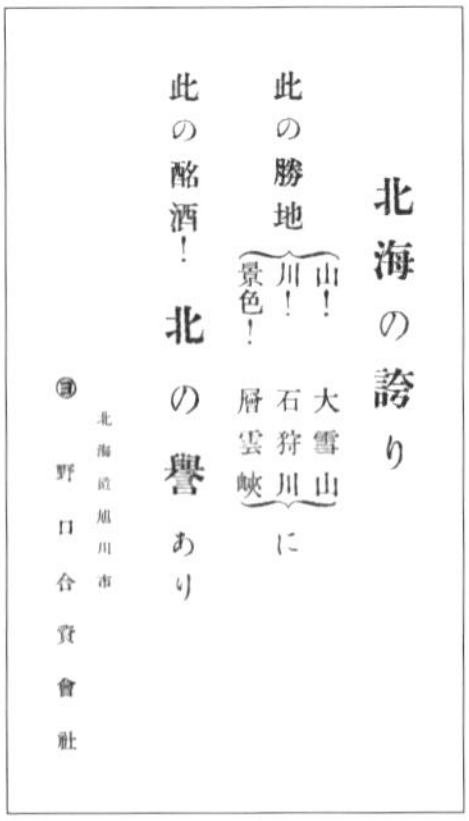

北の誉　野口合資会社の広告

各界の首長、専門家、地域の有力者を網羅した組織であることが分かる。もちろん会長・荒井の盟友も入っている。当然、会の権威づけを計って著名人を配しているので、名義のみの役員も多く実際に活動したのは数人である。

なお役員について塩谷忠「大町桂月翁を想う」(『寒帯林』に連載)によると当初、小泉は役員(調査委員)に入っていない。そのほかの役員にも相違がある。小泉は大雪山調査会創立時、すでに旭川を去って松本に移住していたので、役員から外れていても当然かも知れない。『荒井建設百二十年史』によると、「その後会長荒井の指名によって、小泉秀雄が調査委員に加えられた」と記している。

おかだ紅雪庭　岡田重次郎の自宅、登録有形文化財

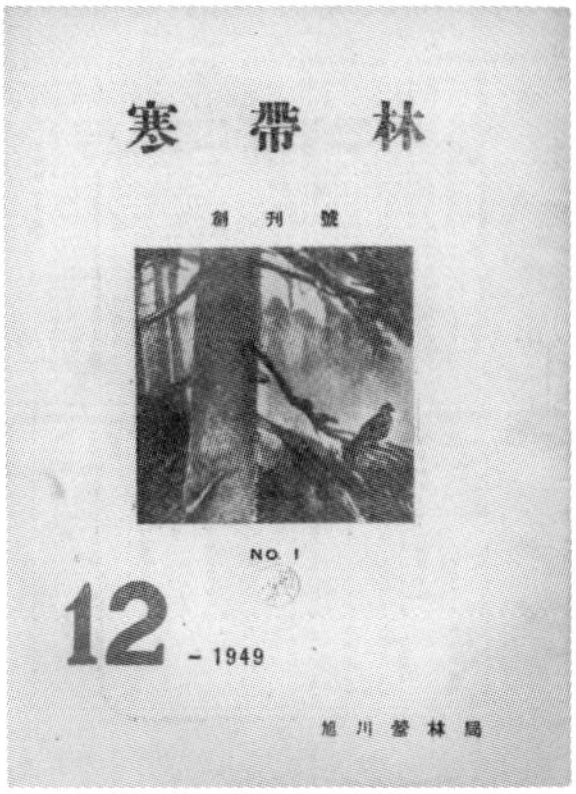

『寒帯林』創刊号

四、大雪山調査会と塩谷忠

（一）塩谷忠の生い立ち

大雪山調査会とともにあり、というより層雲峡の歴史とともに歩んできた人物は塩谷忠である。大雪山調査会の創立者・荒井初一もさることながら、塩谷忠を語るとき、すなわちそれは大雪山調査会の、層雲峡の歴史を語ることになる。さらに大きくいえば彼は「大雪山の生き字引」というべき人物である。

では塩谷忠（一八九四〜一九五八）とはいかなる人物か。彼は一八九四年（明治二十七年）、福島県人・板垣幸助の次男として生まれた。実家は明治初年よりアメリカと絹の貿易をしていたが、帆船に絹を満載してアメリカに向かう途中、金華山（宮城県牡鹿半島）沖で暴風雨に遭遇し沈没した。そのため家運が傾き、これを復興させようと彼の父が手づるを求めて日露戦争前に渡米をしたが、鉄道事故のために死亡した。父の墓はソルトレークにあるという。

彼は塩谷水次郎（一八六一〜一九三五）の養子になり塩谷姓を名乗るようになった。妻は水次郎の娘「みさお」である。なぜ養子になったのかはよく分からないが、実家の災難が影響していることは確かであろう。彼は一九一三年以来『北海旭』『小樽』『新小樽』『北海タイムス』『時事新報』に関与して、長年にわたっ

村上久吉著『郷土を拓く人々』

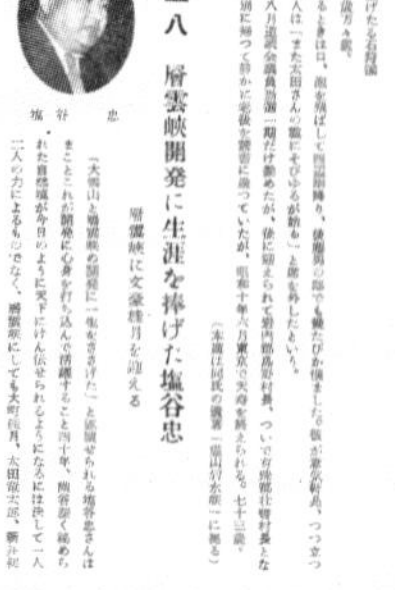

一八　層雲峡開発に生涯を捧げた塩谷忠

層雲峡に文豪桂月を迎える

塩谷忠

一三九

層雲峡開発に生涯を捧げた塩谷忠

て記者として新聞界で活躍した。

養父・水次郎は栃木県塩谷郡出身、渡道し愛別村で開拓に従事。農業経営、渡船場経営、温泉経営など、事業的才覚があったようである。上川町共進に塩谷水次郎の建立した碑がある。碑銘はただ「記念」とあるだけだが碑文は次のようにある。読みやすいように適宜、句読点を付した。

> 文久元年、栃木県塩谷郡三依村に生まる。性剛健、明治二十七年、北海道夕張郡由仁に移住す。後、愛別に転じて専ら開拓に従事す。同三十三年二月、倅小椋長蔵と共に食糧携帯、石狩川上流仙境に於て、塩谷温泉を発見、一意専心事業を完成せり。
>
> 大正十三年八月　塩谷水次郎建之

塩谷水次郎は一八六一年（文久元年）、渡辺伊平・キンの五男として栃木県塩谷郡三依《みより》村（のち町村合併で藤原町となり現在は日光市）に生まれる。その後、塩谷啓次郎の養子となり塩谷姓を名乗る。明治二十七年（一八九四年）北海道夕張郡由仁に移住。のち愛別に転じて開拓に従事した。まだ上川村と分村前であった。明治三十三年（一九〇〇年）、息子の小椋長蔵（一八八六〜一九二五）とともに食料を持って石狩川上流に向かい温泉を発見した。そして一九一三年三月、「水次郎温泉再確認、小椋長蔵名義」で温泉出願をし、翌年の十月に温泉免許を取得している。小椋長蔵は水次郎の実子だが、養家先の姓を名乗る。水次郎の妾腹の子

上川町共進にある塩谷水次郎の記念碑

塩谷水次郎の紹介　碑文面

ともいわれている。父に先立って三十九才で病没する。

一九一五年、水次郎・長蔵父子と娘婿の本郷熊五郎が温泉地に湯小屋を建てるに至った。すなわち塩谷温泉の創始となったのである。その後、旭川にあった宅地を売却してまで温泉経営に投資し、増設していったが一九二二年（大正十一年）八月二十四日、空前の大洪水に襲われて、温泉家屋や家財のすべてを流失してしまった。致命的な災害を受けた塩谷温泉は、同年十一月にその権利の一切を荒井初一に譲渡したが、塩谷温泉の名はそのまま踏襲された。

小泉秀雄の著した『大雪山　登山法及登山案内』に挿入の「大雪山地形図」には層雲峡（霊山碧水峡）塩谷温泉のほか、師団温泉、国沢温泉、飯田温泉が表記されている。荒井が新たに建てた湯小屋は「塩谷温泉層雲閣」として発展していったのだが、一九二三年八月二十七日付の「北海タイムス」紙に次のような記事が掲載されている。「ここは塩谷温泉と称するも本年四月一日一切の権利を旭川の荒井組に譲渡せるものなれば荒井温泉と唱ふるが妥当なりなどと人々語り合ふ」。

どうやら塩谷温泉の名には周囲も違和感を持っていたようである。その後、昭和に入り、層雲峡の名が認知されていくとともに、温泉の名も「層雲峡温泉」と呼ぶようになり塩谷温泉の名は消滅していった。

まずは塩谷忠と塩谷温泉、荒井初一から層雲閣への関係について述べてきた。塩谷温泉の荒井への譲渡はきわめて円滑に事が運んだようで、塩谷と荒井はその後も深く密接に関係を保っていくことになる。

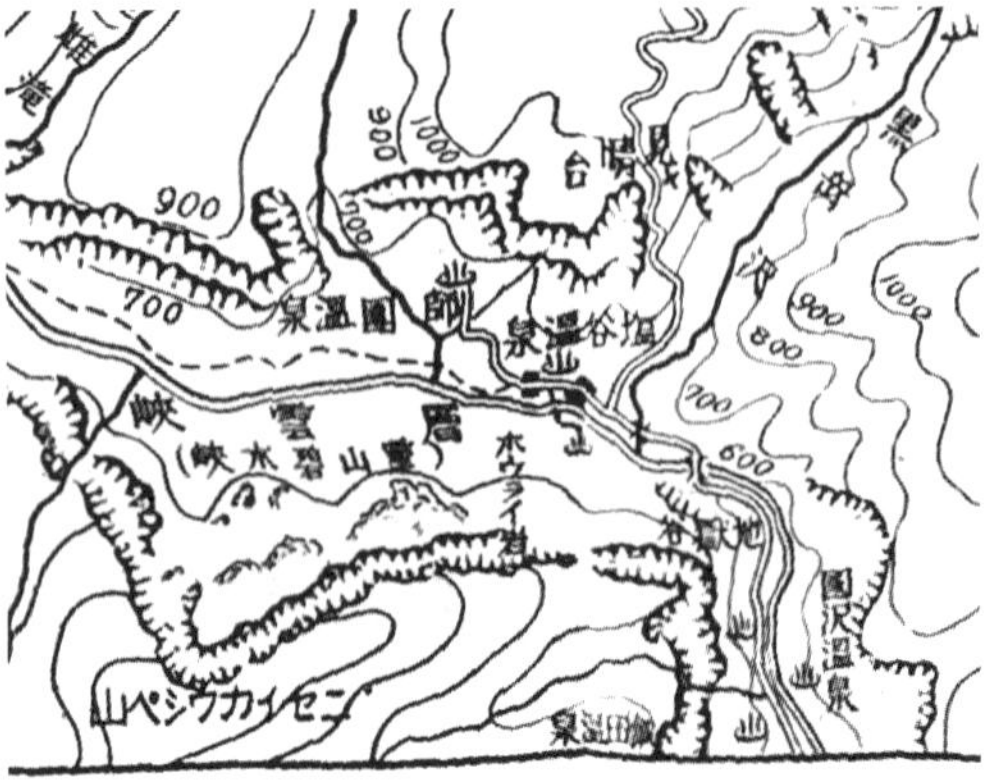

大雪山地形図　部分

（二）大町桂月を層雲峡に勧誘

さてこの間、塩谷の企画力を大いに発揮する出来事があった。まだ荒井への譲渡前の一九二一年、大町桂月の層雲峡（まだ命名前であるが便宜上、層雲峡と呼ぶ）誘致である。当時の桂月は文豪として全国に知られた名士である。昭和の司馬遼太郎か、また村上春樹と思ってよいだろう。本来なら全国的には無名の塩谷が容易に近づけるような相手ではない。

そのころ、石狩川上流は「霊山碧水（峡）」と呼んでいた。明治末の一九一〇年、愛別村村長・太田龍太郎（一八六三～一九三五）が探検して、この峡谷美に感嘆し「霊山碧水」と名づけたところである。この探検記は「北海タイムス」紙（「北海道新聞」の前身）に五回で連載された。太田は一九一一年、後藤新平逓信大臣兼鉄道院総裁に「石狩川上流霊域保護国立公園経営の件」を建議した。先見の明であり当時としては画期的な提言であった。実際に国立公園に指定されたのは二〇数年後であるが、太田は「大雪山国立公園生みの親」として高く評価されている。

話が中断したが、塩谷は桂月を何とか層雲峡に呼び込みたいと画策していた。彼としては桂月のペンの力を借りて層雲峡と塩谷温泉の売り込みを図ったのである。観光開発の常套手段というべきであろう。しかしながら桂月は大雪山登山に来道したのである。すでに表登山口である忠別川筋の松山温泉（現・天人峡温泉）から入山し旭岳に登る予定で、案内人夫の成田嘉助も手配していた。当然のこと

太田龍太郎

太田龍太郎著『霊山碧水』

ながら登山路のない層雲峡は、彼の選択肢になかったのである。

それを強引に層雲峡へ引っ張り込もうというのであるからかなりの無理がある。まず登山ルートは塩谷温泉下流の黒岳沢（当時は凌雲沢といった）に決めた。以前に塩谷が途中まで登ったことがあり、たやすく山稜の一端に立てると楽観していたのである。ただ彼には桂月と知己でもなければ伝手《つて》もなかった。

親しい関係にあった旭川区長、市来《いちき》源一郎（一八六六～一九二二）から、桂月一行が石狩川の名勝「神居古潭」に立ち寄るという情報をつかんだ塩谷は、まず市来にこの機会をとらえて層雲峡への誘致を頼み込んだ。市来は町制から区制施行が敷かれた初代区長である。区長といえば市長に値する旭川のトップであり、肩書としては桂月に通じると踏んだに違いない。市来は鹿児島生まれ。父は戊辰戦争、兄は西南戦争で戦死。一八八六年に渡道し、各地の警察署長を歴任したのち、旭川区長になる。二期目も務めたが桂月への懇願翌年の一九二二年、現職のまま急逝した。経歴的には桂月好みの人物かも知れない。

いよいよ当日、一九二一年八月十八日、札幌を発ち神居古潭に降りたった桂月一行を市来区長、現地の青年会長・南山玉治らが出迎え名勝・神居古潭を案内する。しかし桂月はそれほど感嘆しなかったようで、「神居古潭は北海道の勝地として世に知られたるが、深さの非凡なる外には格別の風致もなし」と片づけている。全国の名勝を訪ね歩いている桂月にとって神居古潭は平凡であったのだろう。

つぎはいよいよ市来の出番である。市来は、「石狩川の奥に霊山碧水という世に隠れた景勝地があるので、ぜひ探勝してもらいたい」「そしてそこから人跡未

大町桂月の旅姿

桂月が「格別の風致もなし」と片づけた神居古潭

踏の沢を攀じて大雪山に登り、松山温泉に下山してもらいたい」と懇願した。桂月は、「札幌で北海タイムス社の友人たちと協議をして日程を組んだのだから今さら変更はできぬ」「日程が長くなってしまうので、遭難騒ぎが起きても困る」と頑として応じない。

市来は威儀を改めて、さらに膝詰め談判で懇願する、「自分は区長として、九州男児として塩谷の頼みを引き受けた」「すでに塩谷は先行して受け入れ準備をしている。先生に見捨てられては自分の立場がない」「先生の筆によってこの景勝地を天下に紹介すれば後世に残ると思う」「自分の面目が丸つぶれになるか、先生の名が世に出るかの境目ではないか」「北海タイムス旭川支社長・岡田天洞の了解も得ているので、ここはこの区長の顔も立ててもらいたい、一生のお願いだ」。

市来はこのような口調で熱情をこめて、かつ拝み倒しの戦術に出たようだ。男子の面目、男の約束、義理人情は桂月の根底に持つ思想であり、そこに触れられると桂月も弱い。それにまだ知られていない霊山碧水峡を、この目で見てみたいという気が動いたこともあろうし、人跡未踏の沢にも大いに興味を惹きつけられたということもあろう。ここは桂月の冒険心が頭をもたげたとしてもおかしくはない。このような一幕があって、市来の熱誠にほだされた桂月は、ついに承諾したのである。市来は委託された大任を果たした思いで、さぞかし安堵したことであろう。そして神居古潭を後にした桂月一行は、旭川一の老舗旅館・三浦屋に宿泊したのであった。

大町桂月氏單身で
大雪《だいせつ》山《ざん》に分《わ》け入《い》る
山頂に二泊往復五日の豫定
其前に神威古潭の史跡を訪ふ
T10.8.23

大町桂月氏単身で大雪山に分け入る
（「北海タイムス」一九二一年八月二十三日）

一方、層雲峡に先行した塩谷は画家の吉積長春《よしづみながはる》、測量技師・榊原与七郎を伴って層雲峡に先行した。地獄谷の難所を通過するのは大変なので、その手前で一本橋を架けることにする。層雲別部落（現・清川）から屈強の若者十数人を雇い、養父・水次郎の指揮で流木を利用して何とか架橋することができた。それだけでは危なっかしいので、一本の綱を渡しておく。

小泉秀雄著『大雪山　登山法及登山案内』に一本橋の写真がある。八月二十三日榊原章氏撮影とあるので、桂月らの渡橋三日後に撮ったものであることが分かる。

十九日（一日目）、桂月は田所碧洋と成田、前川義三郎を従えて旭川駅を六時に発し、比布に六時四十五分下車した。当時はまだ石北本線が開通していなかったので、宗谷本線で比布まで乗ったのである。一行は八里（三十二キロ）の道を歩いて留辺志部《るべしべ》（現・上川市街）の田辺宿舎に投じた。

二十日（二日目）、九時に宿舎を発つ。この日初めて大雪山を見る。桂月は白絣の浴衣に草鞋、脚絆姿で杖を振りふりやってきた。夕刻、架橋したばかりの一本橋を危なっかしい足どりで渡った。塩谷温泉に旅装を解いた桂月は、早くも田所らを相手に呑んでは温泉に一浴して酔いを醒まし、また呑んでは一浴を繰り返す。

二十一日（三日目）、八時出発、塩谷の案内で吉積長春も加わり層雲峡大箱（函）に向かう。そのころはヤマベ釣りの歩く踏み跡があるのみで、時には徒渉もしなければならない。桂月は次々に現れる石柱や岩峰に驚嘆し、「鬼神の楼閣」に譬

層雲峡大函　村田丹下画

えて激賞、絶景を前にして一献を傾けるのであった。子持岩、天城岩、鬼城岩、天柱峰、天神岩、逆鉾岩などの名は、このとき塩谷が請うて命名した記念の名称である。桂月は相変わらず酒と温泉の繰り返しである。その夜、塩谷は明日の登山が心配であまり眠れなかった。

二十二日（四日目）未明、桂月と塩谷の二人は、丸木橋を渡って石狩川のまん中にあって両岸をつなぐ大岩の上に立ち、黒岳、無名峰（のちの桂月岳）、凌雲岳を仰ぐ。月の光を受けて聳え立つ三山の神秘的な光景に感激し、まずは持参した水筒の酒を呑み、神仏に感謝を捧げてこの岩を「蓬莱岩」と名づけた。かくするうちに東天の雲が色づき、月は晴天に没する。今日の好天を約束するかのように夜は次第に明け渡った。

この場面で塩谷は桂月に、「霊山碧水」に代わる新しい名称を要請する。桂月はあれこれと考え提案したが、塩谷の提案した「層雲峡」に決まった（と思われる）。いうならば桂月と塩谷の合作ということになろうが、いずれにしても桂月の名付け親とした方が箔が付く。

桂月はのちに、「石狩河の上流に、層雲峡あり。奇抜にして雄偉なること、天下無双也。この無双の神秘境に未だ名あるを聞かず。止むを得ず、層雲別の部落より取りて命名したる也」（「北海道山水の大観」雑誌『太陽』一九二三年八月号）と書いているが、彼が霊山碧水の名を知らないはずがない。彼はまた、小泉秀雄著「北海道中央高地の地学的研究」（日本山岳会『山岳』第十二年第二・三号、一九一八年）も読んでいたはずである。そこには「層雲別」の集落も、温泉の総称「層

層雲峡天城岩　村田丹下画

蓬莱岩。川向うのホテルは「層雲閣」

雲別温泉」も記載している。

（三）黒岳沢からの登山

さあ、いよいよ出発である、当初予定の桂月は四人であったが、黒岳沢案内の塩谷ら三人、さらに直前になって水姓、松永が加わったので総勢九人になってしまった。こうして飛び入り寄せ集めのパーティーができ上がったのである。改めてメンバーを紹介すると次のようになる。

大町　桂月　五十二歳（最高齢）
田所　碧洋　二十八歳（推定）　秘書　俳人
成田　嘉助　四十五歳　植木業　旭川区五条通り十四丁目右二号
塩谷　　忠　二十七歳　北海タイムス旭川支局記者
前川義三郎　三十七歳　登山の好きな豆腐製造業　旭川区三条通り十五丁目右二号
吉積　長春　二十九歳　旭川在住の日本画家
榊原与三郎　年齢不詳　測量技師
水姓　吉蔵　四十八歳　留辺志《るべし》小学校校長、登山経験豊富
松永　良平　年齢不詳　人夫

黒岳沢下流

九時、沢に入った。前述したようにこの沢は成田も水姓も登ったことがなく、塩谷が途中まで登ったのみである。何とも心細い限りだが、桂月は一人ひとりの経歴を知る由もなく、お任せスタイルである。それより冒険心旺盛な彼は、未知の魅力に憑《と》りつかれたのかも知れない。何より人跡未踏への憧れがある。

　おだやかな流れも次第に谷は狭まり、薬研《やげん》を立てたようになり、二メートルから三メートルの小滝が連続する。人夫は七、八貫から十貫（三十七キログラム）の荷を背負っているので思うように動けない。荷のなかには酒類がしっかり入っている。

　水姓は四、五貫（十八キログラムくらい）の荷を背負っているが、先導して悪場の突破にも大活躍。大小の滝場には流木で急造のハシゴを掛け、岩場ではハンマーで足場を作り、後続の者を引き上げる。桂月は、「余一行に尾す。急がずして、余力を存し、且つ静かに風景を味わい」ながら登ったようだ。空荷の彼は後尾について余力を残し、風景を楽しんでいたことが窺える。最高齢ながら自ら「鉄脚居士」を自認する桂月の面目躍如といったところか。

　ついに塩谷の怖れていた未知の領域にきた。三十メートルもある大滝が現われ、片側は大絶壁である。絶景に見とれながらも、一行にはとても登れそうにない。行きつ戻りつ、右へ左へ、ルートを探しながら絶体絶命のなかで、少し戻った左岸の小さな涸れ沢に活路を求めることにした。

　まず水姓が登ろうとしたが、八尺（二・四メートル）の岩場が登れない。松永が機転を効かせた肩車でやっと突破、ロープを垂らし、ついで塩谷、後続も次々に登り、桂月は成田に助けられて登る。どうやらこれで悪場は脱したようだ。沢の両側は

吉積長春画　層雲峡の図

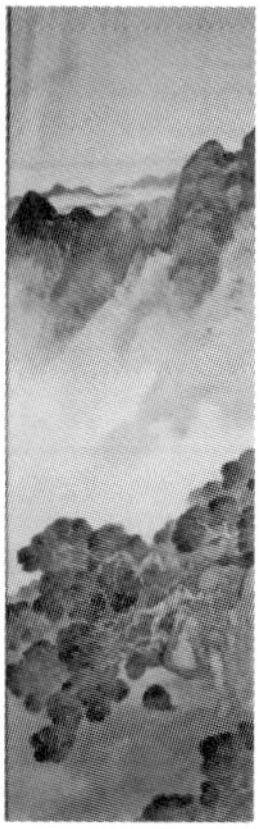

吉積長春画　山並みの図

根曲がり竹が密生して薄暗い。先頭を行く塩谷と水姓は、後続が通過しやすいように、前途の障害物を取り除きながら進むも、度重なる転倒に手足に擦り傷を負い、いよいよ疲労困憊の極に達した。だがようやく斜面も緩くなり、前方にハイマツ帯をみたときは一同安堵と歓喜に包まれ、なかには万歳を連呼する者もいた。

　とはいえ前途はまだ遠い。水姓は相変わらず大活躍、夕暮近く幕営地を求めて先行、立木に登りあたりを見渡して水のありそうな湿地を発見、それを目当てに進む。黒岳や凌雲岳も間近に見える。塩谷は、「最後のハイマツ帯に入った処、無数のウンカが飛び立ち、涸れ沢を通過するときにもまさる困難に遭遇した。一同は疲れ切っているので、足もとがよろよろであり、ちょっとのことにもつまずき、その都度ウンカがパッと飛び立ち、呼吸もできぬ程で、一度口を開くと無数のウンカが口中に入る始末である」と書いている。

　湿地と見たところは小池であった。幅十間（十八メートル）、長さ四十間（七十二メートル）ほどの小池である。桂月の一言でここを野営地と決めて荷を下ろす。桂月は困難の末、ここに到達できた喜びを共にしようと、水筒の酒を一同に少しずつ分け与えて萬歳を唱え、神仏に感謝の黙祷を捧げた。

　ここは池あり、岩あり、ハイマツの緑あり、あたりは一大お花畑で、山々の展望はすばらしく、まさに天上の楽園である。咲き乱れる花々に感嘆した桂月は、塩谷や成田に一々花の名を尋ねて手帳に書き記す。一同分担してハイマツや枯木を集めて焚火をし、テントの設営や炊事の準備にかかる。だが桂月は景色もよし、天気もよし、テントで休むのは惜しい、月を眺め、高山の気分を味わいながら夜

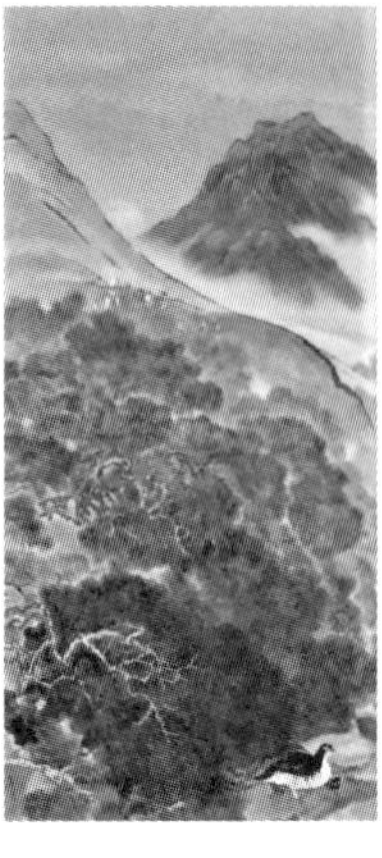

吉積長春画　ハイマツと鳥の図

を過ごしたいという。桂月は、「天幕は張らずに敷きて、一同其上に臥す」としている。まずは成功の祝杯を上げるべしと、一同焚火を囲んで宴に入った。飯も炊けた、野菜のみそ汁もできた、各自持参の佃煮や缶詰もある。下戸は食い、上戸は呑む。とはいっても下戸は塩谷だけらしい。

桂月は層雲峡にもまさる高山の月に、いい月だいい月だと、とうとうブランデーを四本も呑んでしまった。水姓は妙水と称して持参した焼酎三瓶を差し出した。桂月も一同とともに味わい、ついには呑めや唱えやの大盛宴となる。夜も更けて六人はテントを敷いてそれぞれ眠りにつき、桂月も「焚ける火が一同の掛布団也」と、いびきをかいて眠ってしまった。残るは塩谷と成田と前川のみ、塩谷は熊の襲撃に備えて焚火を絶やさないよう両人に頼む。塩谷も緊張からあまり眠れない。

二十三日未明（五日目）、塩谷は熟睡できぬまま野鳥の声に眼を覚ます。桂月付きの成田、前川は責任感から互いに火を燃やし続けた。塩谷、水姓も熊の動きや咆哮《ほうこう》におびえながら、焚火の応援をして夜を明かした。桂月も寒気に眼を覚ました。人夫は朝飯の準備にかかる。まもなく東天が染まり、ご来光の時がきた。桂月は近くの岩上に登り、神秘の光景に打たれながら詩を朗吟する。

周辺を散策すると新しい熊の足あとや、草木を掘り起こした跡が至るところにあり、また熊とおぼしき古い骨や、他の動物の骨も散乱していた。桂月も熊の出没を目の当りにして、その実感を詩にして塩谷に示した。

絶壑懸崖手自攀（絶壑懸崖《ぜつがくけんがい》自ら手によりて攀《よ》じ）

終宵擧火隈松間（終宵《しゅうしょう》火を擧《あ》ぐ隈松《えんしょう》の間《かん》）
穴中熊簇應驚倒（穴中《けっちゅう》の熊簇《くまぞく》まさに驚倒すべし）
十丈朱炎照四山（十丈《じゅうじょう》の朱炎《しゅえん》四山《しざん》を照らす）

桂月はこの詩を高吟し、一同は感慨深く聞き入るのであった。かくするうちに飯盒《はんごう》の飯もできたので、水姓持参の缶詰を開け、ワカメのみそ汁に舌鼓を打つ。折からの雲海も消えて今日も絶好の晴天となり、出発の準備もはかどる。桂月はこの露営地を別れるのは何よりも辛いと、記念のためこの池を「花の池」と命名し、かたわらのダケカンバの幹を削って「花の池　桂月」と墨書、ご来光を拝んだ釣鐘状の大岩を「釣鐘岩」と命名、その岩に「釣鐘岩　桂月」と墨書、その下に昨夜来、十九夜の月を賞しながら痛飲したブランデー空き瓶三本を立てかけ、一同別れとこれからの無事を祈ってブランデーを盃で酌み交わした。

八時出発、まずは眼前の無名峰（桂月岳）に向ってハイマツ帯に苦しみながら、岩石を縫って山頂に達した。快晴の下、山々の眺望のすばらしさと、眼下のお花畑の美しさはいうまでもない。塩谷は次のように書いている。「本登山の成功を記念に、最初に、足跡を印したこの山を地図には山名が何も書いていないのを幸いに、今日以後『桂月岳』と命名したいと告げた処、謙譲してその儀にも及ばないと微笑を洩らした。爾来この無名の山は私が命名した通り『桂月岳』と世に宣伝され云々」（「大町桂月翁を想う」より）と、書いているが、桂月とこんなやりとりがあったことにはいささか疑問を持つところである。桂月が初登とは思われ

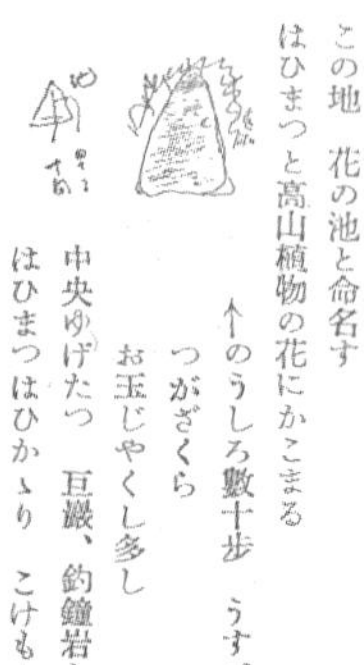
この地　花の池と命名す
はひまつと高山植物の花にかこまる
↑のうしろ数十歩　うすべに
つがざくら
お玉じやくし多し
中央ゆげたつ　巨巖、釣鐘岩と命名す
はひまつはひかゝり　こけもゝ（みを
帶）みやまはんのき　岩沓

この地　花の池と命名す

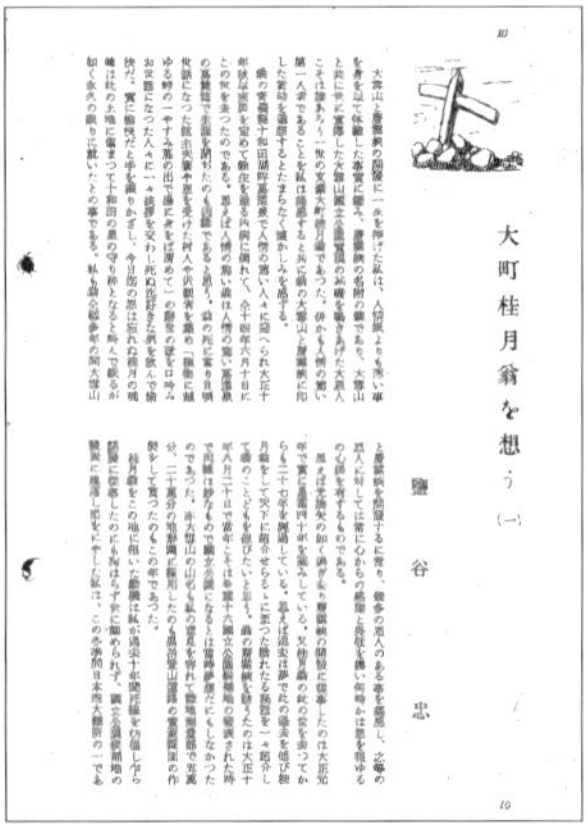
大町桂月翁を想う（一）
塩谷忠

大町桂月翁を想う（一）　塩谷忠

ないし、無名峰であったとも思えない。ただ塩谷には「桂月岳」命名の腹案を持っていたのは確かであろう。ここは地図上の命名者・小泉にヤリクリを依頼したことは考えられる。

小泉秀雄はその著『大雪山　登山法及登山案内』(一九二六年　大雪山調査会)で、桂月岳「故大町桂月氏の最初に登った山なるを以て此名を附す」とあり、花の池も「故大町桂月氏命名」と明記している。その他の山名も含めて同書の表記が、そのまま今日に引き継がれているのである。

さて一行は次に三角点櫓《やぐら》の仰がれる黒岳に向った。桂月は登りが辛く、幾度か少憩しながら三十分余を費やして山頂に立った。眺望はさらにすばらしい。下って雲の平を経て北鎮岳へ。桂月は旭川中学で借りたテントに揮毫《きごう》を頼まれていたので「天下無双」と墨書し、かたわらの大岩にも同じく墨書した。ここで白雲岳に縦走する桂月一行と、再び層雲峡に下山する塩谷ら五人組は別れることになる。一同昼食をともにし、最後の小宴を張る。

桂月は人夫に用意させた万年雪に氷砂糖を溶かして一同に分かつ。そして人夫に至るまで焼酎一杯ずつ、呑めない塩谷には氷砂糖を与えて、今日までの無事と登山の成功を祝福して乾杯した。桂月は、「これから白雲岳、旭岳に登って松山温泉に降り二十六日ごろ旭川に引き揚げる。君が旭川に帰ったら市来区長、岡田支局長によろしく伝えてもらいたい。いずれ旭川でゆっくり語り合おう」と塩谷の手を握り、これまでの労をねぎらった。桂月が揮毫したというテントはその後、処分されたのか、現在の旭川東高校資料室にも収蔵していない。

黒岳山頂と三角標

十五時三十分、しばらく続いた好天もようやく悪化の兆しを見せてきた。最後の乾杯をして別れる。雲の平で双方別れのコールを交わす。近づいてきたガスはお互いを覆い隠し、断続的に呼び合うコールもいつしか聞こえなくなってしまった。

（四）旭岳へ縦走、松山温泉に下山

北鎮岳で別れた桂月一行四人は白雲岳に歩を進めるうちに、濃いガスがあたりを包んでしまう。日も暮れかかり、霧雨も降ってきた。ガスの切れ間に雪田を見つけ、そこまで下ってテントを張る。二十時三十分、就寝したが眠れぬまま、この天候に塩谷らのことを案じていた。桂月は書く（「層雲峡より大雪山へ」）。

九人が四人に減じて、何となく寂し。殊に我等は天幕を有するも、温泉の連中は天幕を有せず。下りとは云へ、路もなき天下の至険なれば、下ること却って上るよりも遅く、昨日にぎやかに野宿せしあたりにて、雨に濡れながら夜を明かすなるべしとて、心落付かず。心配しても仕方なしと思ひながらも、なほ心配せしが、終に疲れて眠れり。

二十四日（六日目）、四時起床、雨は止んだがガスは濃い。成田と前川は朝食

姿見の池より旭岳を望む

の準備に忙しい。桂月と田所は焚火をしようとしたが、濡れた薪になかなか火が点かずに苦労する。そのうちに食事の支度ができた。とはいえ福神漬けのきわめてささやかな朝食であった。

七時出発、火口丘を上下しながら歩いて白雲岳に取りつく。岩から岩を攀じて九時十五分、山頂に立つ。桂月は昨日登った北鎮岳と、これから登ろうとする旭岳を見比べて、旭岳の方が高いことをこの目で確認する。かつては北鎮岳が大雪山群の最高峰とされていたからである。このあたりの五万分の一図はまだ発行されていなかったが、桂月は陸地測量部に新しい測量結果を問い合わせて、旭岳が高いことを知っていたのである。

また来た道を戻り昨夜の幕営地を後ろにして旭岳に取りついた。砂の斜面は急で、五六歩《ごろっぽ》ごとに立ち止まり、五つ六つ息をつく、それを百回も繰り返してやっと山頂にたどり着いた、十二時三十分、初めて腰を下ろす、眺望よし。桂月は、「頂上は尖れり。西面裂けて、底より数条の煙を噴く。世にも痛快なる山かな。大雪山の西南端に孤立して、円錐形をなし、峰容大雪山中に異彩を放つ」（「層雲峡より大雪山へ」より）と表現する。田所は、「雪を踏み砂礫の急坂を攀じて旭嶽の峰頭に立っては魂飛び全身の毛は逆立つ凄さにふるえあがった。嶽の半部は裂けて視線のとどく約一里の底からは今も尚猛烈な音響と火柱を挙げている。峰容は大雪山中最も異彩を放っている」（土佐協会雑誌『逸話』故大町桂月の褌」第五十三号、一九三五年）と、少々大仰に表現しているが、このあたりにも登山に経験のない田所が窺える。

大雪山旭岳ノ秋景

下山は姿見の池を右に見てアイシポップの沢を下る。ここはもう当時の旭岳登山の一般的なルートである。成田に倣って一同ザリガニを捕えながら下る。十六時幕営、ザリガニを煮て食う。桂月には初物であったが、旨くはなかったようだ。一日中、晴れたり曇ったり時々小雨の天気であった。十九時三十分就寝、二十二時覚める、小雨、また眠る、二時覚める、雨音しきり。三時三十分目が覚める、雨止み月出る。

二十五日（七日目）、四時三十分起床、晴天のもと七時三十分出立。沢を下り八時三十分幣《ぬさ》の滝、十時三十分二見滝を経て瓢《ひさご》沼十一時四十分着。天人ヶ峰、親子不知《しらず》の嶮（いずれも小泉秀雄命名）を下る。桂月は、「天神峠に至りて見下ろせば、絶壁直立すること、千尺にも余れり。之を下るかと思えば、心自ら慄《わなな》きしが、熊笹や灌木を攫《つか》みて、後《うしろ》向きになれば、下《お》られざるにもあらず。中頃より左に近く羽衣の滝を見る。下りて見上ぐれば、高い哉。八十丈と称す。直下せずして、曲折するが、日光の華厳の滝より遥かに高き也」（前掲に同じ）と、下りの難行と羽衣の滝の壮観に感嘆する。天神峠は天人ヶ峰に同じである。かくして十三時十五分、今夜の宿・松山温泉に着いた。

（五）旭川に帰着

二十六日（八日目）、七時ごろより暴風雨となる。桂月一行行方不明の報が入

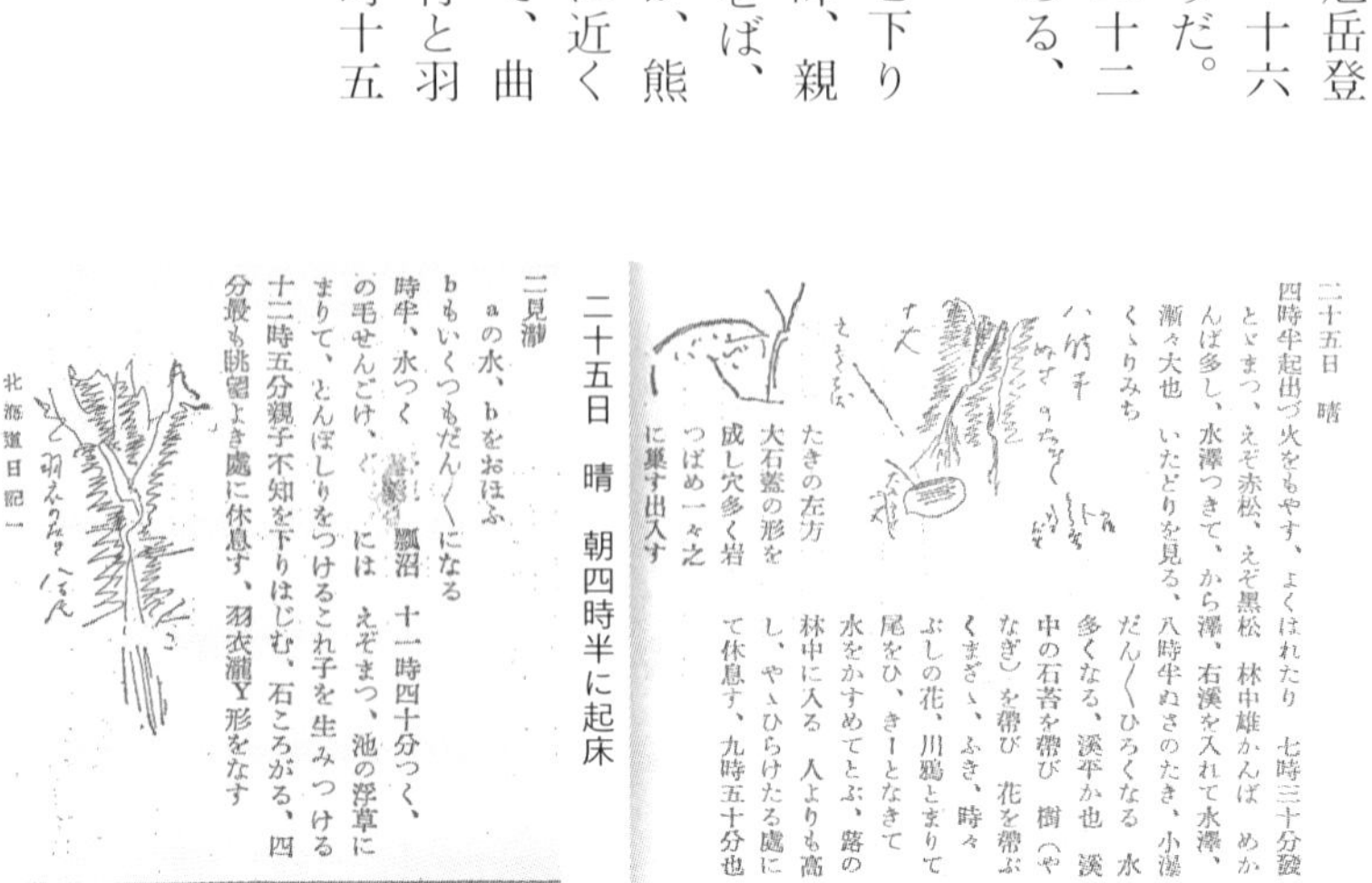

羽衣の瀧　Y形をなす

ったので　風雨も少し弱まった十時出発、十数回丸木橋を渡り、幾度も徒渉、忠別川に沿って歩き、美瑛忠別の店で昼食、雨止む。志比内を経て美瑛に向かう。旭川までなら十里（四十㌔）、有るので、それより短い美瑛コースを取った。それでも八里（三十二㌔）の道程である。美瑛駅まで一刻も休まずに疾歩、やっと発車十分前に到着した。田所は、「八里の悪路を濡れ鼠となって急いだ。この時の苦しかったこと今までに経験したことはなかった」と述懐している。

田所は十八時に着いたとしているが、とすれば二十時ごろ旭川の三浦屋旅館に帰着したのではなかろうか。

一方の北鎮岳で別れた塩谷ら五人は、テントもなく食料も乏しく、とにかく往路の下山を急がなければならない。桂月岳、花の池に下った頃には、濃いガスに包まれて視界もなくなり、雨の兆しさえ見せてくる。塩谷と水姓が相談して昨日通過した涸れ沢で露営を決める。水姓の先導で十八時ごろ予定の涸れ沢に出て、雨露の凌げそうな大きな岩陰を露営地とする。先ずは焚火をして、夕食は水姓の牛缶一個と、各自半個の握り飯をそれに当て、やっと安心して落ち着いた。だが夜半より雨となり露営地も水に濡れはじめた。一大事と避難を始めるとともに、流水が一気に押し寄せてきた。辛うじて荷物を運び上げダケカンバの下で夜明けを待つ。

二十四日、雨の中を下山することにしたが、黒岳沢は濁流と化し、下降は到底不可能である。塩谷は黒岳の三角点標石を運び上げるために黒岳沢左岸を刈り分けしたことを思い出し（運搬した人夫の一人、岡田千代三郎の話による）、水姓の同意を得てそのルートを下りることにした。夜が明けるとともに行動を開始、全身ずぶ濡れになりながらも下降を続ける。笹の急斜面ではハイマツを尻に敷いて滑り降りるのは実に愉快であった。幾度も転倒しながら泥まみれになって九時、ようやく温泉に下りた。昨夜来の雨に桂月一行の安否を気遣いながらも、その日は温泉で疲れを癒し一泊する。

二十五日、層雲峡、比布間十余里（四十数㌔）の行程を、終列車に乗るべく強行軍で歩いてヘトヘトになったが、ようやく間に合って乗車し旭川に帰着した。

二十六日、塩谷は極度の疲労と、数個のマメを作って歩けないので、自宅で休養していたが、北海タイムス旭川支局長・岡田天洞から電話で、桂月一行の安否について問い合わせがあった。二十六日の「北海タイムス」紙には、「大雪山入りの桂月氏不明　予定の一昨日も帰らず」の見出しで、

「文士大町桂月氏は大雪山踏破の爲去る十九日午前五時一名の従者及道案内者を雇ひ旭川を発せるが二十四日旭川に帰着の筈なりしも杳《よう》として消息なく憂慮に堪へざるより本社旭川支局各方面に氏の安否電照中なり」

と報じられ大問題になっている。本日消息が分からなければ明日、旭川から捜索隊を出す予定というのである。

愕いた塩谷は遭難どころか一同無事、登山は大成功で本日の夕刻旭川に帰着す

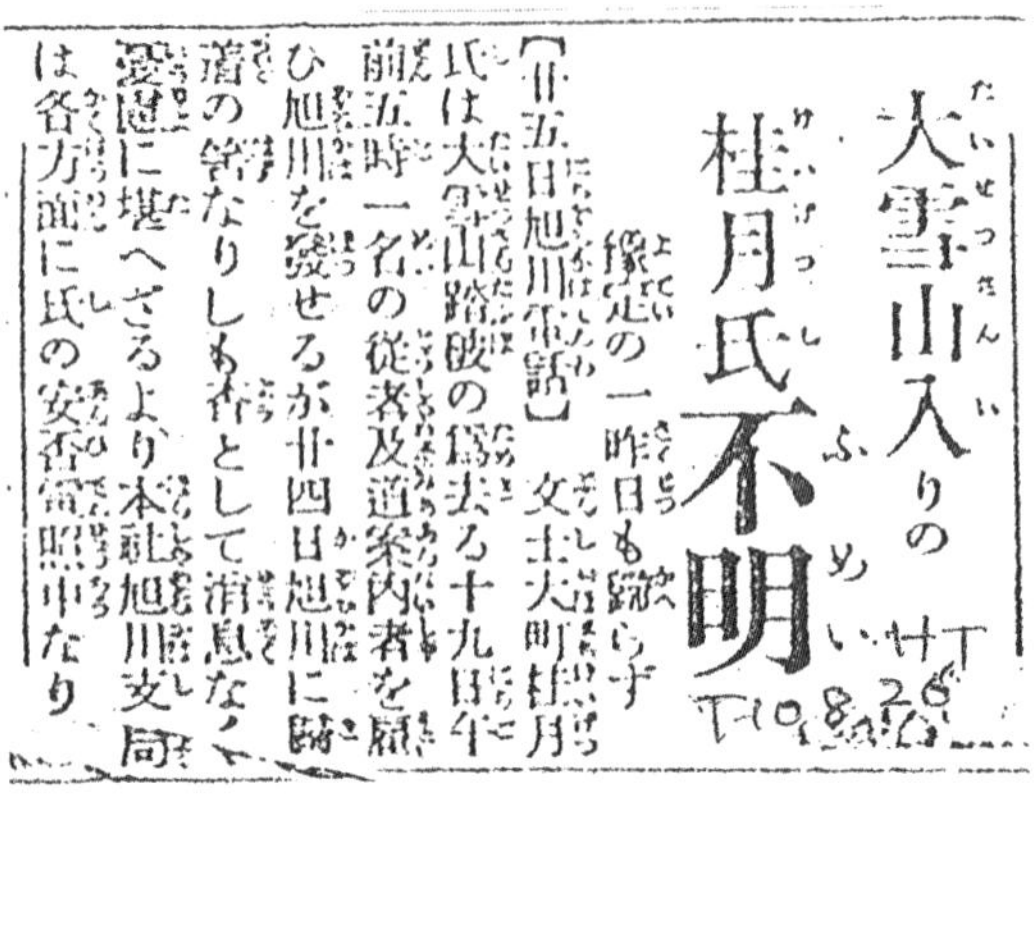
大雪山入りの
桂月氏不明
豫定の一昨日も歸らず
【廿五日旭川電話】文士大町桂月氏は大雪山踏破の爲去る十九日午前五時一名の從者及道案内者を雇ひ旭川を發せるが廿四日旭川に歸着の筈なりしも杳として消息なく憂慮に堪へざるより本社旭川支局は各方面に氏の安否電照中なり

大雪山入りの桂月氏不明
（「北海タイムス」一九二一年八月二十六日）

ることを告げた。岡田は、「三浦屋で関係者が集まって対策を検討しているので、とにかくすぐに行ってくれ」ということで、塩谷は跛《びっこ》を引きながら三浦屋に急行した。そこには出張先から駆けつけた倶知安鉱山勤務の甥・大町政利や、区（現・旭川市）の関係者も来ていた。捜索隊も区の有志によって組織し明日、松山温泉に出発すべく準備中であった。

桂月の遭難事件でもっとも大きな衝撃を受けていたのは旭川区長・市来と、旭川草分けの奇人で酒豪の馬場泰次郎であった。市来は強引に行程を変更させて層雲峡に誘致した責任がある。馬場は桂月の書会（揮毫会）を引き受けて、事前に徴収した揮毫料の大半を酒に替え、すでに呑んでしまっていた。馬場はみんなに申しわけないとヤケ酒を呑んでいたのである。塩谷によって桂月一行の無事を知った一同は、愁眉《しゅうび》を開くとともにヤケ酒は祝い酒と化し、酒豪の岡田も加わり、呑めや謡え唱え謳えやの大騒ぎとなって、桂月遅しと待っていた。

馬場泰次郎（一八六九～一九三九）は東京生まれ。年少にして政治に関心を持ち盛んに政治活動をする。その後、旭川に移住し代書業を営みながら地域活動に努める。町会議員、市会議員に当選し活躍した。政界を去ってからは福祉活動にも携わる。旭川草分けの一人であり、「馬泰《うまたい》」の異名を持つ名物男である。

今や遅しと待ち構えていたところに桂月一行は帰ってきた。岡田は桂月の姿を見るや酔眼朦朧《もうろう》として立ち塞がり、両手を挙げて萬歳々々を連呼して手を握り、果ては頬をすりよせての大はしゃぎ、「無事でよかった」の連発で、再び桂月を中心にして祝宴を開いた。桂月と塩谷は二十三日に北鎮岳で別れて以後の様子を語り、お互いの無事を歓びあう。桂月は上機嫌で献酬《けんしゅう》に応じ、酔っては新作の大雪山の詩を吟じた。

宴半ば桂月は容《かたち》を改めて一同に、心配をかけたことは恐縮至極。登山は立派に目的を果たして満足。これも塩谷君と市来区長の熱意に動かされ、層雲峡から入山したお蔭。大雪山は層雲峡と勝仙峡（天人峡）の二大絶勝を抱え、山上の広大さとお花畑はすばらしい。いずれ寄稿文を書いて全国に紹介したいと語った。

それから一転、登山中の珍談、奇談や雑話放談に興じながら心行くまで歓談、深更に及ぶまで痛飲した。

二十七日、正午から関係者が三浦屋に押しかけてきた。塩谷には三詩を揮毫《きごう》、次いで一同には大雪山七首を披露する。その夜は岡田支局長、市来区長の招宴により、上川支庁長・東郷重清、馬場泰次郎らの名士を加えて料亭花月で宴会を開く。岡田は詩吟に合わせて剣舞、市来は都々逸、東郷の郷土民謡、馬場の傘踊りなどの余興で宴を盛り上げる。岡田は早まって遭難記事を報じたのを詫び、市来は今回の大成功は自分の説得によるものだと気炎を上げる。桂月は全くその通りと揮毫をして感謝の意を表す。あれやこれやと夜の更けるのも忘れて呑み食い語るのであった。

二十八日、三井木材の下請負《したうけおい》木材業・山口慶吉の招待で、山口出入りの料亭・若葉で歓迎慰労会を催した。山口は熊さんの愛称で木材界はもちろん、全道の花柳界に誰一人知らない者はいないという名物遊蕩児である。

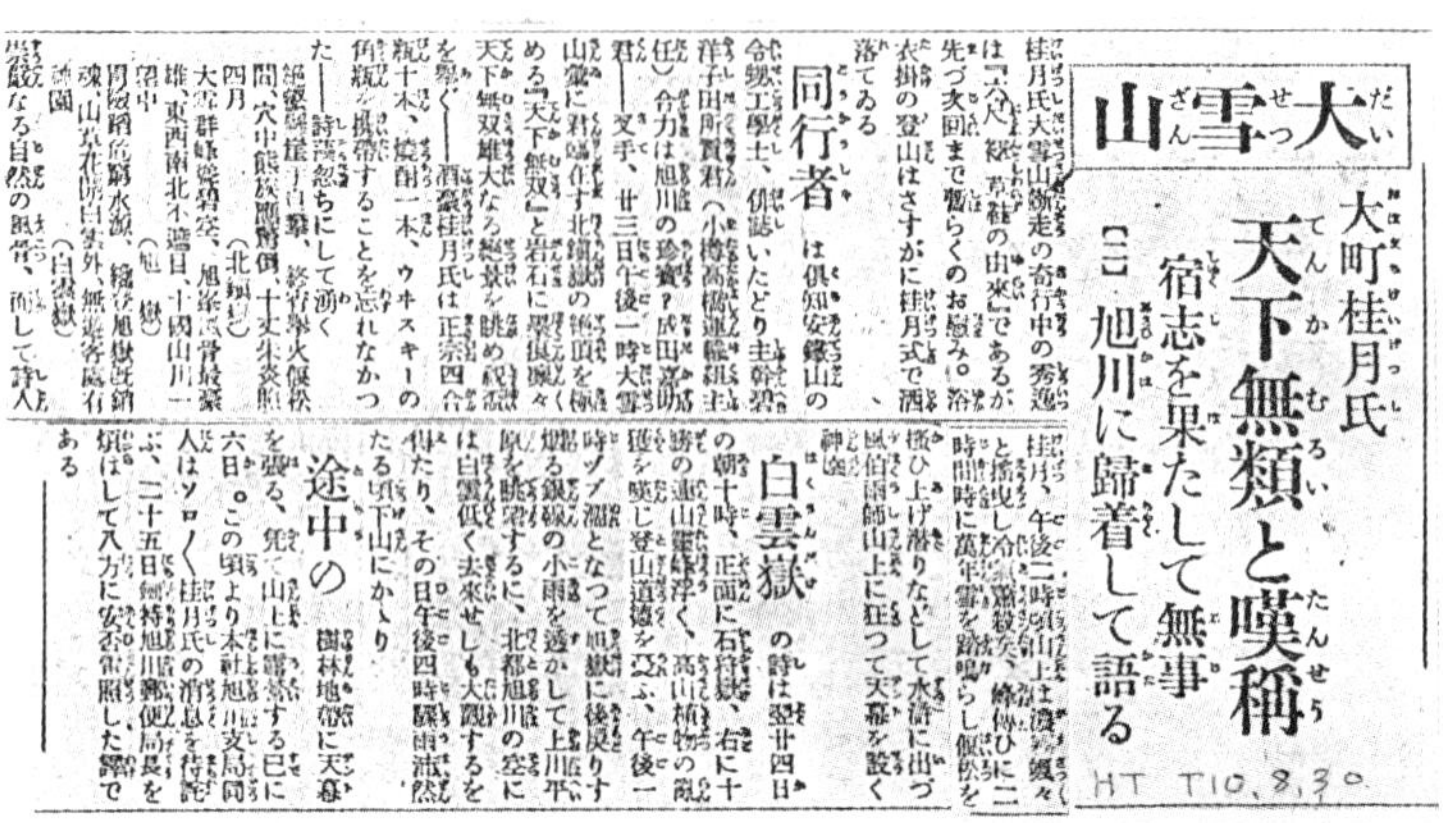
大雪山《だいせつざん》
大町桂月氏
天下無類《てんかむるい》と嘆称《たんせう》
宿志を果たして無事
（三）旭川に帰着して語る
同行者
白雲嶽
途中の
HT T10.8.30.

大雪山　大町桂月氏　天下無類と嘆称
（「北海タイムス」一九二一年八月三十日）

参会者の顔ぶれは前日と同様だが、芸妓二十数人という豪勢ぶりで客の数より多い。客のかくし芸にくわえて芸妓たちの余興は奇想天外の数々で、一同腹を抱えて笑い崩れる。しかも料理は山海の珍味である。桂月はこれまで多くの料亭で遊んだが、これほどまでに痛快きわまる宴会は初めてであると満足げに痛飲した。

その後の山口について塩谷は、「豪遊をきわめ我が世の春を謳歌し、酒池肉林の栄華を送った山口氏も、晩年は三井木材より見放されて以来秋風落莫《らくばく》、借金に苦しみ、しかも長年の酒がたたって半身不随……淋しくこの世を去ったのも哀れである」と記している。

さて三日間の旭川滞在中、岡田、馬場、山口、市来、東郷らの酒豪と酒合戦を交わし、さすがの桂月もこれ以上滞在すれば体が持ちそうにないと四日目の二十九日、一番列車で網走に向けて出発することになった。

二十九日、桂月は早朝三浦屋を訪ねてきた塩谷に、「君は酒も呑まずにいつも辛抱して宴会に出てくれたが、さぞかし退屈であったろう」と彼の労をねぎらった。桂月は関係者多数の見送りを受けて網走に出発した。岡田、吉積は清酒一本を持って美瑛まで同乗して見送り別れを惜しんだ。かくして桂月一行は二十時網走着、北海タイムス網走支局長・山本馬太郎宅に落ち着き、網走、北見、温根湯、根室、野付半島、釧路を旅し、帰途、小樽、函館その他で講演、書会を催し、十一月六日に青森に上陸、十和田湖の探勝に向かったのである。

前記したように桂月は大雪山の漢詩七首を作っているが、そのうちのひとつ「花の池」の詩はさきほど紹介した。残る詩からいくつかを紹介しよう。

小函峡

二渓合處作深淵（二渓合《にけいがっ》する処深淵《しんえん》を作り）
石柱相連夾一川（石柱相連《あいつら》なり一川を夾《はさ》む）
奇境眞成神殿閣（奇境真に成す神殿閣）
奏來仙樂有飛泉（仙楽《せんがく》を奏し来たりて飛泉有り）

旭嶽

大雪群峯聳碧空（大雪の群峯碧空《へきくう》に聳え）
旭峯風骨最豪雄（旭峯の風骨最も豪雄）
東西南北不遮目（東西南北目を遮らず）
十国山川一望中（十国の山川《さんせん》一望の中）

羽衣瀧

千丈懸崖雲上達（千丈の懸崖雲上《けんがいうんじょう》に達し）
懸崖缺處挂飛泉（懸崖の缺《か》く處《ところ》飛泉を挂《か》く）
相看唯誦青蓮句（相看《み》てただ青蓮《せいれん》の句を誦《とな》う）
疑是銀河落九天（疑うらくは是《これ》銀河の九天《きゅうてん》より落つるかと）

漢詩人であった桂月は当然、漢詩にも詳しい。「羽衣瀧」にからんで李白の詩を紹介しよう。李白（七〇一〜七六二）は盛唐の詩人。杜甫《とほ》（七一二〜七七〇）と

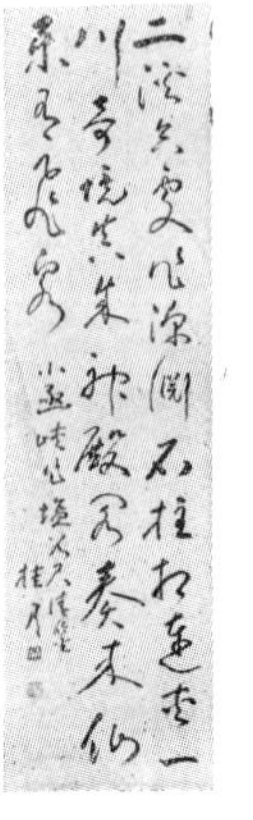

大町桂月の漢詩　小函峡

並び称される。錦州《きんしゅう》彰明県《しょうめいけん》青蓮郷《せいれんきょう》の人で、青蓮居士《せいれんこじ》と号した。「謫仙人《たくせん》」とも呼ばれ、多くの名詩を残している。

　望廬山瀑布（廬山の瀑布を望む）
日照香爐生紫煙（日は香爐を照らして紫煙を生ず）
遙看瀑布挂前川（遙かに看《み》る瀑布の前川に挂《か》かるを）
飛流直下三千尺（飛流直下三千尺）
疑是銀河落九天（疑うらくは是《これ》銀河の九天《きゅうてん》より落つるかと）

　この詩を意訳すると、日光が香爐峰を照らすと光に映えて紫のかすみがたち、非常に美しい。遥かに川の向こうに滝が掛っているのが見える。その雄大なこと、三千尺もあるような高さから、流れが飛ぶように真っすぐに落ちているのは、ちょうど天の川（銀河）が大空より落ちてくるかのようである、と解される。

　廬山とは、江西省九江の南にあり、古くから名山として知られている。名士が山荘を持つことも多い。香爐峰は廬山の峰の一つで、景勝地として有名である。世界遺産にもなっており、最高峰の漢陽峰は一四七四㍍である。

　桂月の詩を比べて見ると、類似していることが分かる。とくに、結句はぴったり同じである。だがこれは桂月の盗用とは思えない。むしろ尊敬する李白の詩を意識して、羽衣の滝に重ね合わせたのではないだろうか。青蓮とは李白の異称であり、「相看て唯青蓮の句を誦う」と詠んだことでもそれはよく分かる。桂月は、

「疑是銀河落九天」をほうふつさせる羽衣の滝夜景

「詩仙」「酒仙」と呼ばれる李白に、敬意と親近感を持っていたのである。ちなみに彼自身も「詩仙」「酒仙」の異名を持っていた。

桂月はこのあとも精力的な登山を続けたが、大雪山登山から四年後の一九二五年（大正十四年）六月十日、青森県蔦温泉で急逝する、五十六歳であった。その直前の四月には雪の八甲田山に登っていた。彼は後年『日本名山誌』を編むべく、意欲的に登り続けたが、志半ばで逝いたのである。

その着想は具体的に知る由もないが、深田久弥『日本百名山』の先駆けというべきものであったろう。長男・芳文と次男・文衛は、父の遺志を継いで、書き遺したものから選んで一九二七年、帝国講学会から『日本山水紀行』として刊行した。北海道に関しては「北海道山水の大観」のみが収録されており、「層雲峡より大雪山へ」「羊蹄山から駒ヶ岳へ」もない。内容的には全般的に登山というより旅紀行であり、桂月の意向にそぐわないかも知れない。

さて上川町郷土資料館において収蔵する桂月の書額がある。大正十年九月に書いたものであるが、とすれば道東のあたりで書いたものであろう。彼は大雪山、羽衣の滝と松山温泉、層雲峡と塩谷温泉の景観のすばらしさを讃える。ただ層雲峡よりの登山路がないので、そのすばらしさがよく知られていないのは惜しい。ただが画家の吉積長春が巧みな画筆でそれを伝えようとしていることには全面的な敬意を表する、というのが大意であろう。出だしに細かく山名を羅列しているが、桂月は詳しく知るはずがないので、塩谷教示によるものと思われる。それとも彼

大町桂月の書額などの展示

自身が、小泉秀雄著「北海道中央高地の地学的研究」（『山岳』第十二年二・三号、一九一八年）を読んで調べたのかも知れない。小泉が命名していた間宮岳、近藤岳、松浦岳の人名がないのは、意識して省いたものと考えられる。

書額「題言」は彼の大雪山登山の要約版としてみると興味深いものがあるので、次にその全文を転載した。但し原文は一本につながった一文であるが、筆者の独断で、読みやすいように適宜、句読点を付した。ルビも同じく適宜、付した。なお同文は、『桂月全集』別巻「北海道日記」に掲載している。ただ一部に相違がみられるが、ほぼ同じである。

題言

周囲三里の大噴火口を有する北鎮嶽を盟主として之と鼎《てい》立の勢《せい》をなせる白雲岳も噴火口を有し、旭嶽は活きて火を噴く。後《うしろ》旭嶽や赤嶽や黒嶽や兜山や熊ヶ峯や凌雲嶽や愛別嶽や群峯簇立《ぞくりつ》して相連《あいつらな》り、千古の雪を存して清水迸《ほとばし》り出で、熱泉も流れ、大小の湖沼いくつとなく明鏡を開き、到る処に御花畑ありて満地錦繡《まんちきんしゅう》を敷く。西の山中には松山温泉ありて八百尺の羽衣瀧、九天より落ち、東の山中には塩谷温泉ありて凡《およ》そ五里の間、流紋岩の絶壁、石狩の清流を夾《はさ》む。鬼神が天上に築きたる城かと思はるゝ危峯、応接に遑《いとま》あらず、長短の瀑布、參差相連る。溯って大箱に至れば両崖近く数十間を隔てゝ相對《あいたい》し、小箱に至れば更に近く數間を隔てゝ相對《あいたい》し、而《しか》も柱状を成して十町の長きに連《つらな》り天下無類の奇觀を呈す。嗚呼《ああ》、大雪の一山、高さに於て北海道に冠たり、壮大なることに於て、奇抜なることに於て、

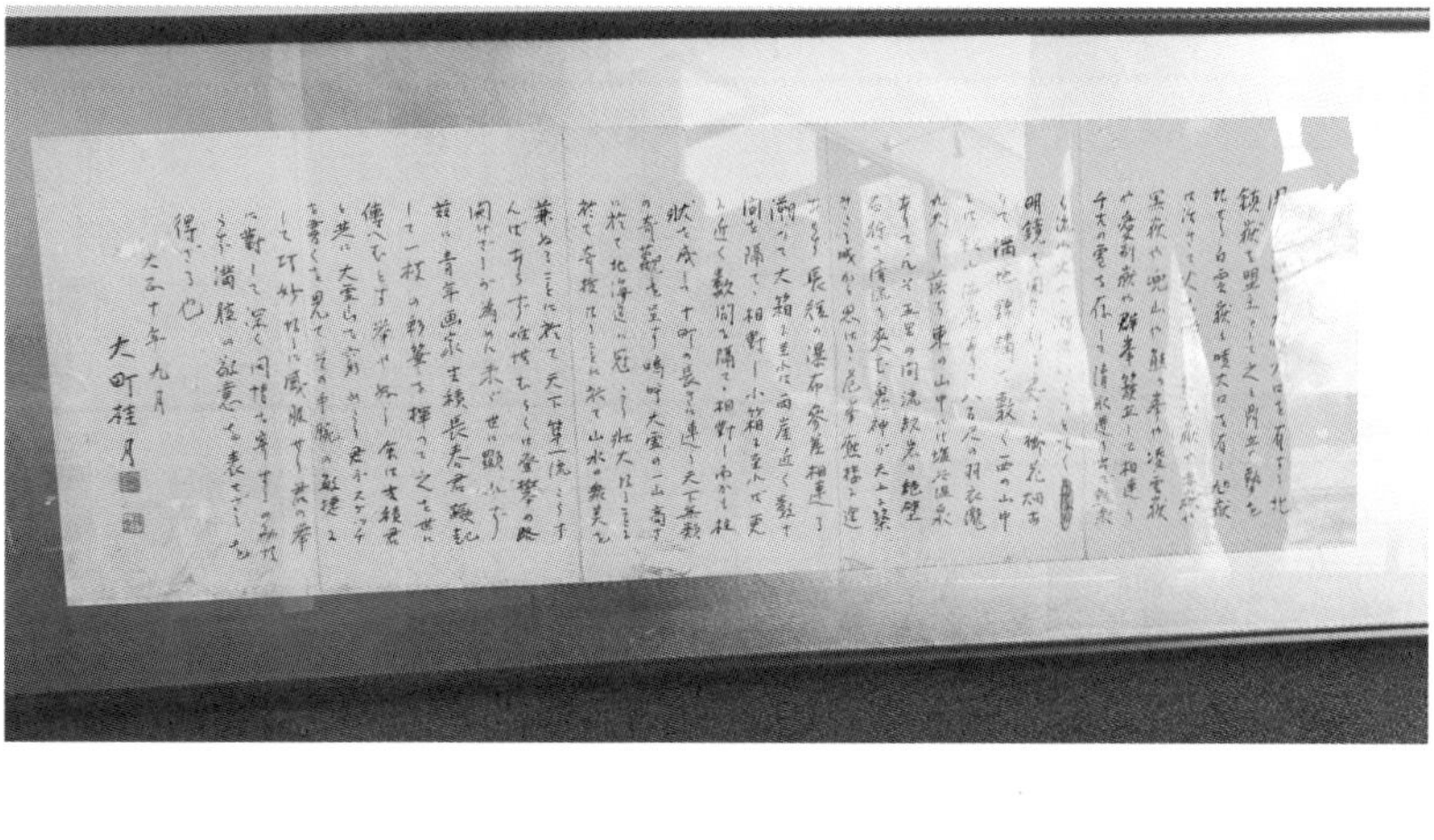

大町桂月の「題言」

山水の衆美を兼《か》ぬることに於て、天下第一流たらずんばあらず。唯、惜むらくは登攀の路、開けざりしが爲めに未だ世に顯《あらわ》れず。茲《ここ》に青年画家吉積長春君、蹶起《けっき》して一枝《いっし》の彩筆を揮《ふる》って之を世に伝へむとす。擧《きょ》や好し、余は吉積君と共に大雪山を窮《きわ》めたり、君がスケッチを書くを見てその手腕の敏捷《びんしょう》にして巧妙なるに感服せり、君の擧《きょ》に対して深く同情を寄するのみならず、満腔《まんこう》の敬意を表せざるを得ざる也。

大正十年九月

大町桂月

桂月にとってこの度の未知の峡谷・層雲峡探勝と、未踏の黒岳沢登攀は大満足であった。その意味では大成功であり、塩谷にとっても当初の思惑どおり、というよりそれ以上の結果になって万々歳のはずである。けれどもあまりにもうまく事が運び過ぎて、少々首をかしげるところもあったと思われる。過程では心中不安がいっぱい、心細い限りであったに違いない。それを受けとめて支援し、協調してくれたのは水姓であった。塩谷も水姓を頼りにしていた。後日、大いに感謝の意を表している。彼にとっては薄氷の成功であったのである。

それではここで桂月一行の黒岳沢登行の課題について考察してみたい。前記したように桂月自身は大満足であった。まずは桂月の登山観について、彼は次のように表している。

登山には多少困苦も伴ひ申候。危険も伴ひ申候。されど、真の快楽は、困苦を経たる者ならでは味ふことが出来申さず候。登山の困苦は、却って登山の快楽の前提になり申候。危険とても、注意と努力とによりて、之を征服することを得申候。危険を経たる後に、登山の快楽は益々加わり申候。心胆を練り、勇気を養ふこととも相成申候。元来男子たる者が、登山の困苦と危険とに辟易するやうにては、文明病に罹りたる一病人に候。

（『桂月全集』別巻、「登山の快を説く書」一九一九年より）

表現としては前時代的であり、彼の登山そのものも古風で、山水趣味の域を出なかったが冒険心、探検心を好み、志向としては近代アルピニズムに通ずるものがある。パイオニア精神も旺盛であった。富士山へはコースを変え、季節を変えて五回登っているが、なかでも一九二二年五月の富士は、残雪期に登るという新しい試みであった。そのような彼であるから黒岳沢の成功に不満のあろうはずがない。彼はいう。

鹽谷温泉より凌雲澤を溯り申候。溯るといふよりも攀づるといふ方が適切に候。溪谷急峻にて瀧が連續致居申候。それを鯉の瀧登りならで、人間の瀧登りを致したるにて候。終に十丈の大瀑に逢ひて登るに由なく、峯をつたひて、熊笹を押分け、偃松も傳ひ、一日かゝりても二里とは歩けず、偃松の中に露宿致し候。この凌雲澤は前人未蹈の地にて、危險にはあるが、登れるといふ新しきレコードを小生が

『桂月全集　別巻』

作りたるにて候。

（「再び北海道より」桂月全集別巻・下より）

以上、桂月の大雪山登山に至る経過の概要を述べてきた。次は層雲峡と黒岳沢の成果と課題の検証である。まずは成果から。

一、「層雲峡」の探勝と命名。従来の霊山碧水に変わって公式名称となった。

二、黒岳沢初登。沢を忠実に詰めたわけではないが、人跡未踏のルートには違いない。

彼は北アルプス全山縦走などの大登山をしているが、彼最高のビッグクライムは黒岳沢であった。前述のように彼自身もそれを誇りに思っていたのである。

三、人跡未踏の湿原に露宿「花の池」と命名。以降の登山地図には記名される。

四、花の池から眼前の無名峰に登り「桂月岳」と命名される。ただしそれは桂月没後のことであり、彼は知る由もない。

五、層雲峡誘致に始まる一連の経過も、ドラマチックにすべてがよい方に働いて桂月の満足すべき登山になったこと。終盤の遭難騒ぎも変化をもたらした。

「終わり良ければ総てよし」の結果になった。

六、桂月の登山記「層雲峡より大雪山へ」が、総合雑誌『中央公論』（一九二三年八月号）に発表されて、層雲峡と大雪山が全国的に知られるようになった。

『桂月全集 別巻』上下

次に黒岳沢ルートの課題（問題点）についての総括と検証を述べる。

一、入山ルート選定の誤り。本来、黒岳沢はかなりの難ルートであるが、塩谷は途中まで登って前途を楽観していたこと。

二、難ルートでありながら速成的な混成パーティーであり、かつ九人は多すぎる。

三、前項に関連して登山の経験や知識に大きな格差のある混合パーティーであること。

四、幸い好天に恵まれて結果的に成功したが、沢ルートは悪天候になればきわめて危険、遭難につながりかねない。もし失敗すればすべての責任は塩谷にある。

五、速成混合パーティーでありながら、組織としてまとまったのは、桂月の求心力と、何としても桂月を大雪山に登らせようという目的意識が一致していたこと。

六、共通の目的意識に基づいて、自然発生的に役割分担がなされたこと。

以上から考えると、大きなブレーキもなく成功したのは、多分に僥倖であったといわざるを得ない。何れにしても桂月にとって層雲峡と大雪山は、大いに満足すべき登山となった。彼の登山人生のなかでも、忘れえない劇的な登山となったのである。入山した層雲峡と、下山した天人峡には桂月の記念碑がある。

塩谷忠と桂月の層雲峡への誘致、黒岳沢から大雪山登山について述べてきた。まだ大雪山調査会創立前であるが、創立の萌芽となったことは間違いない。ここ

かつて、天人峡にあった桂月碑

天人峡の朽ち果てた大町桂月の記念木柱と記念碑

に塩谷の義父・水次郎について書かれた記事がある。上川村の広報誌であろう。それには次のようにある。

昭和六年七月十日『上川新報』第二号、「温故知新」欄

層雲峡開発の偉勲者　塩谷水次郎翁　殆ど終生を捧げ尽す

吾上川村唯一の誇りとする天下の絶景層雲峡は今や日本の寵児となり、耶馬渓に勝るとも劣ることなしとて、やれ日本百景の一、やれ三大高山の雄とか国立公園候補地であるとか、全く遊覧地の第一線に進出して来たものである。

上川奥地の層雲峡をして日本の層雲峡たらしめた人は、論ずるまでもなく故荒井初一氏ではあるが、塩谷温泉の名付親塩谷水次郎翁こそは層雲峡温泉の発見者であり開発の元勲者なのである。

塩谷翁は文久元年五月十八日、福島県南会津郡荒海村に生まれ、若くして開拓の夢を抱き、明治二十七年十月、単身雪の北海道夕張郡に渡り炭焼きを業としてゐたが、感ずる処あって、明治三十一年、愛別村字アンタロマ二十五線全くの処女地に居を移し、専心開拓農事に精進して相当な資産を得て今日に至ってゐる。

当時、翁が朝夕大雪山の霊峰を眺めつつ其の麓に必ずや温泉の湧出あるを予感し、是を探査せんものと大正三年、遂に意を決し、人跡未踏なる石狩川の上流河原伝いに昼尚晩《くら》き熊笹に分け入ったのであった。

途中は危険極まりなき絶壁であり激流であり其の苦心惨たる事、言語に絶し譬ふるにものなく、蕗を食し草に寝て、遂に予期以上の多量なる湯の湧出を発見す

層雲峡温泉開拓者　塩谷水次郎

るに至ったものである。

其の時の歓喜、翁が一生を通じて忘れる事の出来ない喜びであると、常に述懐して語る言葉である。

当時二升の湯を汲み取り専門家の分析を受けたるに、温泉としては最も良好なる成分を含有する事が判明し、此処に至り翁は専心層雲峡開発に努力し、間道の開削、橋梁の架橋、全く血を持っての苦行であった。

翁は着実穏健寸隙を惜しみて労苦を物とせぬ勤勉精励そのものの如き人物である。

句読点は読みやすいように筆者が適当に追加した。この記事は一九三一年（昭和六年）『上川新報』に掲載された記事を、上川町史編集者・都竹一衛（故人）が上川町史資料用罫紙に筆写したもののコピーである。コピーのない時代なので、書き写し誤りもあるかも知れない。掲載記事の原形も今となっては類推するのみである。ただ記事中の疑問点については、筆写者の指摘がある。出生地の「福島県南会津郡荒海村《あらかい》」は、前掲の共進記念碑では「栃木県塩谷郡三依村《みより》」、戸籍では「…三依村大字中三依三十二番地」である。南会津郡荒海村はかつて存在した村であるが、その後の町村合併によって、今は「南会津郡南会津町」になっている。それにしても福島県と栃木県とでは大きく違うのは何故か？都竹の解答はない。また未知の温泉を発見したのは、「大正三年」とあるが、共進の記念碑では「明治三十三年」と十数年の違いがある。これは取材者の単純な誤りではなかろうか。

都竹一衛（一九〇三～一九八九）は、教育者、小学校校長。俳人であり号「呼句郎」、雪虫句会を主宰、俳誌『六花』、越路峠に句碑がある。上川町埋蔵文化財調査会会長、上川町文化協会会長。一九六二～六年、町史編纂のために遺物調査をしている。『上川町史』第一巻（一九六六年）、第二巻（一九八四年）の編集長。文化、観光にも多くの紙面を割き、大雪山の資料としての評価も高い。層雲峡観光協会『大雪山のあゆみ』（一九六五年）は『上川町史』から援用した文献資料が多い。

『上川町史』一・二巻

五、荒井初一と荒井岳

大雪山群に荒井岳という山がある。大噴火口南縁の山で高さ二一五一㍍、目立たない山だが地形図上には記載されている。山名の由来は層雲峡大雪山開発の功労者・荒井初一に因んで命名された。命名者は大雪山調査会であり、同会推薦という形であろう。

荒井岳の名が最初に表れる文献は、小泉秀雄著『大雪山　登山法及登山案内』である。それによると荒井岳は「大雪山調査会長荒井初一氏の姓を取る」とある。ちなみに小泉岳や小泉平は「大雪山調査会命名」である。二人ともに当時は現存者であるが、このような例はきわめて少ない。黒岳西方の桂月岳は「故大町桂月氏の最初に登った山なるを以て此名を附す」とある。ただ実際には桂月が最初（初登頂）であるはずがない。少なくともその前に小泉が登っているはずである。しかしそれでは「桂月岳」命名との整合性が取れないので、小泉が一歩を譲ったのではなかろうか。

さて主題の荒井岳であるが、山名の主・荒井初一が登頂していないことは明らかである。桂月岳の命名理由とは違って、会長・荒井を表敬する記念山名なのである。間宮岳（間宮林蔵）や松田岳（松田市太郎）も同じく、北方の探検家を記念する山名であって登頂とは関係がない。

山名の主・荒井初一は荒井岳には登っていないが、黒岳には登頂している。『大

雪山　登山法及登山案内』冒頭の写真がそれを証明する。写真の右側に「大雪山調査会々長　荒井初一氏　大雪山の一峰黒岳頂上三角点に於いて撮影　大正十三年六月三十日　塩谷忠氏写」（一九二四年）との説明がある。荒井は三角点櫓の下の三角点標石の上に、杖（木の枝）を突いてどっかと腰を下ろしている。中折れ帽を被り、首に手ぬぐい、背広を羽織《はお》り、足は脚絆《きゃはん》に草鞋《わらじ》履きの姿である。

写真の左側には、「荒井氏は大雪山開発の為め塩谷温泉を改築拡張し、北海道有数の温泉たらしめ、或は同温泉上川駅間の道路を根本より改修し、自働車《じどうしゃ》を運転せしめ以て同温泉を登山の中心地、自然療養の中枢《ちゅうすう》地とせられた。又大雪山調査会を起こして根本的調査を進めらる。大雪山の今日あるは全く《ことごと》荒井氏の御蔭である」と、最大限の賛辞を送っている。

このときの荒井初一の黒岳登山は大変だったようである。荒井は満五十歳、当時としては高齢者の部類に入ろう。荒井は六合目あたりからだんだん疲れが出て来た。そこで荒井の腰にロープを巻きつけて、岡利吉が上から引っ張り上げる、後ろからは尻を押し上げながら、やっとの思いで山頂にたどり着いたということである。登山に要した苦難の七時間であった。尻を押し上げたのは初代層雲閣支配人・樋口和一郎、彼の後日談である（「樋口和一郎翁に聞く想い出の記」一九五七年、辻　淳）。

登りの途中、大谷（大谷石油店店主）、榎俣（酒造組合書記）はずっと遅れて、もう下山したかと思うくらい離れてしまった。二人の弁当は樋口が持っていたので心配になってきたが、いつまでも待っているわけにもいかず、八合目あたりま

層雲峡に乗合自動車開通当時

で登った。大きな雪渓に差しかかったとき、突如として熊の吠える声がした。「アッ、熊が出た」というので、弱っていたはずの先代（初一）ともどもどこに余力があったのか、最後の力を振り絞って難関の雪渓を乗り越えてしまった。しかし熊らしいものも見えず、またしばらくすると熊とも人間ともつかない声がする、「人間かー、熊かー」と怒鳴ると、「人間だー」と返答があった。疲れはてた二人は食料もなく、置き去りにされては大変と、窮余の一策の行為であることが分かった。このような悲喜こもごもの一幕を交えながらなんとか登りきったのである。

この登山が祟ったわけではないだろうが、三年有余の後、先代は一九二八年に急逝した。葬儀の夜、霊前で大谷、榎俣の二人と、樋口は言い争いをした。大谷、榎俣の二人は、「先代の死因は、樋口が無理に黒岳登山に誘ったからだ」、樋口は「二人が熊の鳴き声でショックを与えたからだ」と譲らない。それでも最後はお互い手を握り合って先代・荒井初一の死を悼んだ。

上川町層雲峡界隈には「荒井」を表すものがいくつかある。ひとつは「荒井川」、ニセイカウシュッペに水源を発し、銀河の滝付近で石狩川に注ぐ。下半部は通称「電気の沢」と称し、登攀対象になっている。日も射さず深く狭い谷で、ゴルジュ、滝、釜が連続し、北海道でもトップクラスの美しい谷である。だが技術的にむつかしい谷で、へつり、シャワークライミング、時には泳ぎもある。もちろんロープなどの登攀用具は必携、過去には遭難事故も発生した。ただ登攀対象部は短く

荒井川

三時間くらいで、あとは林道を探して下山する。

国道三九号線清川地区に「荒井橋」という橋がある。「ニセイケショオマップ川」に架けられた橋で、橋梁名「あらいはし」、竣工・昭和三十七年八月、橋長十一メートル、幅員八・五メートル。功労者・荒井初一の名を冠して命名された。

同じく国道三九号線高山地区に「高山橋」がある。「ニセイノシキオマップ川」に架かる橋で、「昭和五十二年十月完成」の銘あり、橋長十九メートル、幅員十二メートル。荒井組（荒井建設）の古参幹部・高山辰五郎より命名された。

層雲峡高山橋ノ畔　村田丹下画

六、層雲峡と大町桂月

　層雲峡を語るとき逸することのできないのは大町桂月である。何といっても「層雲峡」の命名者であり、「桂月岳」に名を遺す人物であるからだ。彼は一九二一年八月、層雲峡から未踏の黒岳沢を登って、黒岳、白雲岳、旭岳へ縦走、松山温泉に下山した。その登山記を「層雲峡から大雪山へ」と題して、総合雑誌『中央公論』（一九二三年八月号）に発表し、層雲峡と大雪山の名が一躍一般的に知られるようになった。それまでも大雪山は知られていたが、それは山岳関係者の間であって、一般的知名度は低かった。冒頭の一節、「富士山に登って山岳の高さを語れ。大雪山に登って山岳の大さを語れ」は歴史的名文として広く膾炙している。桂月の登山については、「大雪山調査会と塩谷忠」に記述しているので割愛する。

　けれども桂月の名はいろいろな形で踏襲されていく。まず層雲峡の命名によって、温泉旅館「層雲閣」が生まれた。当初は「塩谷温泉　層雲閣」であったが、次第に塩谷が消えて、「温泉旅館　層雲閣」に変化していった。層雲閣には、「霊光湯」「滝ノ湯」「美女ノ湯」などと湯の名をつけていた。その一つに「桂《かつら》ノ湯」がある。桂とは桂月のことである。桂月の同郷の親友・馬場孤蝶（一八六九～一九四〇）は次のような歌を詠んだ。

　　おほらかに　豊かに泉《いず》む桂の湯　君が心をおもふ夕暮

慶応大学文学部教授・馬場孤蝶は桂月の没後の一九二七年、第二回大雪山夏期

層雲閣

手前は塩谷温泉、奥が新築された二階建て駅逓と層雲閣

大学の講師に招かれて来層した。本来なら桂月が講師として招かれるところであろうが、もう桂月はいない。代わって桂月の同級生・弧蝶が招かれた。彼にとっては初めての層雲峡であったが、桂月を偲んで前掲の歌を詠んだ。孤蝶は夏期大学では、「近代文芸思想の経路」という表題で講演をしている。

孤蝶は英文学者、小説家、翻訳家、随筆家として多方面に活動、明治、大正、昭和の文壇を生きた文学者である。島崎藤村（一八七二〜一九四三）とは明治学院の同窓生であり、樋口一葉（一八七二〜九六）とも文学を通じて親交があった。「夏期大学すけっち」（「北海タイムス」紙、一九二七年八月五日付）に、和服姿に立て膝、パイプを銜《くわ》えて紫煙をくゆらす、孤蝶のスケッチがある。そして次のように書く（漫画漫筆は加藤悦郎）。

馬場孤蝶さんの愛煙ぶりはすでに天下周知の事実で、まずは金箔付きの代物である。暇さえあれば、大きなマドロスパイプを熱心に磨いていらっしゃる。世間一般の人々は日常生活の暇々に煙草を吸うのだが、孤蝶さんはその正反対で煙草の暇々に日常生活を営んで居られるのだと申し上げたい。

このように孤蝶の愛煙家ぶりは相当なもので、彼と煙草は切り離しては考えられないようだ。煙草に関わる随筆もたくさん書いている。『日本文壇史』にも巻煙草を銜えたスケッチ（森田太三郎画）がある。酒豪の桂月に比して、孤蝶は酒が呑めなかった。彼にとって煙草は酒の代わりなのかも知れない。

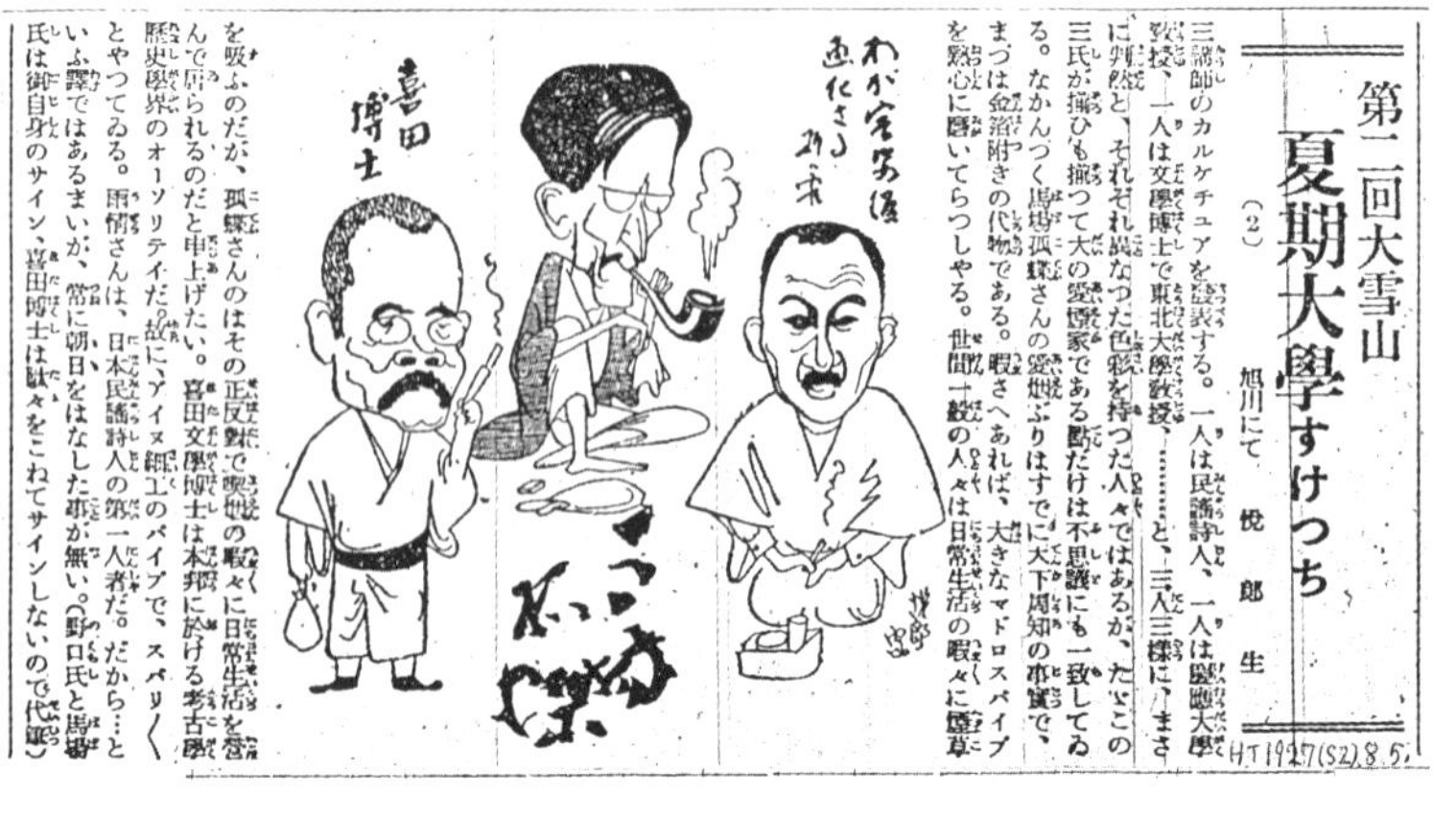

第二回大雪山
夏期大學すけつち
（2）
旭川にて　悦郎生

三講師のカルケチュアを發表する。一人は民謠詩人、一人は慶應大學教授、一人は文學博士で東北大學教授、……と、三人三様にまさに判然と、それぞれ異なつた色彩を持つた人々ではあるが、たゞこの三氏が揃ひも揃つて大の愛煙家である點だけは不思議にも一致してゐる。なかんづく馬場孤蝶さんの愛煙ぶりはすでに天下周知の事實で、まづは金箔附きの代物である。暇さへあれば、大きなマドロスパイプを熱心に磨いてらつしやる。世間一般の人々は日常生活の暇々に煙草を吸ふのだが、孤蝶さんのはその正反對で喫煙の暇々に日常生活を營んで居られるのだと申上げたい。喜田文學博士は本邦に於ける考古學歴史學界のオーソリテイだ。故に、アイヌ細工のパイプで、スパリ／＼とやつてゐる。雨情さんは、日本民謠詩人の第一人者だ。だから…といふ譯ではあるまいが、常に朝日をはなした事が無い。（野口氏と馬場氏は御自身のサイン、喜田博士は駄々をこねてサインしないので代筆）

HT1927(S2).8.5.

弧蝶ら三人の図　加藤悦郎画
（「北海タイムス」一九二七年八月五日）

なお層雲峡の入口に「孤蝶岩」という大きな岩がある。孤蝶の来層を記念して命名したのであろうが、いつの間にか「胡蝶岩」に変わってしまった。案内パンフによると、「赤い大きな岩の姿が、ちょうど美しい蝶が羽根を拡げているように見える」（観光バスガイドの解説テキスト）ところから名づけたという、まことしやかな解説がある。もう孤蝶も忘れられたようだが、観光的には胡蝶の方が分かりやすくて説得力がある。『上川町史』によると、孤蝶は一九三四年に来層して桂ノ湯その他の歌を詠んだとしているが、これは誤りであろう。なぜなら一九二九年、大雪山調査会発行の『層雲峡案内』に、すでに記載しているからである。

一九三一年、与謝野鉄幹・晶子夫妻来層、歌を詠んだ。

雲下りて　大雪山をかくしたり　桂月も今かの雲にゐん（与謝野鉄幹）

大町桂月の次男・文衛は、一九四三年と一九五二年の二度来層あり、それぞれ歌を詠んだ。

十とせ前　九とせ前に我が父の　命をかけし山はこれぞも（一九四三年）

はるばると　恋ひ恋ひて来し大雪の　桂月岳を今しも仰ぐ（一九五二年）

一九五九年二月、桂月荘という建物が建てられた。旧国鉄職員の保養施設として、旭川鉄道管理局の経営で創業した。施設は四十名の収容で、空きがあれば一般にも開放された。

桂月荘は一九七九年五月三日の火災で焼失し、再建が危ぶまれていたが、国鉄共済組合層雲峡保養所として、建物面積一七三二平方米、和室十八室、洋室二室、広間一室、収容能力も七十四名となり、一九八二年十二月、再建営業した。

桂月荘看板

与謝野鉄幹・与謝野晶子

その後、桂月荘は一九九七年四月に層雲閣グランドホテルに譲渡され、同ホテルの経営で、姉妹館として再出発したが、二〇〇五年十一月で閉館した。

桂月荘について『上川町史』には、「桂月荘は、国道三十九号に沿って流れる石狩川に架かる吊り橋を渡り、自然に囲まれた閑静な温泉宿である。澄んだ空気、石狩川の心地よいせせらぎを聞くことができる場所であり、情緒あふれる温かい雰囲気は、連泊のリピーター・若者の心を捉える。宿泊者は層雲閣グランドホテルの温泉に無料で入浴できるのも好評である」と記され、当時は宿泊者に層雲閣グランドホテルへ無料入浴サービスを行っていた。

閉館後の桂月荘は廃墟として遺っていたが、その後に取り壊され現在は更地になっている。また吊り橋（かつらばし・桂橋）は遺っているが、渡橋禁止、立ち入り禁止だそうである。層雲峡に残る桂月名残の痕跡（といっても桂月没後に建てたもので桂月とは無関係であるが）も今や少なるばかりだが、わずかに層雲峡園地の桂月碑がその面影を偲ばせる。ただ層雲峡は石狩川左岸に温泉街や観光ホテル、ロープウェーがあり、観光の中心となっているが、右岸の層雲峡園地は訪ねる人も少なく、知らない人も多いようなのは淋しい。桂月碑は大きな岩に三つの銘鈑が嵌めこまれている。それぞれの銘鈑は次のようなものである。

（一）桂月の胸像
建立　荒井徳一　塩谷　忠
彫刻　シンカ（田村審火）

大町桂月胸像

層雲峡園地表示板

完成当時の桂月荘

（二）碑文

「人若し余に北海道の山水を問はば、第一に大雪山を挙ぐべし。次に層雲峡を挙ぐべし。大雪山は頂上広くしてお花畑の多き点に於て、層雲峡は両崖の高く長く且奇なる点に於て、いづれも天下無双也」（「北海道山水の大観」雑誌『太陽』一九二三年八月号）

（三）由来

「文豪大町桂月は、大正十年八月草深きこの地を訪れ、大函小函などを探勝し、さらに黒岳沢を経て、大雪山を極めた。桂月は、大雪山とこの峡谷は全国に類まれなる景観と激賞し、ここを層雲峡と命名し帰京するや格調高い美文をもって大雪山と層雲峡を世に紹介された。桂月来層五十年を記念し、この碑を建立してその足跡を偲ぶものである。

昭和四十六年秋　層雲峡観光協会長

上川町長　野田晴夫」

　桂月の胸像についてはこれまでの長い経緯がある。塩谷は荒井初一の没後、桂月の記念碑建立を荒井家に図ったが認めるところとならず単独、制作費を拠出してシンカに制作を依頼した。その後、記念碑の建設費は荒井徳一の出費によって、ゆかりの蓬莱岩にコンクリート仕上げをして胸像が嵌入された。建立者として荒井徳一、塩谷忠の名が刻まれた。荒井徳一（一九〇一～一九三二）は初代・初一の長男、初一の没後、二十七歳で家督を相続するも、相続四年後、三十歳で早逝する。

桂月記念碑

桂月碑　碑文

ところが一九三二年七月、国立公園調査委員一行が実地調査に来道したとき、胸像は自然石に嵌入すべきであると指摘をされた。それを聞いた塩谷らは指定に支障があってはと直ちに撤去し、取りあえず層雲閣に保管をしたのであった。以来二十年の時を経て、ようやくここに新しい記念碑の除幕式となったのである。

桂月来遊三十年、一九五二年六月十日の命日に、ゆかりの層雲峡において桂月を偲ぶ催しが開かれた。当日は層雲閣と上川観光協会によって記念碑の除幕式が行われる。記念碑は国道沿いの達磨石にシンカ作の胸像を嵌め込んだものである。当日には桂月の次男・大町文衛も招かれて出席している。

シンカ（田村審火、一九〇〇～一九六七）は旭川生まれの彫刻家。東京美術学校西洋画専科卒、北村西望に師事する。一九二四年帝展入選、以後帝展、文展、日展に出品。一九三〇年北欧ホドオルシニーカ美術展賞受賞、一九四二年アジア美術展大賞受賞。

前記、記念碑の除幕式当日、この日を期して『層雲峡　大町桂月記念號』を発行した。編集発行は大雪山調査会（層雲閣ホテル内）である。すでに消滅していた調査会をこの日のためにのみ復活させたのであった。とはいえ調査会生き残りの中心人物は塩谷忠のみである。

なお記念碑は前述のように二度場所を変えたが、その後の国道改修などに伴い一九七一年（昭和四十六年）、層雲峡園地に三度目の移設をされて今日に至っている。

『層雲峡　大町桂月記念號』

七、大雪山調査会と村田丹下

(一) 大雪山の画家・村田丹下

一九二七年(昭和二年)、丹下三十歳、この年は画家・村田丹下が大雪山を描いて一躍その名を知らしめる記念すべき年となった。大雪山を描き、層雲峡を描き、まだよく知られていないこの名勝を、絵画によって全国に紹介したのである。とはいえまだ無名の画家・丹下一個人の力ではどうなるものでもなかった。それは荒井初一という大きなバックボーンがあってこそなし得たことである。旭川の実業家・荒井初一は、大雪山調査会を起ち上げ、大雪山と層雲峡の研究調査と観光開発に注力していたが、その活動の一環として、折しも外遊から帰国した気鋭の青年画家・村田丹下を招いて、層雲峡と大雪山の絵を描かせたのであった。このあたりの事情を丹下は「北海道の山嶽王大雪山」(国立公園協会機関誌『国立公園』第六巻第六号〈一九三四年六月号〉)に挿絵二点を添えて寄稿した。一部を引用する。

斯くも(筆者注・大雪山をいう)天下に名声を急速に高らしむる動機を与えるに至らしめたものは、大雪山調査会の基因に依る結果である。

即ち、温泉に、道路に、架橋に、家屋に、然して学術的にも宣伝の為めにも、

画家・村田丹下

此の山と峡谷に対して、実に涙ぐましい幾多の犠牲と苦闘を払って来た。此の功労と共に、私財百万を投じて開発を速やかに促進せしめた故荒井初一氏の立派な功績と偉大なる人格を吾人は更に無視する事は出来ない。
　僕が調査会の委嘱によって、東京から大雪山や層雲峡を探勝に出掛けたのは、昭和二年の春で、南半球一周旅行から帰朝して間もない年だった。

岩手県花泉町に生まれ、幼くして渡道し旭川に育ち、上京して画道に進んだ丹下にとって旭川は第二の故郷である。当時、父母兄弟は旭川に在住している。荒井の招きを彼は歓んで受けたことであろう。画家として故郷に錦を飾る心境で層雲峡にやってきた。一九二七年五月のことである。このときの情景を、「鶯のほがらかな声、幾年ぶりかで聴いた。自動車がパンクして下車した御蔭で聴いた層雲峡の楼閣へ這入ってから間もなくのことだった。紺碧の空のなつかしさがあの魅惑的声を聴いてからというもの一層たまらなくよかった。仙楽《せんらく》の湍《たん》の遥かに、大雪山の一部の残雪が、透明な空気のなかに鮮やかに見え、不動の姿勢でいる山岳美は、今が全く見ごろの時だなと、そう思いながら聴いていた。神秘的光景がこの山峡にあふれていて、此処にも何時しかはちきれそうな春がおとずれていて、此処の自然も夢をはらみ、永い冬の日から漸く目醒めたばかりのような風色にあふれて見た心の感じがとてもよい。そして亦鶯の声に意識が解け込んでゆき、真昼の月を流れの上に見たのもその時だった」（「旭川新聞」一九二七年五月二十五日、「峡谷の春」）と語っている。表現は必ずしも上手いとは言えないが、峡谷の春の

知られざる
大雪山の画家・村田丹下
――北海道から東京、故郷岩手へ、その足跡を辿る
清水敏一
村田丹下は、「写実の鬼」といわれ、東条英機ほかの肖像画を描き、大雪山系の山を多く描いた山岳画家である。
大雪山の側面史を語る人としておもしろい人物である。
北海道出版企画センター

清水敏一著『知られざる大雪山の画家・村田丹下』

歓びが伝わってくる。

層雲峡に入った彼は、荒井の経営する塩谷温泉「層雲閣」に長期滞在して層雲峡を巡り、大雪山に登り、気の趣くままに絵を描いた。それらの経費がすべて荒井の出費であることを思えば、いかに恵まれた環境のもとに絵を描くことができたかが想像できよう。彼の得意や思うべしである。その間、彼は幾度も大雪山黒岳に登っているが、初めて登ったのは六月二十九日であった。彼は「旭川新聞」に「大雪山の黒岳に登って見て」（七月六〜七日上下二回連載、挿絵一点付き）という一文を寄せているが、文末に六月三十日稿とあり、文面から六月二十九日であることが分かる。その一部を紹介しよう。

◇昨日旭川近在に住む夫婦連れの者と、僕、黒岳の鋭鋒へ登って見た。登山道路としては先ず申分のない途だと思う。最も見晴台からずっと先の方へ行くと、雪解けのためにぬかるみが所々にある。然しそれは大したものではない。そのうちに雪が解けっちまったら、カラカラになっちまうだろう。

◇黒岳の絶頂へやっとこ登って四海を見ると、何処も彼方も威高い野郎のゴツイ頭許りで、何う見ても霊峰を争う天界は奇妙奇体で痛快だ。お花畑をずらりと見りゃあいろんな可愛らしい花が、いろんな色のおべべを来て《（着て）》、すまし込んだ顔でいるではないか。

丹下と同行した夫婦連れは湯治にやってきた初対面の人らしい。登山の服装で

大雪山の黒岳に登って見て　村田丹下
（「旭川新聞」1927年7月6日）

ない夫人に、彼は衣類上下のほか、帽子まで貸してやったので、まるで男のような姿になったと書いている。一行は黒岳を越えて石室まで日帰りで往復したようである。雄大な山頂の展望、奈落の底を見るような黒岳の断崖、雲の去来する山上、「さながら花絨毯を敷き詰めたようなお花畑の光景」、彼らは下界では味わうことのできない山上の大景観にただ感動したのであった。

この年、彼は大雪山に幾度登ったのかはよく分からないが、『大雪山の洗礼』（以下、宿泊名簿という）によれば、七月九日、二十一日、二十六日の三度登った記録がある。八月は丹下の記録がないので分からない。記入は三回だがこれは宿泊名簿であり、連泊もあろう。またその間に日帰りもあろうし、途中までで引き返したこともあろう。何しろ彼は層雲閣に長期滞在して、周辺を歩き、登り、自由きままに彷徨して絵を描いたのである。

宿泊名簿の七月九日は、「層雲峡　画家　村田丹下」、二十一日は、「真夏すら知らぬ真顔の大雪山　丹下生」と洒落た句を書いているのも興味を惹く。また二十六日は、「東京市赤阪区丹後町一〇三　石川方気付　村田丹下」とある。当時の住所であろうが、独身であった彼は石川家に寄宿していたと考えられる。

なかでも注目されるのは二十六日の登山である。丹下とともに宿泊したのは、あの国民的詩人・野口雨情（一八八二〜一九四五）と、案内かたがた同行した塩谷忠の三人であった。宿泊名簿には、「東京市外吉祥寺　詩人　野口雨情」と記入している。石室前で撮った二人の写真が遺されている。右は雨情、左は丹下である。塩谷忠がカメラのシャッターを切ったのだろう。

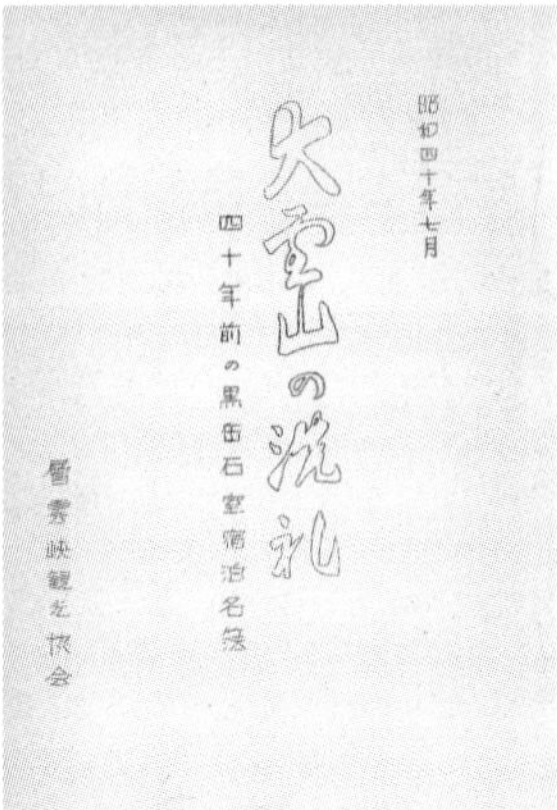
昭和四十年七月
大雪山の洗礼
四十年前の黒岳石室宿泊名簿
層雲峡観光協会

『大雪山の洗礼』

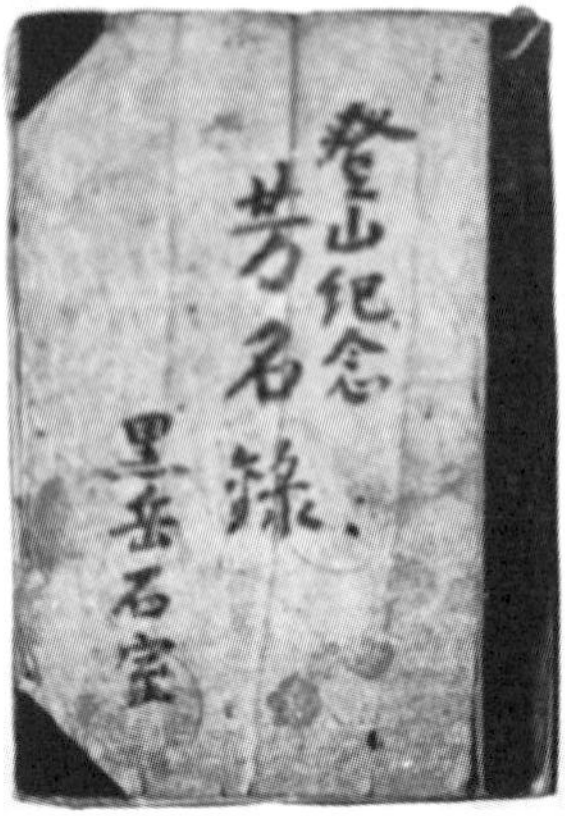

「黒岳石室　登山記念芳名録」

資料の基となった『大雪山の洗礼』は、謄写印刷の小冊子である。この冊子は菊谷清蔵（一八九四〜一九七〇）の所有する「黒岳石室宿泊者芳名録」を、菊谷の了解を得て上川町史編纂室・都竹一衛が筆写し一九六五年、『大雪山の洗礼』という名称で層雲峡観光協会から発行した。期間は一九二六年から一九二七年、七月から九月半ばまで、すなわち夏山二シーズンの記録である。内容は人名の羅列ながら、大雪山登山史上きわめて価値ある資料である。ただ筆写であるために、読み取りの誤りや筆写の誤りがある。

黒岳石室は一九二三年、層雲峡から黒岳への登山道が開削されるとともに建設されたもので、初代石室管理人は大久保金之助。そのあとを受けて管理人となったのが菊谷清蔵であり、彼の備えた宿泊者芳名録が、この冊子の原点となったのである。

菊谷清蔵は徳島県出身、一九一六年（大正五年）、二十五歳のとき、当時としては石狩川最上流双雲別（清川）の原野に入植した。さらに上流は霊山碧水（層雲峡）と呼ぶ秘境であった。その後、温泉の開業、道路の開削、桂月の登山、黒岳への登山道、石室の設置などの開発が進み、温泉客、登山客も年々増加し、双雲別も層雲峡と有形無形の関係を持つようになっていった。

菊谷は一九二四年、大雪山登山案内人組合を結成しているが、その頃すでに登山者も多くなりつつあったことが想像される。翌年の国勢調査時には菊谷は温泉に在住しているので、その前に農場を廃業していたのかも知れない。彼はまた大雪山の国立公園指定化に強い情熱を持っており、一九二一年には請願書を時の内

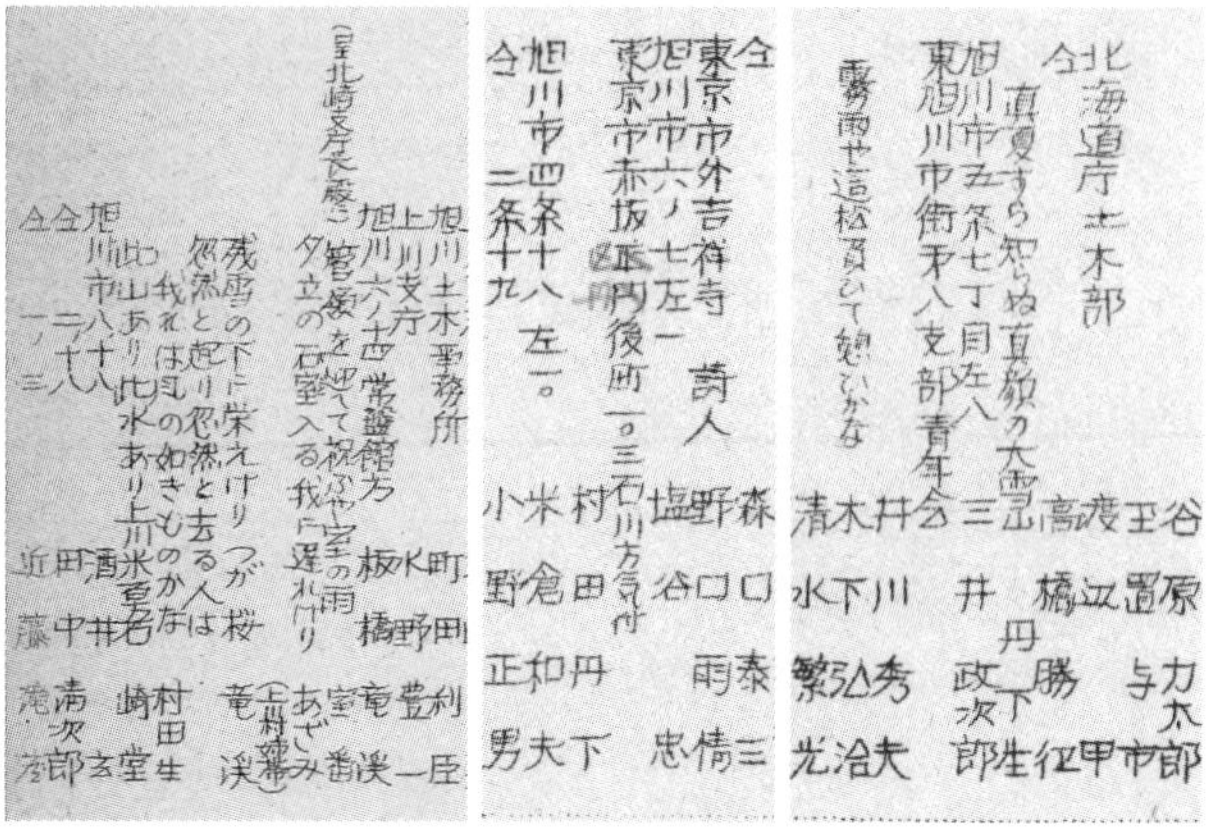

『大雪山の洗礼』の野口雨情宿泊、村田丹下宿泊

務大臣を始め､国会議員に提出するなどの運動を展開している。『大雪山の洗礼』が発行されたとき、菊谷は七十一歳で土産物と民宿の店「みやま物産店」を経営していた。菊谷は層雲峡と大雪山の開発史上に看過できない人物の一人である。

さてこの二シーズンの宿泊者は約三千人、うち宿泊名簿に記入されているものは約千五百人である。そのなかには北海道の学術文化や登山に貢献した人も多い。松村松年（昆虫学、文化功労者）、田中館秀三（湖沼学）、河野広道（昆虫学）、伊藤誠哉（北大総長、文化功労者）、大野精七（札幌医大学長、スキー家）、坂本直行（登山家、山岳画家）、慶大山岳部の登山家・本郷常幸、斎藤長寿郎、大雪山の父・小泉秀雄、北海タイムス記者・塩谷忠、山案内人・成田嘉助、片岡春吉、徳光長治らの名も見える。団体もまた面白い、学校山岳部、登山会グループ、軍隊登山もある。この宿泊名簿は大雪山登山史上のみならず、北海道史にも貴重な一ページを加える。だが惜しいことに二年分しか現存していない。

（二）丹下と野口雨情

丹下にとって十四歳も年長の著名な詩人・野口雨情とは知己の間柄にあり、一緒に大雪山黒岳に登っているが、そのきっかけになるようなものは如何であろうか。それについての資料となるべきものは、雨情からは見いだせないが、ただ一編、丹下の書いた「雨情先生の天真にふれて」という一文がある。それを辿りな

みやま物産店

がら探ってみよう。まずはその一文を抜粋引用する。

雨情さんと、いつどこで逢うたのか、皆目わからない。大正十五年、博文館の『太陽』に三回にわたって、わたしの「南半球を循《めぐ》りて」のスケッチと紀行文を紹介されたことがある。編集長は長谷川天渓《てんけい》さんでした。

もしかすると、その頃か、その前後であろうか、雨情さんとの初対面は、サッパリ覚えがない。回想復活など、記憶力はゼロである。それにしても気にかかることである。ともかく東京は十二月、冷えびえとしたある日の夕方、御徒町《おかちまち》を過ぎたばかりの電車の中で、「アッ村田さん！」という声がした。わたしは、ハッとして、咄嗟に野口雨情さんだな、と思った。

互いに子供っぽくうれしくなった。うれしさが眦《まなじり》にただよった。雨情さんウフフ……、わたしはクスグッタイ気分がとまらなかった。

上野駅から鶯谷の近くまで、二人とも黙りこくった。

さらに話は続く。鶯谷の駅に着くと突然、雨情は、「ここにおりましょうや」と丹下を引っ張って降ろした。丹下は、「そのショックに、どうしたらよいものか？無性に嬉しいのだが、シドロモドロにならざるを得なかった」。雨情の後についで住宅地を通り抜け、商店街を歩いて、とある屋台の暖簾をくぐり、おでんを食べ銚子を傾けたのである。勘定は雨情が払った。

二人はまた上機嫌で日暮里《にっぽり》まで歩き、夜も更けてガラ空きの電車に乗った。「今

右・野口雨情　左・村田丹下　黒岳石室前にて

夜は、おらえに泊まんなさいや」と酔眼朦朧《すいがんもうろう》の雨情がいう。大塚駅に下車して近くに雨情の家はあった。玄関を入って部屋に通されると、「村田さん、この炬燵《こたつ》でおれとゴロ寝しようや」ということで、一宿にも与《あずか》ったのである。

これによると雨情との初対面や出会いのきっかけは、丹下にもよく分からないようである。もっともこの文を書いたのはずっと後年のことなので、彼の記憶も薄れていたことであろう。けれども彼のいう雑誌『太陽』に連載の時期とすれば、彼が層雲峡・大雪山を描いた年の前年すなわち一九二六年ということになる。ともあれこの文から、すでに著名な雨情に誘われて一献を傾け、なお一宿にも与った彼の歓びが伝わってくる。丹下は続けてこんなことも書いている。

その後、昭和三年、わたしは大雪山調査会の招聘を受け、六里にわたる天工の渓谷美と、三十余の群峰を総称した千姿万態の大雪山を、若輩にして天下に紹介する任務につきました。光栄これにすぐるはなしと張り切った。

この年の七月、調査会の主催で一週間、夏季（期）大学を開催、東京から講師の馬場孤蝶、野口雨情の両氏を斡旋したのはわたしである。夏季大学は盛会であった。

その筈、「層雲峡小唄」の作詞に雨情さん、作曲には中山晋平さんにお願いした。その小唄が今日も層雲峡にこだましている。

弧蝶さんは足が弱いとあって参加しなかったが、雨情さんは健脚というので、わたしたちと大雪山の鋭鋒黒岳にのぼった。

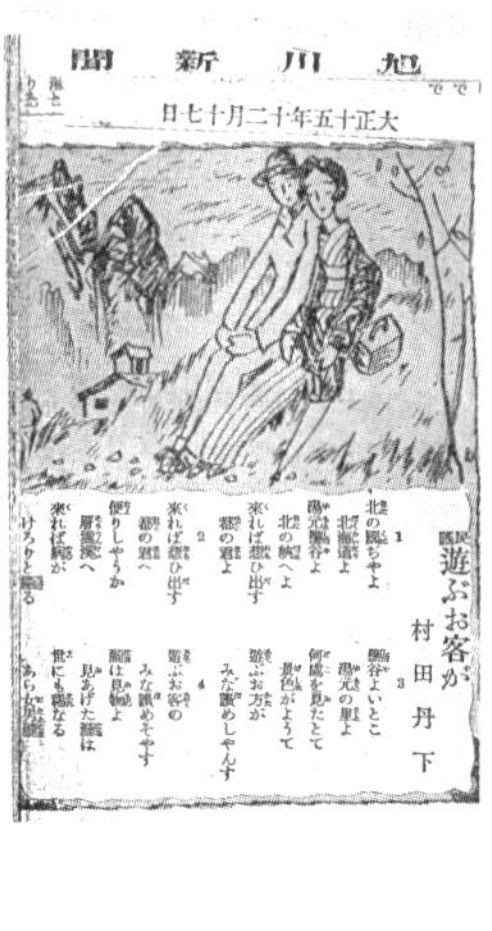
旭川新聞
大正十五年十二月十七日
遊ぶお客が
村田丹下

「民謡　遊ぶお客が」村田丹下
（「旭川新聞」一九二六年十二月十七日）

鮮色に輝く層雲渓
村田丹下

「鮮色に輝く層雲渓」村田丹下
（「旭川新聞」一九二六年十月十三日）

ホテル層雲閣のほとりに、大柱岩あり、その天頂に「天狗のひきうす」がある。それは雨情さんが名づけたもの、その脚下を流れる石狩川のせせらぎは浄《きよ》い。雨情さんの足跡はそこにも活きているのだ。

丹下がこの文を書いたのは七十七歳ということであるが、とすれば一九七四年になる。野口雨情（一八八二～一九四五）逝いて二十九年、雨情との交遊から約五十年後に書いたことになる。記憶が薄れるのも無理はない。だがここで特筆すべきことは、雨情と馬場孤蝶（一八六九～一九四〇）を夏期大学の講師に斡旋したこと、斡旋とはどの程度なのかよく分からない。このことについては雨情、孤蝶の作品や新聞記事からも見当たらない。雨情に作詞を、中山晋平（一八八七～一九五二）に作曲を依頼したのも、彼であるかのように受け取れる表現である。文中の昭和三年とあるのは、昭和二年（一九二七年）の誤りである。

なお丹下の一文「雨情さんの天真にふれて」は、『みんなで書いた野口雨情伝』のなかの一編である。同書は金の星社・一九七二年に初版、一九八二年に再版されている。内容は雨情と親交のあった人たちが、その人柄を偲びながら、それぞれの思い出を語る七十六編の原稿によって構成されている。顔ぶれは多種多様、しかも錚々たるメンバーである。

登場する人物は、出版社・金の星社の創始者であり主宰する斎藤佐次郎を始め、西条八十、浜田広介、時雨音羽、石川啄木、小嶋政一郎、中山晋平、広津和郎、加藤まさを、高木東六等々……。そのなかの一人が村田丹下である。まさに有名

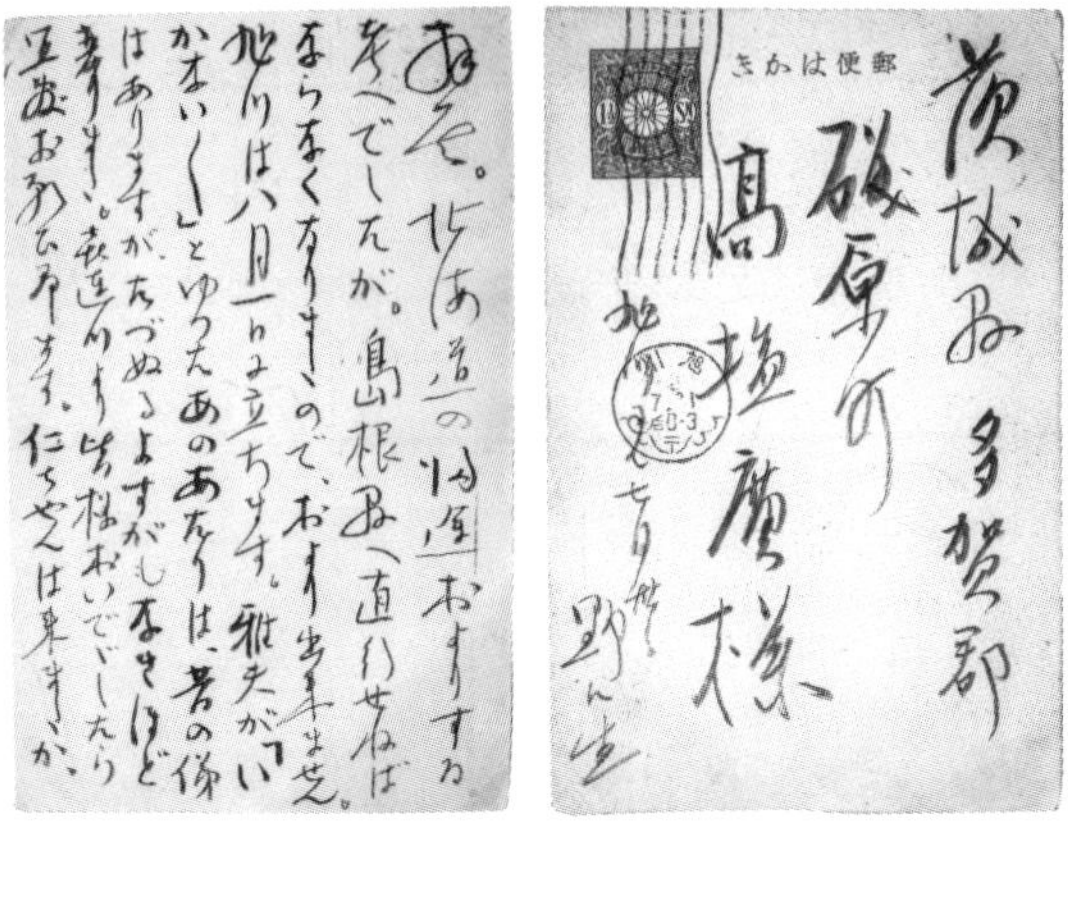

野口雨情が記者時代に旭川から出したはがき
宛名と本文

無名、雑多ということになる。

このように彼の一文によれば雨情とはかなり親しい間柄のように思われるが、果たしてそうであろうか。前述のように雨情から丹下を語る資料はない。馬場孤蝶、中山晋平についても然りである。従って彼の言をそのまま受け取れるかどうかには、いささか疑問が残る。補足資料にはなり得ないかも知れないが、もう少し雨情について続けよう。

（三）雨情と北海道

雨情についてはあまりにも有名な詩人なので、改めてここに述べるまでもないが、北海道との関連について少し触れておきたい。雨情は一八八二年、茨城県に生まれた。東京専門学校（現・早稲田大学）高等予科を中退しているがその間、坪内逍遥の指導を受ける。一九〇七年三月、早稲田詩社結成の発起人に加わっている。彼は『報知新聞』に勤めていた。このとき皇太子嘉仁親王（のちの大正天皇）の北海道巡視があったので、彼は同社の通信員として渡道したが、北海道が気に入りそのまま居着いたのである。七月には妻を連れて北海道に去ってしまう。札幌には彼の実兄が道庁に勤めていた。

札幌では『北鳴新聞』社という小さな新聞社に入ったが、まもなく潰れてしまう。九月、札幌の『北門新報』社を辞めた石川啄木が訪ねてきて、二人して『小樽日

雨情のはがきを松岡市郎さんに紹介する雨情の孫、野口不二子さん

報』社に入社した。しかし自ら起こした内紛で、十月には雨情、啄木ともに退社してしまう。翌一九〇八年五月に『北海タイムス』社、九月には『室蘭新聞』社、次いで同じ室蘭の『胆振新報』社の主筆となった。その翌年（一九〇九年）には、旭川の『北海旭新聞』社に転じている。だがこの年の十一月に帰郷、二年有余の北海道生活に終止符を打ったのである。一九二七年には、夏期大学の講師として来道した。層雲峡探勝も黒岳登山も初めてのことであり、強い印象を残したに違いない。雨情はその後も幾度か来層しているようである。そして層雲峡や大雪山に因んだ詩歌を詠んでいる。

　北海道
十勝石狩／狩勝峠／山が波打つ／うねり打つ
夏の日盛りや／大雪山の／お花畑は／花盛り
　註、大雪山麓には層雲峡あり

この詩は『全国民謡かるた』として一九二九年、普及社から発行された。本書は一道三府四十三県に樺太、台湾、朝鮮を加えて、合計五十の各地を詠んだものである。なかでも北海道は「註」として層雲峡を特記しているが、それだけに大雪山とともに忘れがたい感銘を受けたのであろう。また次のような詩も詠んでいる。

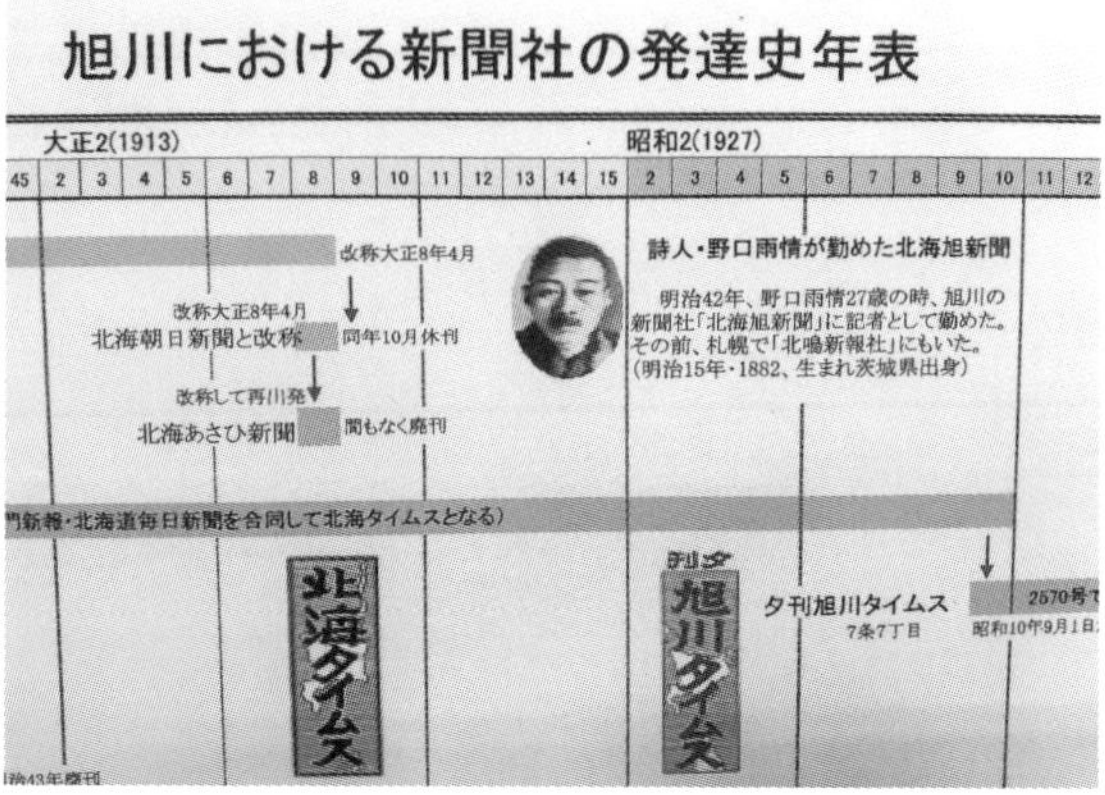

「旭川における新聞社の発達史年表」の北海旭新聞・野口雨情

大函小函

大函小函は、北海道大雪山の南麓。峡流美で名高い層雲峡の上流、河鹿の名所である。

大函　小函の　河鹿の子さへ／岩にやせかれる　瀬にや流される
浮世なりやこそ　あきらめしやんせ／りん気アせぬもの　恋アせまいもの

この詩は一九二九年、ビクター出版社発行の創作民謡集『波浮の港』に収録されている。初出は『民謡詩人』一九二八年四月号である。雨情ゆかりの層雲閣の五階露天風呂に、この詩の碑が建てられている。建立は一九八六年で、自然石に黒御影石を嵌め込み、雨情直筆の詩を刻んだものである。脱衣室の壁には楷書体の解説文と、額装の直筆が掲げてある。また『大雪山のあゆみ』(注一)には前記「大函小函」に追加して、次の詩が続いている。

ゆうべ夢見た　層雲峡の夢を／天狗でなければ引かれない／
天狗の引臼ゆめで見た
夏が来てさへ　大雪山に／積る雪さへ　まだ解けぬ
秋の大空　見わたす限り／浮かぶ雲なく　はれ渡る
浮世はなれて　層雲峡は／朝は霧立ち　湯さへ湧く

雨情は層雲峡に遊び、大雪山黒岳に登り石室に宿泊もしている。大雪山夏期大

層雲閣の露天風呂に雨情の碑

学では講演もし、層雲峡、大雪山の詩も詠んだ。彼の登った一番高い山は大雪山であり、ひときわ印象深い登山ではなかったか。しかしながら何故か彼の思い出のなかに大雪山が出てこないのである。もちろんこれでは一緒に登った丹下や塩谷忠が登場するはずがない。

その例を二三挙げるならば、「私の好きな山と印象」の問いには「阿蘇山」(注二)と答え、「山を語る座談会」では、「米山甚句に誘われて米山（九九三メートル）に登ったのが最初で最後の山」(注三)と話しているのも理解しがたい。「私の好きなあの山あの川」の問いにも、「山は筑波山、川は利根川」(注四)と回答しているのである。だが考えてみれば全国を遊歴して、人と語り、風物を愛で、詩を作っているので、時に応じて対象が変わるのも無理からぬことかも知れない。それにしても大雪山が無視されているのは何故だろうか。

結論的にいえば雨情にとって理由はともかく、大雪山は忘却の彼方にあるということだろう。『定本　野口雨情』全八巻（一九八五～一九八七、未来社）を見ても、地方民謡などに層雲峡や大雪山の詩は出てくるが、エッセイ、紀行、小品の類には一切出てこない。これでは雨情の思考について計りようがない。むしろ否定材料ばかりということは、すなわち無視されていることになるのである。丹下についても然り、丹下は雨情に対して終生、敬愛の情、親愛の情を持っていたとしても、雨情からは全く無視されている。

（注一）『大雪山のあゆみ』は大雪山国立公園指定三十周年を記念して一九六五年、層雲峡観光協会から発行された。本書は大雪山の主な文献を抄録したものである。

層雲閣の露天風呂

『大雪山のあゆみ』

（注二）『サンデー毎日』毎日新聞社、一九二九年四月一日発行、アンケート「私の好きな山と印象」には、雨情のほか、与謝野晶子、室生犀星、吉田絃二郎ら著名人二十人が回答している。

（注三）『旅』日本交通公社出版事業局、一九三二年七月一日発行、「山を語る座談会」には雨情のほか、麻生武治、黒田初子、田部重治、塚本閤治ら七人が出席して語っている。

（注四）『真理』真理舎、一九三五年五月一日発行、アンケート「私の好きなあの山この川」には雨情のほか、小杉放菴、安倍磯雄、徳川夢声、正宗白鳥ら十二人が回答している。

（四）丹下と馬場孤蝶など

丹下は大雪山夏期大学のことにも触れているが、それについては「大雪山調査会の業績」の章で詳しく記述しているので割愛し、ここでは馬場孤蝶（一八六九～一九四〇）との関連について、少しく補足しておきたい。孤蝶は丹下とは二十七歳もの年長である。二人がどうして知り合ったのか、雨情と同じくその経緯はよく分からないが、それを思わせる記事がある。『旭川新聞』記者・山木力の書いた「随筆秋日抄」である（同紙・一九二七年八月二十七日）。

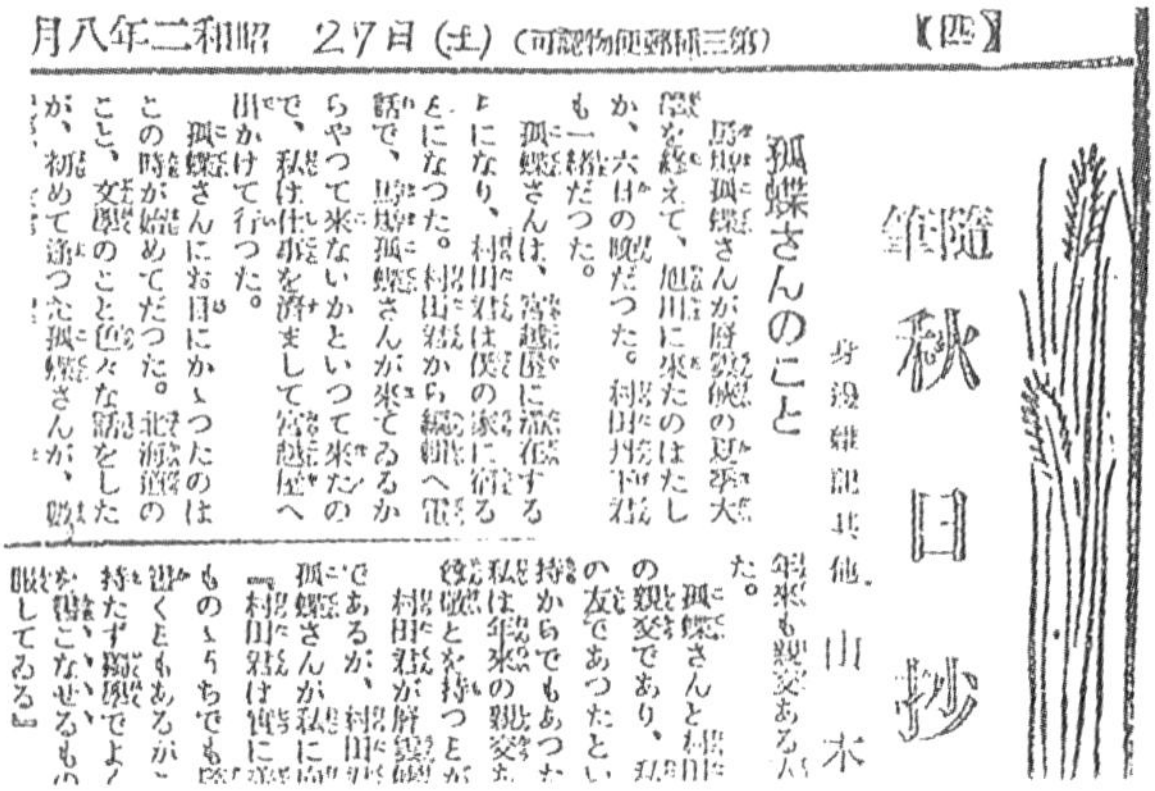
昭和二年八月　27日（土）（第三種郵便物認可）【四】

随筆　秋日抄　山木

孤蝶さんのこと

馬場孤蝶さんが層雲峡の夏季大学を終えて、旭川に来たのはたしか、六日の晩だつた。村田丹下君も一緒だつた。

孤蝶さんは、宮越屋に滞在するようになり、村田君は僕の家に宿ることになつた。村田君から編輯へ電話で、馬場孤蝶さんが来てゐるからやつて来ないかといつて来たので、私は仕事を済まして宮越屋へ出かけて行つた。

孤蝶さんにお目にかゝつたのはこの時が始めてだつた。北海道のこと、文学のこと色々な話をしたが、初めて逢つた孤蝶さんが、

「随筆　秋日抄」山木力（「旭川新聞」一九二七年八月二十七日）

馬場孤蝶さんが層雲峡の夏期大学を終えて、旭川に来たのはたしか、六日の晩だった。村田丹下君も一緒だった。

孤蝶さんは、宮越屋に滞在することになり、村田君は僕の家に宿ることになった。村田君から編輯へ電話で、馬場孤蝶さんが来てるからやって来ないかといって来たので、私は仕事を済まして宮越屋へ出掛けて行った。

孤蝶さんにお目にかかったのはこの時が始めてだった。北海道のこと、文学のこと色々な話をしたが、初めて逢った孤蝶さんが、数年来も親交のある人のような気がした。孤蝶さんと村田君は、十年以上の親交であり、私と村田君は竹馬の友という、周囲の、気持からでもあったろうが、兎に角私は年来の親交ある如く、親身と尊敬とを持つことが出来た。

馬場孤蝶『日本文壇史』より

村田君が層雲峡へ帰った後のことであるが、村田君の話が出た時、孤蝶さんが私に向って……

「村田君は実に善良な男だ。書くもののうちでも随分間違ったことを書くこともあるが、これという学歴も持たず独学でよくあれだけの文章を書きこなせるものだ。私は常に感服している」

といって感心していた。

これによると孤蝶と丹下は十年来の交遊ということになるが、果してどうであろうか、丹下の年齢からすれば疑問が残る。さて六日、夏期大学が終わって旭川に来たその夜、孤蝶、丹下、山木の三人は、夕食に四条通七丁目の支那料理店

「来々軒」に入った。孤蝶は支那料理が好物であり、通でもあったからである。孤蝶は一人前三円の料理を三人前注文しようとしたが、とても食べきれないと三人で一人前にしたということである。後日、孤蝶は山木に、「丹下は物が書ける」と感心したそうであるが、とすれば孤蝶は以前から丹下の文を読んでいたことになる。

なおつけ加えるならば、丹下と山木は旭川における幼少時からの親友であった。夏期大学に先立つ同年一月下旬、山木力著『従軍記者の手記』旭川の旭屋書店から出版の予告が、『旭川新聞』の広告欄にある。村田丹下装幀とあるが、竹馬の友の誼みで丹下に依頼したのであろうか。本書は四六判二百ページ、写真三十余点、著者・山木は五年にわたって、旭川第七師団の各地における実戦演習に従軍、その実況を記者の目で書いた本で、題字を第七師団長陸軍中将・渡辺錠太郎、序文を第七師団参謀長・斎藤瀏、旭川新聞社長・田中秋声らが書いている。本書は予告より遅れて二月二十二日に発行された。だが本書には「村田丹下装幀」の記載がない。装幀をしたのかもよく分からない。

結局、孤蝶と丹下、山木との関係もよく分からず、謎は謎のまま終わりそうである。

さらにもう一つ分からないのは丹下が層雲閣にこもって描いたといわれる層雲峡と大雪山の洋画三百点の絵の行方である。とはいえ三百点の根拠が具体的ではないので、実のところは数十点ではなかろうか。彼の在峡期間から思うとそんなところであろう。それを補完するものと考えられるのが、「北海道大雪山洋畫展

「従軍記者の手記」山木力著
（「旭川新聞」広告 一九二七年一月十二日）

覧會」の絵はがきである。十六枚（点）入っているが、すなわち代表的な展覧会の絵画なのであろう。十六点の画題を挙げておく。

○大雪山五月ノ山（黒岳）
○大雪山旭岳ノ秋景
○層雲峡ヨリノ大雪山
○大雪山北鎮岳ヨリ荒井岳方面遠望
○上川市街ヨリノ大雪山
○大雪山雲ノ平ノお花畑
○大雪山黒岳トニセイカウシュペ山
○大雪山上川岳ト愛別岳
○層雲峡高山橋ノ畔
○層雲峡夏雲峰
○層雲峡大函
○層雲峡小函
○層雲峡残月峰
○層雲峡天城岩
○層雲峡流星ノ瀧（雄瀧）
○層雲峡銀河ノ瀧（雌瀧）

以上、大雪山八点、層雲峡八点、計十六点、カラー印刷である。絵はがき袋には「主催　大雪山調査会」「後援　丸ビル美術倶樂部」とあるので、丸ビルのギャラリーで「北海道大雪山洋画展覧会」を開催したと考えられる。なお大雪山調査会発行の『北海アルプス写真帖』数点の表紙図柄はいずれもこの十六点のなかにある。

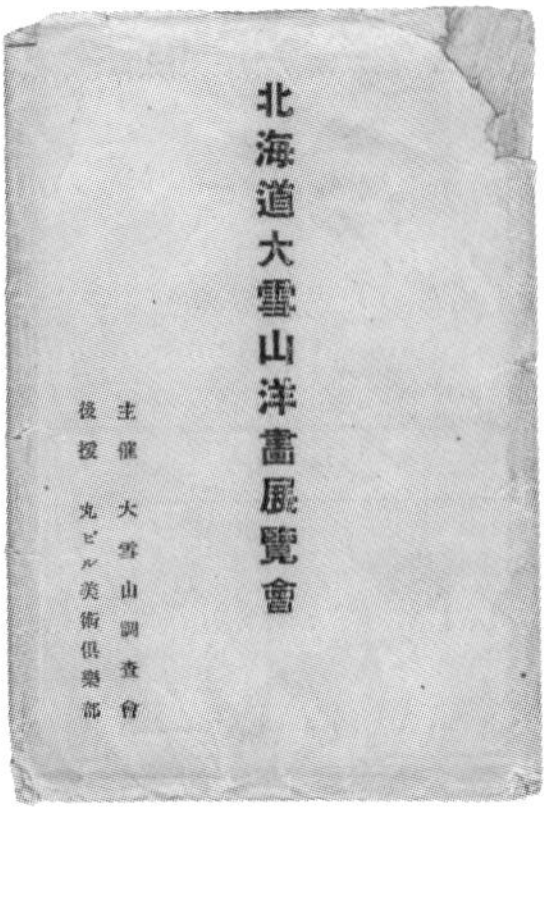

「北海道大雪山洋畫展覧会」絵はがきの袋

八、北海道山岳会

北海道山岳会（以下、山岳会という）は、大雪山調査会（以下、調査会という）設立の前年に設立された。大雪山関連の活動については、山岳会と調査会は関係が深いので、山岳会についても触れておきたい。

山岳会は一九二三年一月、「山は自然の王なり」をモットーとして創立された。この言葉は小島烏水著『日本山水論』からの引用である。同会設立の経緯について加納一郎（一八九八〜一九七七）は、

林務部へ入ったんだけどさ、当時道庁におもしろい長官がいてさ、後藤新平の子分が長官になってきて、北海道開発のためには大いに山登りを奨励しないかんちゅうわけや。それで北海道山岳会というのをつくれというわけやな。林務部へ入ったってプロパーな仕事一つもせえへんわけや。そんでどこへ山小屋つくればいいんかそんな事ばかりしてたんよ。（中略）

その時分はね、役所の仕事はあらへん。冬はどうしていたかというと、一方でスキーが盛んになってきて、その山岳会で役人が選手権大会をやっていたんだよ。大会というのはスキーの体協がやることや。体協にはやるやつおらへんのや。つまりスキーの競技会どないしてええのかわからへん。それで北大に頼みに……。それで競技規則から何かからみんなわしらがつくって、結局ぼくたちが全部お膳

加納一郎

立てしたわけですよ。それで北海道の競技会はお前らがやれっちゅうわけや。冬はスキーの競技会で役所の仕事は何もしてへん。

（『加納一郎著作集』第三巻、「解説、登山家としての加納一郎」渡辺興亜より）

と、大阪育ちの関西弁で語っている。加納の言葉で分かるように、山岳会は道庁の事業の一環として作った組織なのである。加納は大阪に生まれ、京都一中から北大農学部に進み、スキー部で活躍した。加納は卒業後、道庁に入ったが、北大時代の山とスキーの経験と知識を活かして、山岳会の常任幹事を務めた。つまり彼は道庁の職員として同会の運営が業務であったのである。

おもしろい長官とは第十六代北海道長官・宮尾舜治（一八六八〜一九三七）のこと。宮尾は新潟県出身、法科大学（現・東大法学部）卒業後、官界に入り一九二一年、長官として来道、北海道産業の経営安定化を推進し、産業長官といわれた。その業績は、北欧式の有畜農業の導入を図ってデンマークなどから模範農家を招いて指導に当たらせる。道庁内に糖務課を新設、甜菜の栽培を奨励、農業試験場の整備充実、そのほか工業試験場の創設、海洋調査、遠洋漁業への進出、耐火耐寒建築の改良など。

一九二三年九月、関東大震災が起こり、その復興のために帝都復興院が新設され、その総裁となった内務大臣・後藤新平に望まれて副総裁に就任、山岳会創立を置き土産に北海道を去った。宮尾は、「北海道の大自然を後にして人と物との発達を祈りつつ」という言葉を残して、山岳会創立後わずか九ヵ月で去ったので

宮尾舜治

ある。宮尾とともに山岳会会長・稲葉健之助も復興院理事として退道した。宮尾は「北海道の大自然を後にして人と物との発達を祈りつつ」という言葉を残して去ったが、『ヌプリ』創刊号に山岳会創設者の思想というべき稿を寄せている。

滔《とう》々たる天下の青年男女が都市の浮華《ふか》を慕って黄塵《こうじん》と雑踏の裏に人工の貧弱な装飾や、キネマ式の安価な芸術に耽《ふけ》って居る間、北海の天地に山岳会の創設を企てたのは決して偶然ではないのである。之《こ》れは二個の重大なる使命を以て此の世に現れ出でたるもので西洋の好事《こうず》的登山倶楽部《くらぶ》や、三十三所の巡礼行と同一視すべきものではないのである。

実に我山岳会の使命の一は北海の大自然を本邦人殊に内地の青年男女に紹介して有形無形の文化を本道に導入し様《よう》と云う永遠の計画なのである。（中略）

されば私としては夏季に於て内地の青年男女を北海道に招き湘南や房総の海浜に於て徒らに貴族的の銷夏《さか》法を真似《まね》るのを引止むると共に北海道の偉大なる風物に接せしめて、学術的にも精神的にも自ら訓練するの機会を与え、旁々《かたがた》以て北海道の真相を熟知せしめて従来の誤解を解き将来本道の為め活動する有為の人物を得度《えた》いと思い茲《ここ》に北海道山岳会なるものを設立して本道の山野を跋渉《ばっしょう》する便宜やら学術研究の機会をつくったものにて其の目的とする所極めて高遠《こうえん》なものである。

乍去《さりながら》我山岳会の庶幾《しょき》する所は独り之れのみではない。他に大なる使命を持って

『ヌプリ』創刊号

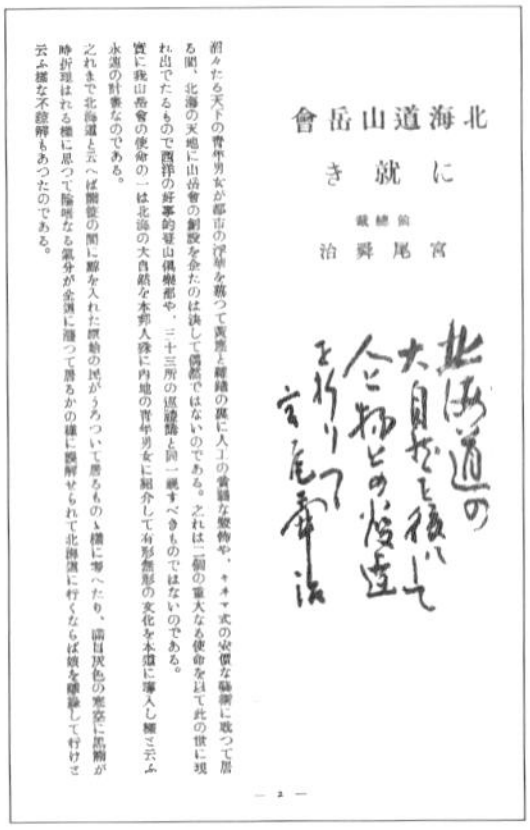
北海道山岳會に就き

前總裁 宮尾舜治

北海道の大自然を後にして人と物との發達を祈りつつ 宮尾舜治

滔々たる天下の青年男女が都市の浮華を慕つて黄塵と雜踏の裏に人工の貧弱な裝飾や、キネマ式の安價な藝術に耽つて居る間、北海の天地に山岳會の創設を企たのは決して偶然ではないのである。之れは二個の重大なる使命を以て此の世に現れ出でたるもので西洋の好事的登山倶樂部や、三十三所の巡禮行と同一視すべきものではないのである。

實に我山岳會の使命の一は北海の大自然を本邦人殊に内地の青年男女に紹介して有形無形の文化を本道に導入し樣と云ふ永遠の計畫なのである。

之れまで北海道と云へば開發の間に[illegible]の民がうろついて居るもの丶樣に等へたり、満目灰色の寒空に黒熊が時折現はれる樣に思つて陰惨なる氣分が全道に漲つて居るかの樣に誤解せられて北海道に行くならば嫁を離縁して行けと云ふ樣な[illegible]もあつたのである。

— 2 —

宮尾会長の「北海道山岳會に就き」

居る。這《これ》は本道の中青年に登山の機会を与え能く天然自然に親しんで心身を鍛錬し以て将来健全有為の人と為って独り本道の為めのみならず国家の為めに尽瘁《じんすい》する所の人材を造り度《た》いと云うのである。（中略）

故に本道の青年諸君は能《よ》く此の山岳会の趣旨を諒解せられ、苟《いやしく》も少暇《しょうか》あれば市井《しせい》に彷徨して口腹《こうふく》の慾《よく》を充たすことなく山野の踏破を試み一は以て自然科学の研究に資すると共に心身の鍛錬に努め以て将来国家の為め有為の人物たるべく庶幾せられんことを私は切に希《こいねが》うものである。

（注・現代仮名遣い、常用漢字に改めてある。ルビは筆者。引用文は以下同じ）

このように宮尾の山岳会設立の目的は、北海道の大自然を調査研究するとともに世人にそれを紹介し、かつ登山を通じて華美をいましめ質実剛健の気風を養い、国家や北海道にとって有為な人物を育成することにあった。もちろん「北海道山岳会趣意書」においても、表現は異なるが同意のことを訴え入会を希望している。では山岳会設立の目的を見よう。まずは趣意書（山岳会常任幹事・今松治郎稿）には次のようにある。

北海道山岳会趣意書

近時我国に於て体育の必要が高唱せらるゝに至りしは誠に喜ぶべきことであります。体育は一面には国民の体格を強健ならしめ又他面には精神を剛健にし以て国家発展の基礎を成すものであります。

北海道山岳會趣意書

近時我國に於て體育の必要が高唱せらるゝに至りしは誠に喜ぶべきことであります。體育は一面には國民の體格を强健ならしめ又他面には精神を剛健にし以て國家發展の基礎を成すものであります。
體育の方法は種々あるが其の最も豪快にして且趣味多きは登山に及ぶものは有りません。身一度山に登らんか一歩は一歩より高くして眼界自ら廣く氣宇開濶にして爽快を覺えます。更に雲外の絶巓を極めて其一角に立たんか宇内の萬物は膝下に跪き已は大自然の支配者たるが如き感を起すでありませう。
又登山の難は能く克已忍耐の精神を養ひ品性の陶冶に資するこさが少なくありません。加ふるに俗界を離れたる上層の氣象、珍奇なる各種の動植物等は其の趣味さ實益とを更に倍加するでありませう。斯くの如く大自然中に巍然として高く聳へてゐる山岳は吾々にとりては身心練磨の大道場なのであります。
更に考ふるに、吾人が社會生活に於て最も憂ふべきことは吾人が日々自然から遠ざかりつゝある事であります。それで吾人が多く自然に接し自然の妙趣に觸れ、

北海道山岳会の趣意書

体育の方法は種々あるが其の最も豪快にして且趣味多きは登山に及ぶものは有りません。身一度山に登らんか一歩は一歩より高くして眼界自ら広く気宇《きう》開濶《かいかつ》にして爽快を覚えます。更に雲外の絶巓《ぜってん》を極めて其一角に立たんか宇内《うだい》の万物は膝下《しっか》に跪《ひざまず》き己は大自然の支配者たるが如き感を起すでありましょう。

又登山の難は能く克己忍耐の精神を養い品性の陶冶《とうや》に資することが少なくありません。加うるに俗界を離れたる上層の気象、珍奇なる各種の動植物等は其の趣味と実益とを更に倍加するでありましょう。斯《か》くの如く大自然中に巍然《ぎぜん》として高く聳《そび》えている山岳は吾々にとりては心身錬磨の大道場なのであります。

更に考うるに、吾人《ごじん》が社会生活に於て最も憂うべきことは吾人が日々自然から遠ざかりつゝある事であります。それで吾人が多く自然に接し自然の妙趣に触れ、以て日常生活を浄化せしめ、延《ひ》いて社会全般の向上を促すことは今日の急務であります。而《しこう》して山岳は「自然の王」であるから登山は此の方面からも重大なる意味を有《も》つものであります。

近時各地に山岳会が組織せられて登山を奨励するのも前記の理由によるのであります。本道にも一二此の種の会がありますが、未《いま》だ統一したる山岳会のないのが遺憾であります。

北海道の自然は大陸的壮観を呈し山岳は豪宕《ごうとう》雄偉にして本洲のそれ等に比して毫《ごう》も遜色なく奇峰峻嶺到る処に聳えまた処々に湖沼、温泉等数多あり殊に千古鬱《うっ》葱《そう》たる原生林は本土に見ること能《あた》わざるものにして其の偉観は声を大にして宇内に誇るに足るものであります。

北海道山岳會々則

第一條 本會ハ北海道山岳會ト稱ス
第二條 本會ハ北海道山岳ヲ主トシ北海道ノ自然ヲ研究並ニ登山者及一般見學旅行者ノ便宜ヲ計ルヲ目的トス
第三條 本會ハ本部事務所ヲ札幌市ニ支部ヲ各地ニ置ク
第四條 本會ハ毎年大會及小集會ヲ開ク
第五條 本會々員ヲ分チテ左ノ三種トス
一、正會員 本會ノ目的ヲ贊成シ規定ノ會費ヲ納ムルモノトス
二、贊助會員 本會ノ事業ヲ贊成シ金五拾圓以上ヲ寄附シタルモノトス
三、名譽會員 斯道ノ先輩及本會ノ爲ニ盡力セラル、篤志家ニシテ評議員及幹事ノ議決ヲ經會長之ヲ推薦シタルモノトス
第六條 本會ノ經費ハ會費寄附金補助金其ノ他ノ收入ヲ以テ之ヲ支辨ス
第七條 本會ニ左ノ役員ヲ置ク
一 總裁 一名 二 副總裁 一名
三 會長 一名 四 副會長 二名
五 評議員 若干名 六 幹事 若干名
七 支部長 若干名 八 相談役 若干名
第八條 總裁ニハ北海道廳長官ヲ推戴ス副總裁、會長、副會長、相談役、評議員ハ名譽會員中ヨリ總裁之ヲ推薦ス幹事及支部長ハ會長之ヲ囑託ス
第九條 評議員及幹事ノ任期ハ二ケ年トス其ノ他ノ役員ニハ任期ノ制限ナシ
第十條 總裁ハ會務ヲ統裁ス

北海道山岳會役員

總裁 土岐嘉平
副總裁 南鷹次郎
會長 古宇田晶
副會長 鹽澤健
同 林壽夫
常任幹事 田中館秀三
同 田中重元
同 粟屋仙吉
同 山本秋廣
同 遠山信一郎
同 今松治郎
同 林常夫
會計主任
近藤喜寛 棚橋直馬 黒澤戒三 阿部德三郎 佐藤辰二 堤正同 木下三四彦 河合裸石 佐々木鐵之助 栗田五百枝 玉田昇次郎 岡本保三
伊藤譽 北崎巽 木村眞之助 增田彰 加納一郎 下田豊松 三木隆太郎 杉森文彦
評議員
得能佳吉 山中恒三 林駒之助 阿部基一 田中耕三 波多野高吉 宮部金吾 松村松年 伴房次郎 木村開三 村田不二三

北海道山岳会の会則と役員

吾々日夕《にっせき》この間に住み乍らこの宝庫を徒《いたずら》に閉して置く事は誠に遺憾の極《きわみ》であります。よりて茲《ここ》に北海道山岳会を組織し山岳を主とし本道の自然を研究し併せて此の大舞台上に着々成功しつゝある拓殖状態を本道人士はもとより普《あまね》く世人に紹介し稍《やや》もすれば島岐《とうき》に跼蹐《きょくせき》して天地の大を忘れんとする我《わが》国民に一味浩然《こうぜん》の気を注入したいと思うのであります。

願《ねが》わくは江湖《こうこ》の人士各位本会の趣意に賛成し奮《ふる》って入会あらん事を切望に堪えません。

では次に「北海道山岳会会則」の要点のみについて触れておきたい。「第二条　本会ハ北海道山岳ヲ主トシ北海道ノ自然ヲ研究並ニ登山者及一般見学旅行者ノ便宜ヲ計ルヲ目的トス」「第五条　本会々員ヲ分チテ左ノ三種トス　一、正会員　本会ノ目的ヲ賛成シ規定ノ会費ヲ収ムルモノトス　二、賛助会員　本会ノ事業ヲ賛成シ金五拾円以上ヲ寄付シタルモノトス　三、名誉会員　斯道ノ先輩及本会ノ為ニ尽力セラルル篤志家ニシテ評議員及幹事ノ議決ヲ経会長之ヲ推薦シタルモノトス」「第六条　本会ノ経費ハ会費寄付金補助金其ノ他ノ収入ヲ以テ之ヲ支弁ス」「第十二条　正会員ハ会費年金参円ヲ前納スヘキモノトス但シ正会員中、学生ハ入会金壱円ヲ申受ケ会費ヲ免除ス名誉会員ハ会費ヲ要セス」「第十三条　本会々員ニハ所定ノ徽章ヲ交付ス、本会々員ニハ本会発行ノ出版物及写真等ヲ実費若クハ無代ヲ以テ頒布スルコトアルヘシ」「第十九条　本会ハ日本山岳会其ノ他ノ山岳会ト連絡ヲ保チ益々其ノ目的ノ達成ニ勉ムルモノトス」

北海道山岳会役員の記念写真

要するに山岳会は登山を通じて体育の振興と、自然の研究を意図し、かつ登山者、旅行者の便宜を図ること、観光開発と紹介を目的として、道が中心となって設立したものである。

設立当時の役員は、総裁・宮尾舜治、副総裁・南鷹次郎、会長・稲葉健之助、副会長・田中勇太郎、同・今村正美、その他、常任幹事、会計主任、幹事合わせて二十五名、評議員十九名、相談役五十名の大組織であった。役員には官公吏のほかに各界の有力者、学識経験者が就いた。人事異動のときには後任がそのまま山岳会の役職をも引き継いだ。

歴代総裁を挙げると、初代・宮尾舜治（第十六代長官）を始め、第二代・土岐嘉平（第十七代長官）、第三代・中川健蔵（第十八代長官）、第四代・沢田牛磨（第十九代・長官）、第五代・池田秀雄（第二十代長官）、第五代・佐上信一（第二十一代長官）である。

創立時は道から一万円もの補助金を得ていたが、まもなく緊縮財政のために三百円に減額されている。とはいえ多くの有力者を擁する同会のこと、資金面の援助もあって当初は活動費に事欠くことはなかったと思われる。明治の末期から大正時代、各地に山岳団体が結成された。一九〇五年（明治三十八年）創立の日本山岳会を始め、各地に山岳会が起こっているが、これらは地方自治体によって行政的に結成したものもあれば、純然たる民間の社会人団体もあったが、登山熱は年々高まり、登山者も年を追って増加していった。

北海道も時流に乗って、官主導の山岳会を結成したのであった。当時の北海道

霊峰十勝岳へ登山　上富良野駅前集合

は一部の山を除いて、一般にはほとんど登られていなかった。小泉秀雄いわく、「北海道登山ノ現況ヲ見ヨ。近年北海道山岳会ハ設立セラレシト雖《いえど》モ業ヤ僅カニ其ノ緒《ちょ》ニ就キシノミニシテ、登山道サヘ僅々二三ノ山岳ニ造ラレシノミ、他ハ依然トシテ蔓荊《まんけい》ニ閉サレ、猛獣ハ咆哮《ほうこう》シ、空シク寒月ノ照去ニ委《まか》セントス、豈《あ》ニ慨《がい》シテ慷《こう》セザルベケンヤ」（大雪山調査会設立趣意書）というような状況にあったのである。ではこうして設立した山岳会の主な活動を拾ってみよう。

一、登山会の開催…釧路、旭川、室蘭、後志など各地に支部を作り、本部又は支部の主催で樽前山、羊蹄山、大雪山、阿寒、有珠岳、十勝岳、手稲山、駒ヶ岳などに登る。

二、登山道の改修、新設…一九二三年・雌阿寒岳登山道改修、一九二四年、層雲峡より黒岳、北鎮岳、旭岳経由の登山道を開く。

三、石室建設…一九二三年・羊蹄山、一九二四年・旭岳及び黒岳、秩父宮よりの御下賜金で中山ヒュッテを建設。

四、会誌『ヌプリ』発行…四号で終刊（一九二四〜二六）。

五、出版事業…一九二三年・『登山見学旅行系統図』、一九二六年・『北海道主要山岳登路概況』、一九二七年・『北海道のスキーと山岳』、一九三五年・『北海道山岳会記念写真帖』

六、絵葉書の発行…一九二三年・第一集、一九二五年・第二集

七、北海道スキー選手権大会を主催…一九二四年〜一九三二年・以降は札幌スキ

夏期大学参加者

ー連盟に移管

八、懸賞募集…一九二四年・山岳写真、一九二五年・山岳紀行文

九、夏期大学の主催…一九二三年・登別、一九二五年・大雪山、一九二七年・大雪山

右記の活動のうち、夏期大学に関して大雪山を会場とするものについては、大雪山調査会も関わっているので、大雪山調査会の業績に記述をすることにした。ここでは北海道山岳会が独自に開催した登別会場についてのみ述べておきたい。内容は次の通りである。

◆夏期大学

時　大正十二年八月一日〜十日

所　登別温泉…室蘭―白老―苫小牧―支笏湖―夕張

講演

北海道拓殖政策	北海道庁長官	宮尾舜治
北海道の大観	北海道庁土木部長	稲葉健之助
労資協調と能率増進	法学博士東大教授	渡辺鉄蔵
英国の労働運動	々	々
経済界の変遷並物価の変動	々	々
政治学より見たる北海道	法学博士東北大教授	佐藤丑次郎
現代の日本農業観	農学博士北大総長	佐藤昌介
人類行動の進化（宗教と科学の戦）	理学博士農学博士北大教授	松村松年

生命最古の記録　理学博士東北大教授　早坂一郎
疾病の本態に関する観念　医学博士北大教授　今　裕
アイヌについて　神学博士　ジョン・バチェラー
技術者より見たる都市計画　工学博士道庁技師　名井九介
独逸の経済状態　ベルリンロカルアンツアイゲル記者　エッチ・アドリアン

日程及時間

月日← 時間→	午前八～九	十～十二	午後一～三	夜間
八・一(水)	稲葉土木部長	渡辺法学博士	アドリアン氏	懇話会
八・二(木)	渡辺法学博士	渡辺法学博士	佐藤法学博士 アドリアン氏	懇話会
八・三(金)	名井工学博士	佐藤法学博士	佐藤北大総長	懇話会
八・四(土)	松村理農学博士	今医学博士	……	民謡会
八・五(日)	松村理農学博士	松村理農学博士	……	幻燈会
八・六(月)	バチェラー神学博士	早坂理学博士	……	懇話会

八・七(火)　室蘭港及日本製鋼所見学（三浦鉄道技師、中村築港所長）
八・八(水)　白老アイヌ部落及苫小牧製紙工場見学（河野道庁嘱託、足立苫小牧王子会社工場長）
八・九(木)　支笏湖、樽前登山（藤井千歳孵化場長）
八・十(金)　夕張炭坑見学（高規北海道炭砿汽船株式会社支店長）

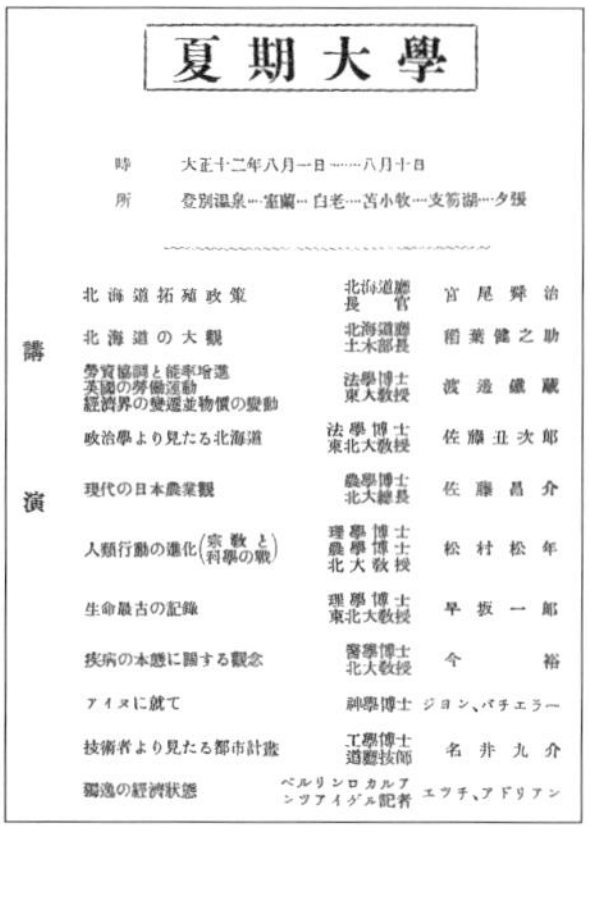

夏期大學

時　大正十二年八月一日……八月十日
所　登別温泉…室蘭…白老…苫小牧…支笏湖…夕張

講演	北海道拓殖政策	北海道廳長官	宮尾舜治
	北海道の大觀	北海道廳土木部長	稲葉健之助
	勞資協調と能率増進 英國の勞働運動 經濟界の變遷並物價の變動	法學博士東大教授	渡邊鐵藏
	政治學より見たる北海道	法學博士東北大教授	佐藤丑次郎
	現代の日本農業觀	農學博士北大總長	佐藤昌介
	人類行動の進化（宗教と科學の戰）	理學博士農學博士北大教授	松村松年
	生命最古の記錄	理學博士東北大教授	早坂一郎
	疾病の本態に關する觀念	醫學博士北大教授	今　裕
	アイヌに就て	神學博士	ジョン、バチエラー
	技術者より見たる都市計畫	工學博士道廳技師	名井九介
	獨逸の經濟狀態	ベルリンロカルアンツアイゲル記者	エツチ、アドリアン

夏期大学の講演一覧

夏期大学とはいえ山岳会の主催行事なので、当然山や自然が中心のように思われるが、この講演テーマを見れば分かるようにまるで文化講座というべき内容である。それも政治、経済、産業、労働問題、民族学を含めた広い範囲のもので、さらに北海道の基幹産業である製鉄、製紙、炭鉱の工場見学、それに登山をも加えた総合的な教養講座であるといえようか。

講師も当代一流の人物をそろえており、外国人は二人も入っている。さすが宮尾長官自ら提唱しただけのことはある豪華な布陣である。受講者も知的で時間にも恵まれた知識階級であったことが『ヌプリ』からもうかがえる。聴講者は延べ二百数十名、毎日の聴講者も百名を超えたということである。

これは夏期大学のひとこまであるが、北海道登山の黎明期にあって山とスキーの普及に果たした同会の功績は大きい。だが時代の変化は財政的にも困難をきたし、各種団体の設立は会の機能を分担するようになり、後半期は活動もかなり鈍化してきた。そして一九三三年、それまで担当していたスキー大会の主催を札幌スキー連盟に移管、翌一九三四年、新しく設立した北海道景勝地協会に機能の一部を継承し、ついに山岳会はその使命を終えて解散することになった。

『北海道山岳会記念写真帖』は解散記念出版である。山岳会解散時の総裁にして北海道長官は佐上信一（一八八二〜一九四三）、そして佐上は新たに設立した北海道景勝地協会会長となった。佐上は自ら山とスキーをよくした人であり、暑寒別岳に「佐上台」の名を残している。利尻山の「長官山」もそうである。

夏期大学の日程及時間

月日＼時間		午前 8−9	10−12	午後 1−3	夜間
8. 1	（水）	稲葉 土木部長	渡邊 法學博士	アドリアン氏	懇話會
8. 2	（木）	渡邊 法學博士	渡邊 法學博士	佐藤 法學博士 アドリアン氏	懇話會
8. 3	（金）	名井 工學博士	佐藤 法學博士	佐藤 北大總長	懇話會
8. 4	（土）	松村理農學博士	今 醫學博士		民謠會
8. 5	（日）	松村理農學博士	松村理農學博士		幻燈會
8. 6	（月）	バチエラー 神學博士	早坂 理學博士		懇話會
8 7	（火）	室蘭港及日本製鋼所見學（三浦鐵道技師 中村築港所長）			
8. 8	（水）	白老アイヌ部落及苫小牧製紙工場見學（河野道廳囑託、足立苫小牧王子會社工場長）			
8. 9	（木）	支笏湖、樽前登山（藤井千歳孵化場長）			
8. 10	（金）	夕張炭坑見學（高規北海道炭礦汽船株式會社支店長）			

ところで一般に山岳団体は自然消滅することが多いが、北海道山岳会のように解散宣言をして解散する例は少ない。もちろん官製公立であるがゆえの制約もあろう。けじめをつける必要もあったろう。後継団体があることもよい方向に働いたに違いない。それにしても解散記念出版を発行することはきわめて稀である。

では『北海道山岳会記念写真帖』とはどのような出版物か。布装に型押し金文字の立派な表紙、部厚い台紙に写真そのものを貼付したもので、大きさはタテ二十センチ、ヨコ二十八センチ、鳩目・紐綴じの豪華な装幀である。写真そのものはわずか二十五葉であるが、写真帳そのものに厚みがあり重みがある。たった二十五葉の写真ながら、それはそのまま北海道山岳会の活動史である。奥付はないが、一九三五年（昭和十年）十一月、同会を解散するに当り、その記念として編集された。それについては写真の裏表紙に、その経緯を記した印刷物が貼付されているので、そのまま転載する。

北海道山岳会ハ、時ノ長官宮尾舜治氏ノ提唱ニ依リ、道内主ナル官衛長官及朝野名士多数ノ賛同ヲ得、大正十二年一月創立シタルモノナリ。

而《しこう》シテ、各支庁ニ支部ヲ置キ、道内外ニ亘リ本会ノ宣伝ト、会員ノ募集ニ努メタルニ、時恰《あたか》モ、斯ノ種趣味ノ普及及ビ体育向上ノ絶好機会ナリシガ為、入会スルモノ相踵《あいつ》ギ、会員数百名ニ達シタリ。

茲《ここ》ニ於テ、羊蹄山以下各著名山岳ニ登山道、石室等ヲ設置シ、一般登山者ノ便益ニ資スルト共ニ、登山ヲ奨励シ、精神作興体育奨励ニ努メタル処、登山熱旺盛

手稲山登山

『北海道山岳會記念写真帖』

ヲ極ムルニ至リ、又之ヲ契機トシ登山案内組合、登山道路保護組合等各所ニ設立ヲ見タリ。

惟《おも》フニ本道ハ、地味肥沃ニシテ富源ニ富ムニ不拘《かかわらず》、本会創立当時ハ、交通完備セズ且《かつ》広漠タル未開ノ原野ハ、各種産業開発ノ余地頗《すこぶ》ル大ナルアリタルヲ以テ、之《これ》ヲ汎《ひろ》ク社会ニ紹介スルト共ニ国民ノ奮起ヲ促シ、此ノ天与ノ富源ヲシテ遺利ナカラシムベク本道ノ紹介ト宣伝ノ目的ヲ以テ、雑誌「ヌプリ」及絵ハガキヲ発行シ、又各地ニ夏季大学ヲ開催シ、本道拓殖進展ニ力ヲ致シタルニ、其ノ効果相当顕《けん》著ナルモノアリタルヲ信ズ。尚「ヌプリ」第一号ハ表紙ヲアイヌ製「アツシ」ヲ以テ装訂シ、畏《かしこ》クモ、摂政宮殿下並、秩父宮殿下ニ御嘉納《ごかのう》ノ栄ヲ賜《たまわ》リタルハ誠ニ本会ノ光栄トスル所ナリ。

而シテ、冬期積雪久シキ本道ニ於テ、スキーノ普及発達ヲ図ルハ道民ノ体育奨励上最モ適切ナルモノト認メ他ニ率先シスキー飛躍台ヲ設備シ、大正十三年以降全北海道スキー選手権大会並全日本スキー選手権大会北海道予選会ノ主催、或ハ各種スキー競技大会ノ後援ヲ為スコト十数回ニ及ビタル如キ、実ニ斯《し》界今日ノ盛況ヲ見ルニ至リタル一大素因ヲ為シタルモノトス。

昭和三年、秩父宮殿下御来道ノ砌畏《みぎりかしこ》クモ斯道《しどう》御奨励ノ御思召《おぼしめし》ニテ、本会ニ御下賜金《ごかしきん》アリタルヲ以テ、此ノ御主旨ヲ体シ建築シタル中山ヒュッテハ累年利用者増加シ、之《これ》亦スキー界ノ向上発展ニ資スルコト鮮少ナラザルモノアリ。

其ノ他登山公徳及景勝地紹介ノ為懸賞標語及写真ヲ募集スル等各種事業ヲ為シ、創立以来十有余年間本道ノ進展並体育奨励、文化的施設、景勝地紹介等ニ力ヲ尽シタルモノ枚挙ニ遑《いとま》アラズ。

然レドモ星移リ人変リ財政亦意ノ如クナラズ、殊ニ昭和八年過去十年間継続シタル全国的スキー大会主催ノ行事ヲ、札幌スキー連盟ニ移管シ、又昭和九年北海道景勝地協会ノ創立ヲ見ルニ及ビ、本会ノ使命トセル各事業ハ自然各地各種ノ団体ニ於テ分担セラルルニ至リタル時代ノ情勢ニ鑑ミ、昭和十年十一月限リ本会ヲ解散スルニ至リタルモノナリ。

今ヤ過去十数年間ノ情勢ヲ回顧スルトキ、誠ニ懐旧ノ情ニ堪ヘザルモノアリ。依テ茲ニ本写真帖ヲ編輯シ、本会ノ創立及其ノ興隆ニ特段ノ尽力ヲ賜リタル左記諸氏ニ呈上聊《いささ》カ謝意ヲ表スルト共ニ往時追憶ノ資ニ供セントス。

昭和十年十一月

北海道山岳会

稲葉健之助氏　今　松治郎氏
猪又　貞雄氏　林　常夫氏
遠山信一郎氏　大野　精七氏
大久保鉄二氏　河合　裸石氏
加納　一郎氏　田中館秀三氏
竹内　武夫氏　南篠　庸夫氏
久保田　畯氏　山中　恒三氏
松崎　勉氏　木下三四彦氏

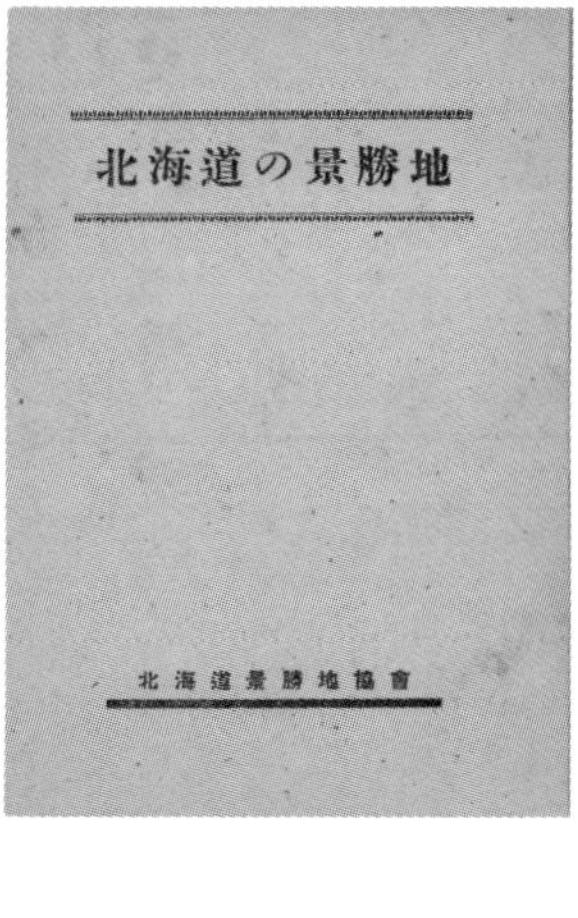

北海道景勝地協会が設立され『北海道の景勝地』（一九四八年）を出版した

宮尾　舜治氏　　杉森　文彦氏

（イロハ順）

終えるに当たって活動史というべき『写真帖』二十五葉の写真目次を掲げて終わりたい。

写真の題名であり説明書きであるが、原文そのままである。

①大正十二年　北海道山岳会総裁宮尾舜治、②道庁前ニテ役員記念　大正十三年十一月、
③支笏湖ヨリ樽前山ヲ望ム、④樽前山登山記念（山麓）大正十二年六月、
⑤樽前山登山記念　大正十二年六月、⑥登別温泉地獄谷、
⑦登別ニ於ケル夏期大学　大正十二年八月、⑧本会主催スキー大会　大正十三年二月、
⑨恵庭岳登山大正十三年二月、⑩雌阿寒頂上ヨリ雄阿寒岳及阿寒湖ヲ望ム、
⑪雌阿寒岳石室　大正十三年十月竣工、⑫摩周湖（透明度四一度世界一）、
⑬北海道庁構内スキー　大正十四年二月、⑭手稲山登山　大正十四年六月、
⑮層雲峡天城岩、⑯大雪山旭岳、
⑰大雪山旭岳ヨリ前面「トムラウシュ」山、右十勝岳、左忠別岳ヲ望ム、
⑱層雲（渓）夏期大学聴講生大雪山登山、⑲利尻富士、⑳利尻富士登山、大正十四年、
㉑大沼公園ヨリ見タル駒ヶ岳、㉒駒ヶ岳登山　大正十四年十月四日、
㉓ニセコスキー場　遠景蝦夷富士、㉔中山小屋　昭和三年十一月竣工、㉕中山ス

雌阿寒岳石室　大正十三年十月竣工

ロープ

この写真目次を見る限りでは大半は創立数年の大正年間に集中しており、昭和年代はほとんど見られない。会誌『ヌプリ』も大正年間の四号で終刊している。後半衰退した同会の活動を象徴しているようである。

九、荒井初一の生涯

（一）生い立ち

大雪山調査会を語るには創立者・荒井初一を逸することはできない。ただ彼の生涯については、すでに『故　荒井初一翁追慕記』（一九五七年、山田新、以下『追慕記』という）、『回顧録　牛と夢』（舘田外行）、『荒井建設百二十年史』（二〇一九年、荒井建設㈱社史　編纂室）』において詳しく述べられているので、改めて述べることもないかも知れない。しかし彼は大雪山調査会の創立者である見地からすれば、彼の生い立ちや人となりを述べる必要もある。

また大雪山調査会の創立にいたる当時の社会の情況、時代の変遷、旭川や石狩川上流などの時代背景についても把握すべきであり、看過することはできない。

（二）翠香園の造成

荒井初一の本業の業績とともに副次的な事跡も多く見られる。後年の大雪山調査会創立もその一つとみられるが、これは事業というより文化的貢献というべき

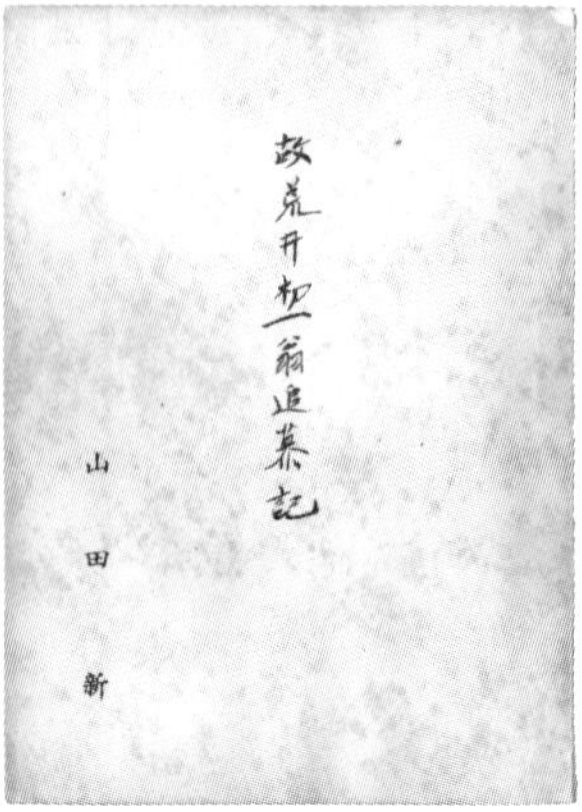

山田新著『故　荒井初一翁追慕記』

舘田外行著『回顧録　牛と夢』

であろう。翠香園の造成もその類いとみるべきかもしれない。同園については『荒井建設百二十年史』に記録されているが、具体的によく分からないところもあるようである。

同書では取得造成の時期についても諸説を挙げているが、明治三十一年（一八九八年）、同三十二年、同三十四年説などがあってはっきりしない。ただその頃の造成であることは間違いない。そのうちの代表的な『追慕記』では明治三十四年説である。それらの諸説も『追慕記』に準拠したものもあれば、著者・山田新自身が諸説を集約したとも考えられる。いずれにしろ具体的、客観的な記録が乏しいので諸説を生む結果になったものと考えられる。けれども山田新の『追慕記』は、年度の記憶違いなどはあろうが、当時を知る人の記録として有力な資料になる。主観的、情緒的な表現もみられるが、これもまた著者の感情として興味をそそられる。『追慕記』によると次のようにある。

草の葉にすだく虫の音に詩情を唆《そそ》り、中秋の月に感懐を寄するは人誰しもが持つ官能である。

三十四年、前記水車場の地先にある堤防地約八千坪を、池田という人が遊園地らしいものを造営しかけていたのを譲り受け、翠香園と名付けてこれが完成に努めた。

庭作りというものは誠に奥床しい趣味で、少し暮らしに余裕のついた人は、それ相当な庭を設《しつ》らえて楽しむのを常とするが、どうも独善的な意欲に通ずるものと見えて、大概の人は塀を高くして、自己満足に惰《だ》する感がある。

『荒井建設百二十年史』

翠香園

当市に於ても風流を愛する御仁は必ずしも尠なしとしないが、私園を開放して、大衆と共に風流を頒ち楽しんだ人が、他に居たであろうか。

社会的施設の極めて幼稚貧弱な当時に於て、翁が率先私財を投入して丹精を凝らした心境は、それ丈《だ》けでも高く評価された処であるが、これが人一倍多忙な業務の陣頭に立つ身であり、而かも年齢三十に満たない一青年の発願であったのである。

これこそ真の風流人と云うべく、天賦の素質を具えている人でなければ、企て及ばない身上というべきだ。

今でこそ、跡形も見出し難い程に様相が変って、名丈けを止むる荒れ方であるが、翁の設計に係る構成美は自然林を背景にして桜、つつじを移植し、配する水車場への水を巧みにとり入れて、幽邃な池を設らへ、閑雅洵《まこと》に掬《きつ》すべきものがあって、町内唯一の風致区として普《あまね》く一般の観賞を集めた。

時代が少し過ぎた大正三年、園内に春光神社を建立した。これと云うのも、此の園に寄せた翁の敬虔な心事を窺い得ると共に、大旭川の先覚者であった林顕三翁（上川支庁長、陸軍大将林謙十郎閣下の厳父）及び本田親美翁（初代戸長及び町長）に捧げた感謝の象徴でもある。

園内の住宅はもと、べん子夫人母堂たみ刀自《とじ》のために建て、引続き飯田勇造さんが住まわれたが、其の後は養嗣子孝忠氏の邸宅に供され、広かった庭園の大部分は住宅地に分割されて、今は社宅風の建家が並んでいる。

孝忠さん御一家を「翠香園」と呼ぶのは、その時からの習慣である。

翠香園

著者・山田は荒井初一に対してきわめて好意的であるが、二人の関係からみれば当然である。では主題の翠香園について補足的にもう少し書き加えてみたい。場所である水車場とは、荒井商店（荒井建設の前身）が米穀を扱うとともに精米を手がけたが、精米のための動力として水車を用いたことに始まる。それまでの人力精米（足踏み式）に比べると、能力は飛躍的に増大する。前記『追慕記』を転記する。

三十四年四月、宮下通の地元を流れていた忠別川支流の古川を引き入れて、水車場を新設する目的で、堤防用地を出願し兼営として精米所を開設した。その古川というのは、今の神楽橋少し上手から切れ込んだ小川で、水車場は丁度いまの商業学校の正門前あたりにあった。

その頃は地米が年を追うて盛んに出回るようになったので、三十六年、三橋長十郎氏から隣接する貸下げ地を譲り受けて拡張した記録もあって、町内屈指の精米工場としてデビューした。

ともかくもこの精米場を兼営したことは非常な偉力で後年、三条四丁目へ設置された新時代の機械力に引き継がれるまでの凡そ十二、三年間ひねもすかたりこたりと休む暇もなく、翁への忠実な奉仕にいそしんだのであった。

翠香園の地籍は曙三条一丁目、大きさ約八千坪、園内は中島を含む観賞池二ヶ所と園遊会を開催できるほどの四阿を含む、四棟を設けていた。散策路もあり相当な規模であったようである。園は荒井初一の造成した私園であるが、彼は一般

翠香園

市民に公開し観賞に供した。常磐公園が開園したのは大正期なので、明治期に造成した翠香園は貴重な風致公園の役割を果たしたのである。

なお大正初期、園内約一千坪の敷地に住宅が建てられた。既述の通り初一の妻・ベンの母・舘田タミのために建てたのである。その後、初一の次女・ツギの婿・荒井孝忠一家が在住した。

また翠香園はいろいろな催しに利用されたことが、当時の新聞記事から窺うことができる。それら行事催しについての記事を拾いあげてみよう。

○鉄道倶楽部の清遊（大正四年五月二十一日「小樽新聞」）

「旭川運輸及び保線両事務所に於ける倶楽部員並び同家族の慰安として二十九日旭川翠香園に於いて清遊を催す筈なり」

○全道牧師会（大正四年七月十二日「北海タイムス」）

「札幌・小樽・函館・旭川・帯広・浦河・名寄その他北海全道に於ける組合基督教派は名寄組合教会独立宣言挙行に臨場の為来道した綱島佳吉、西尾幸太郎両牧師及び渡邊常子女史等十三日より十五日迄旭川に滞在する筈で三日間昼間旭川翠香園に於いて同教派に属する全道牧師会を開き夜分は旭川組合教会に於いて綱島・西尾・渡邊三氏等の演説あるべし」

○上川支庁員園遊会（大正五年十一月三日「北海タイムス」）

「三十一日正午より旭川翠香園に催した東郷支庁長、御手洗、津田、廣瀬課長以下支庁員総勢三十余名にてビール・酒・弁当・すし・薩摩汁の御馳走あり常陸屋《ひたちや》抱妓の玉蝶・子猫・子芳・静子・仲助・菊奴、登喜和《ときわ》抱妓の米香・小

翠香園

光・てまり、などの大小綺麗首《きれいどころ》も馳せ参じ、呑めや謡えと浮かれ出し散会したのは午後三時で、それより数組に分かれ二次会三次会の催しもありたる由」

〈上川支庁長・東郷重清は大正五年（一九一六年）、霊山碧水（現・層雲峡）を探勝、勝地を「天然公園」と呼び二條の夫婦滝に「雄滝」（現・流星の滝）「雌滝」（現・銀河の滝）と命名する。一九二一年、大町桂月が大雪山登山、下山した旭川では連日、東郷と酒を呑み交わしている〉

○旭川中学校同窓会（大正六年八月七日「北海タイムス」）

「旭川中学校第五回同窓会を五日午後三時より旭川翠香園に於いて開会先ず緑滴る庭園において記念撮影あり、次いで佐藤幹事開会の辞、能中学校長の挨拶、山田幹事の庶務会計報告、規則改正二件につき討議、理事改選にて磯部教頭・厚見教諭・高橋耕一氏・茎田教諭の四名を会長指名し幹事十七名の改選ありて後、ビール・サイダー・すしの饗応あり、宴半に余興として北海ウスリ嬢の浪花節を聞き又各自の隠し芸色々あり非常の盛会にて午後六時解散せり」

〈新聞記事の能中学校長は、小泉秀雄の旭川中学校教諭時の校長・能与作である。小泉は一九一八年（大正七年）に制作した「大雪火山彙模型」その他の功によって能校長から感謝状を受けている。儀部教頭は一九〇七年（明治四十年）、生徒を引率して旭岳に登ったとき、「姿見の池」を命名した儀部精一英語教諭である。能校長ともども小泉とは関係が深い。小泉は記事の同窓会にも出席しているかも知れない〉

小泉秀雄作「大雪火山彙模型」

○村上飛行家の旭川歓迎会昨日翠香園で（大正十一年五月十九日「北海タイムス」）

「滞旭中の民間飛行家村上五平氏に対する旭川区後援会の歓迎園遊会は十八日正午より翠香園に開催参会者は区内各方面百余名にて一同中央四阿《あずまや》に集合村上氏に対し金製大メダルに花輪を添え贈呈し各有志の祝辞演説あり直ちに園遊会に移り園内数ヵ所の模擬店は丸サ見番《けんばん》芸妓の斡旋《あっせん》にて大いに賑わい午後一時半散会せり」

〈村上五平は一八九一年、徳島県生まれ。旭川屯田兵の村上永太郎の婿養子となった。だが早くに妻を亡くし一九一八年、上京し羽田の飛行機研究所に入所、一九二一年三等飛行士免許を受ける。翌一九二二年（大正十一年）、陸軍から購入した中古機で郷土訪問飛行を決行、東旭川に着陸し大歓迎を受ける。新聞記事は翠香園で開催された歓迎会の様子である。彼は民間の飛行機研究所開設を計画し、軍部より中古機六機の払い下げを受けて準備をしたが、一九二三年の関東大震災で格納庫に預けた飛行機の全てを失い、養父の死亡もあり、涙をのんで飛行界を離れ、郷里に帰らざるを得なかった。旭川兵村記念館では村上五平の資料を展示している〉

○旭川土木請負観桜会（大正十一年五月十九日「小樽新聞」）

「旭川区土木建築請負業組合の第一回観桜会を十七日一条の翠香園に開く組合員及び芸妓連中は底抜けの仁和加囃を先頭に各々得意の仮装で練り込みかっぽれや鰌掬《どじょうすくい》花見踊りの余興等続出仮装の審査あり丸サ抱え花奴《はなやっこ》の請負師を始め肥汲《こえくみ》、納豆売、一等賞に入り模擬店を一斉に開き解散した」

村上五平の資料

旭川兵村記念館

○奥田氏の披露園遊会（大正十一年八月五日「小樽新聞」）

「旭川松華会華道教授奥田松蘿氏は過日東宮殿下御巡業に際し御寝館偕行社に生花を奉仕したがその証明書は入江侍従長を経て特に贈呈するの光栄を得入江侍従長からその為『絶え間なく風かよふらし涼しげに小單に波立ついその桌摟』の和歌一首を賜られたので氏の門人及び友人一同は相謀《あいはか》ってその光栄を祝し頒《わか》つべく三日午後三時から翠光園で盛大な園遊会を催した集まった人々は友人や門下来賓二百余名発起人鷲山英一氏の開会の辞と和歌の披露来賓を代表して市長代理の祝辞、奥田氏謝辞あって模擬店を開き踊り等の余興が演ぜられて師弟の情誼も濃《こま》やかに同五時散会した」

○翠香園で歓迎会　政友倶楽部主催（昭和二年七月三日「旭川新聞」）

「旭川政友倶楽部主催の郡部と連合、上埜鉄道次官歓迎会は同次官層雲峡視察中止となりたるため時間を繰上げ四日午後二時より翠香園において園遊会をひらくことに変更し別に通知を発せざるを以て旭川市並びに郡部党員の多数出席を望むと、尚会費は五十銭、当日持参のこと」

〈これは上埜安太郎鉄道次官が来旭し、石北線を視察して層雲峡へ向かう予定であったが、日程の都合で中止となったものである。上埜代議士は明治期にも小川平吉代議士（後の鉄道大臣）とともに翠香園を訪ねている。そのとき荒井初一はいなかったが、折から滞在中の兄・初太郎に会っている。初一が一九二八年二月十九日、洗足の別邸で斃れたとき、二十二日の同所でのお別れの式には、小川、上埜は弔問、献花をした〉

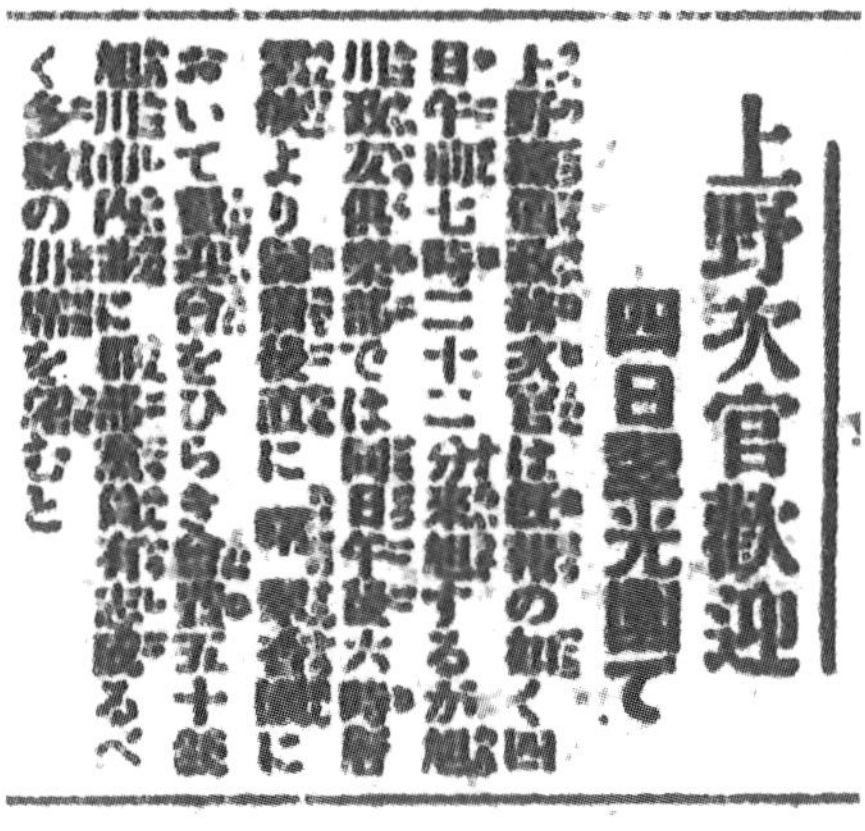
上野次官歓迎
四日翠光園で

上野次官歓迎　四日翠香園で
（「旭川新聞」一九二七年七月三日）

以上、園遊会や催しについて記述したが、必ずしもそればかりではない。なにしろ広い園内のことゆえ事故や事件も起きている。それらの事例の一つふたつを挙げておく。

○二等計手腹一文字（大正七年七月十九日「北海タイムス」）

十八日、翠香園内を巡回中、林間に倒れている男性を発見、警察に通報するとともに旭川病院に担ぎ込み、手当をするも瀕死の状態であった。刃渡り五寸くらいの白鞘小刀で咽喉部を抉り静動脈も切っていた。男性は第七師団留守経理部現役二等計手中村文吉（二十四歳）と判明。官金横領もなく、自殺の要因も不明である。ただ考えられるのは、曙遊郭の娼妓と馴染み、不義借財に煩悶、懊悩の結果、娼妓に心中を迫ったが、断られたので一人で自殺を謀ったのではないか、なおも調査中で記事は終わっている。同人を衛戍病院に移し手当をしているが聞き取り不能、生命もおぼつかないそうである。

○旭川翠香園の植木を盗んで格闘（大正十二年五月二十四日「小樽新聞」）

「旭川市一条通十七丁目大工田屋伊三郎（五十七）は、二十日午前四時頃旭川市一丁目荒井初一所有の一条通一丁目翠香園から、植木一本を窃取して逃走せんとしたところを番人石川新六に飛び掛り格闘を演じていたところを、急報に接し旭川署から武田刑事急行し取押えた。格闘の際新六は治療十日を要する傷害を与えられたので伊三郎は、准強盗及び傷害罪として検事局送り」

このように翠香園は事件や事故もあったが、長く市民に愛用され活用されてき

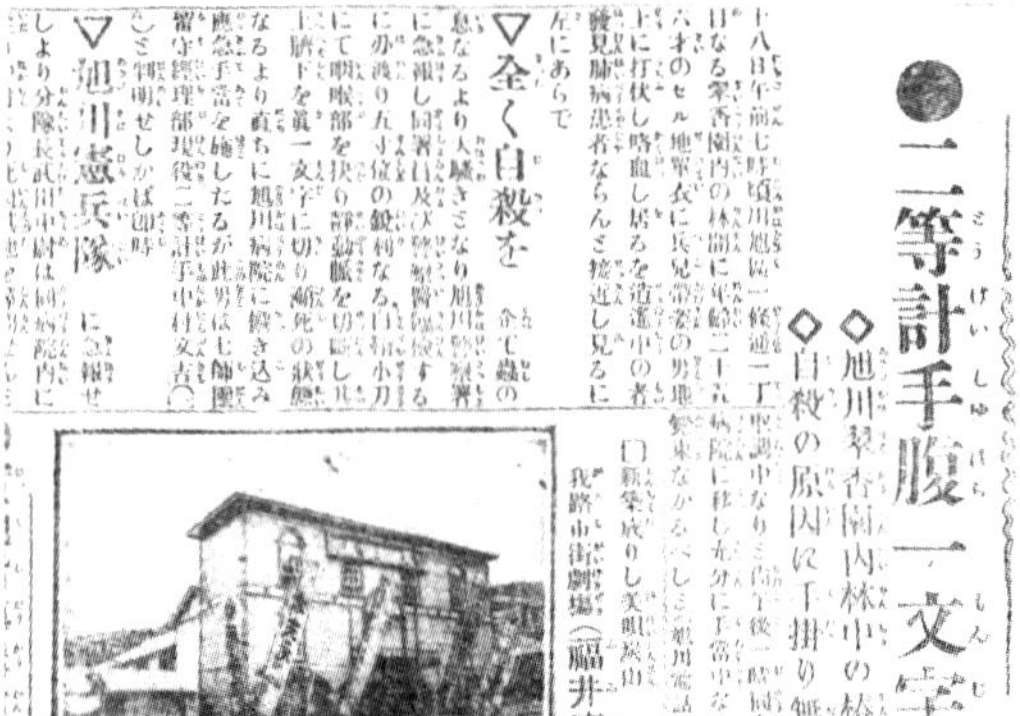
●二等計手腹一文字
◇旭川翠香園内林中の椿事
◇自殺の原因に手掛り無し
▽全く自殺を
▽旭川憲兵隊

二等計手腹一文字（「北海タイムス」一九一八年七月十九日）

た。その昔の大正二年（一九一三年）ごろには絵はがき（八並博文堂）も発行されていた。旭川博進堂でも発行していたようである。隆盛をきわめた翠香園であった、だが今は無い。ではいつまで存続していたのか。明確な資料は見いだせないようであるが、各種の資料から類推すると、本格的に運用されていたのは戦前のころまでと判断され、戦後一九五〇年には敷地を日本国有鉄道に売却されていることからその終焉はそのころであったようである。新聞記事には次のようにある。

○翠香園、旭鉄官舎街に（一九五〇年六月二十二日「北海道新聞」）

「戦前まで市民になじみ深かった私立公園の翠香園（市内曙町）がこのほど旭鉄官舎街に生まれ変わることになった。故荒井初一氏のつくった翠香園は約六千坪の敷地を有して春は桜、秋は紅葉と郷土人の遊園地として明治三十五年以来戦前まで名勝の地としてうたわれて来たが戦時中の食糧難から一部は田畑と化し再建するにも約一千万円を要するので現所有者荒井寛三氏（一条六丁目）が何とか活用の途はないかと考えていたが、たまたま旭鉄が計画中の官舎街建設の宅地として提供することになり約三千七百坪が二百五十万円でこのほど売却されたもの、旭鉄では早速官舎十むね二十戸の建設にとりかかるが翠光園の風致はなるべく原形のままで保存してゆくという」

翠香園、旭鉄　官舎街に

翠香園、旭鉄 官舎街に
（「北海道新聞」一九五〇年六月二十二日）

（三）層雲峡日本百景に入選

大雪山調査会発行の絵はがきのなかに、「日本百景層雲峡」と冠した絵はがき数点が見られる。では百景とはいかなるものか。一九二七年（昭和二年）、東京日日新聞社（毎日新聞の前身）と大阪毎日新聞との共催で、日本八景と百景の選定について全国的な投票募集が行われた。同年四月十三日、第一票を受けつけて以来約四十日、五月二十日締め切り。開票するも数量が膨大なので来信はがきの整理に忙殺される。開票の進捗状況は新聞記事として報道される。記事を見ながら読者は一喜一憂する。開票する側も連日のはがきの洪水に、はがき地獄に陥ったと嘆く。九千三百万もの大それた数になろうとは、社内でも誰一人予想しなかったという。各地各地方地元もそれぞれ作戦を立てて、投票戦にあたった。「平原」は始め票数が少なかったが、締め切り前後に混戦状態になる。人煙希薄な十勝平野の住人が狩勝峠のために十数万票を投じたことは、もっとも驚異的な事実であると報じた。数量が絶対条件ではないとはいうもののやはり数がものをいう。狩勝峠は八景「平原」の選に入った。

こうして海岸、湖沼、山岳、河川、渓谷、瀑布、温泉、平原の各景（投票総数約九千三百四十万票）の投票をもとに審査委員会を開いて新日本八景、二十五勝、百景をそれぞれ決定したのである。

層雲峡は渓谷の部で、長瀞、帝釈峡、長門峡などなどに続いて百景に選出され

『北海アルプス　大雪山旭岳勝景』袋

た。ちなみに二十五勝では瀞八丁、黒部峡谷、御岳昇仙峡など、八景は上高地渓谷である。また山岳の部、八景は温泉岳（雲仙岳）。二十五勝では、立山、阿蘇山、木曽御嶽、白馬岳の四座。百景では、清澄山《きよすみやま》（千葉県、三七七メートル）、信貴山《しぎさん》（奈良県、四三七メートル）、英彦山《ひこさん》（福岡県、一一九九メートル）、高尾山（東京都、五九九メートル）など十八座である。やっと後の方に深田百名山の鳥海山や伯耆大山が出てくる。清澄山、信貴山といわれてもよく分からない。名山の基準というより地元代表である。信仰の山や身近な山、里から見える山であったことが窺える。それにしても雲仙岳が八景の一とは意外の感がある。

審査委員の面々をみるのも興味がある。名誉顧問は、内務、文部、農林、逓信、鉄道の各大臣、顧問は、鉄道政務次官、鉄道事務次官の官僚、審査委員は学者、内務省、文部省、鉄道省の幹部、陸海軍の将官、会社、団体の幹部も委員である。それより興味深いのは、作家、画家、登山家などである。

名を挙げると、本多静六、鳥井龍蔵、田村剛、田中阿歌麿、脇水鐵五郎、小川琢次などの学者のほか、田山花袋、泉鏡花、高濱虚子、河東碧梧桐、吉田絃二郎、菊池幽芳、谷崎潤一郎、横山大観、吉田博、石井鶴三、小島烏水、小暮理太郎などなど、顧問を除いて約五十人に及ぶ。

審査は総投票数の整理が終わった六月十一日午後、審査委員会が開催された。第二回審査委員会は七月三日午前十時より丸の内東京会館にて開催、談論風発、侃々諤々、委員はそれぞれの分野の利益代表の観あり、なかなかまとまるはずがない。上高地は、瀞八丁と一位を争ったが、小島烏水の理路整然、明快な口調で

『日本八景狩勝平野　名所絵葉書』袋

上高地推薦論を展開し、他の委員の同調を誘ったという。

大討論は延々十三時間の激論の末、午後十一時十分、ついに選定を見るに至った。すなわち八景は、海岸「室戸岬」、湖沼「十和田湖」、山岳「温泉岳」（雲仙岳）、河川「木曽川」、渓谷「上高地渓谷」、瀑布「華厳滝」、温泉「別府温泉」、平原「狩勝峠」である。併せて「日本二十五勝」「日本百景」を選定した。今から思えば実に平凡な景観であるが、当時としては画期的な景観であったのだろう。これまでにも日本三景や近江八景など、古来の景観はあったが、今回は投票という新しい視点で選定しようという企画である。

以上、新八景、百景選定に至る経緯を述べた。次は層雲峡の「日本百景」選定に至る経緯である。層雲峡を世に知らしめるには絶好の機会と、旭川を中心にこの投票に参加する。日々の投票の結果は、共催の東京日日と大阪毎日の両紙に報道される。いよいよ締め切りも数日に迫って層雲峡の入選が危うくなってきた。塩谷忠が落胆しているとき、荒井は一計を案じて時の第七師団の斎藤瀏参謀長に頼み込み、十万枚の投票はがきを二日間で師団の兵に書いてもらって、みごと百選に入選した云々…という。

だが塩谷忠曰く、荒井初一の労に報いるためにもぜひとも百選に入選したいと関係者や友人知人に投票を依頼した。しかし現実には自らはがきを購入してまで投票してくれるような奇特者は少なく票は伸びない。思い悩んだ塩谷はとにかく、旭川商工会議所理事・赤石忠助、筆頭書記・岡和田精らに相談を持ち掛け、はがきを購入し、全所員はもちろん議員や諸官庁、鉄道員などに配付し投票を依頼し

狩勝峠　石山から見える景

たが、それでも思い通りの票数に結びつかない。登別（温泉）や洞爺湖（湖沼）は後援会を組織して大々的に投票活動をしている。

締め切り間際になって窮余の一策、妙案が浮んだ。それは当時の旭川市長・岩田恒を通じて、第七師団参謀長・嶋永太郎を動かし、各連隊の特員にはがきを投票してもらった結果、たちまち功を奏して最後の土壇場で見事に入選した。それにはまず自動車ではがきを持ち込み、特員一人四五枚のはがきを書いてもらったという。だが特員とはいかなる立場の人物なのか、また一人四五枚のはがきというのもよく分からない。かりに前述の十万枚とすれば、膨大な動員が必要となる。四五十枚が妥当であろう。それでも二千人を要する。

彼はさらに続ける。そのためには前段が必要であると。すなわち以前からの環境づくりである。旭川市長・岩田は、第七師団に在勤した予備役陸軍少将であったが、荒井初一、笠原定蔵、下村正之助、いわゆる旭川実業界の三巨頭の後援によって市長に当選した。

塩谷は以前からの宿願が功を奏して、一九二四年（大正十三年）九月十一日、層雲峡に第七師団転地療養所敷地（その経緯については「第七師団転地療養所建設記念碑」に詳しい）として移管された。だがその前年の一九二三年九月一日、関東大震災によって復興優先となり予算措置は見送られてしまった。

その現状に塩谷は療養所敷地内に湧く温泉の権利を得ることは将来の温泉開発に資すると判断、そのために療養所の建物を建てて寄付することを思い立った。彼はその旨を岩田市長とともに荒井に進言、数度にわたる会合の末、荒井は寄付

第七師団転地療養所建設記念碑

を了承した。

このように師団とは日ごろから密接な関係があるので、百選投票も依頼することができた。これがなければ入選はおぼつかなかったのである。「日本百景」については、塩谷忠「大町桂月翁を想う（十四）」（『寒帯林』一九五二年八月号）に基づいて記述した。

（四）荒井初一逝く

こうして荒井の寄付による第七師団転地療養所は一九二六年九月、陸軍省の現地視察検分、幾度かの設計変更を経て、一九二七年（昭和二年）着工、翌一九二八年六月二十日にすべて完工した。建物は病室その他付属舎一式二百二十坪、それに上水道、電灯、浴場などの設備などを加えて総経費四万円を要した。換算はむつかしいが今の価値では数億円から十億円になろう。

惜しむらくは寄付者・荒井はその直前の同年二月十九日に亡くなっており、完成の姿を見届けられなかったことである。記念碑の建立は完工翌日の六月二十一日であった。そして七月一日には同所において渡辺錠太郎師団長以下幹部関係者多数出席、盛大な竣工開所式、並びに祝賀会が開催された。娯楽室には寄付者・荒井初一の肖像写真を掲げてその功績を讃えたのである。

荒井初一の死と葬儀については、『追慕記』、『荒井建設百二十年史』に詳しい。

第七師団転地療養所

それらをもとに再現する。

彼は一九二一年、東京市外洗足に二十アール（六百坪）の土地を求めて別邸を建て以後、旭川と東京、半々くらいの生活を送っている。これは生来の病弱の身と子供たちの教育を考えてのことであったという。いつのことかは判然としないが、動脈硬化症で治療に専念、慶応病院の内科に入院するなど健康には万全の配慮をしていたのだろうか。思い起こすまでもなく、手広い生業の経営、旭川商業会議所※会頭としての激務、層雲峡の開発事業の推進、絲屋銀行破綻問題解決に奔走など、無理に無理を重ねた結果であろう、一九二八年（昭和三年）二月十九日、東京の自宅で強烈な脳溢血に襲われ帰らぬ人となる。享年五十五歳であった。

荒井の没した洗足別邸（目黒区洗足）は一九二四年に新築竣工したという。当時は田園のなかの木立に囲まれ、冬温かく夏は涼しい広々とした敷地である。環境に恵まれ、ひとときの疲労を癒すには最適であった。彼は旭川商工会議所※の会頭として上京した際、あるいはその他の用件で出張したときにはこの別邸で過ごすのが楽しみであった。ときには半カ月ほど滞在することもあった。

※注　旭川商業会議所は一九一九年（大正八年）八月、設立認可が下り、十二月に議員選挙・総会を開いて発足した。一九二八年（昭和三年）一月、商工会議所法の施行に伴い四月、旭川商工会議所に改称した。

兄・荒井初太郎もまた、上京した折など公私の別なく宿泊しており、ときには初一と会って歓談することも度々あった。兄弟のみで心置きなく話しあえる場でもあった。屋敷は前庭の奥に八畳三間、六畳一間、食堂、炊事場、浴室があり、家庭菜園もあった。また近くには洗足池があり、その池畔には西郷隆盛と勝海舟会見に関連する史蹟もある。

壮年期の翁（初一）は実に元気であった。生来の胃弱など何処にも見出し得ないほど旺盛な精力を蔵して、フルに活動を続けられた。しかしご自分としてはこの宿痾に対して常に克己自戒を怠らず、また体質的な動脈硬化に対しても過度の激動を慎んでおられたようだ。

五十を越した頃からどことなく疲労感が早くなったといって、よく按摩を取った。顧問医は一条十丁目の木村内科である。これとて特に指摘される症状ではないので、往診に出たついでに立ち寄って、軽く聴診器を当てる程度である。

〝養生とは用心にある〟

要するに翁の日常はこの鉄則を堅守して自己の保健を心がけたもので、洗足の生活もこの観点から選ばれたのであった。

それにしても地元の要望は公私に亘って翁の滞京を牽制して止まず、悠々自適が赦されないままにその都度、東京旭川間の往復が十年近くも続いた。

（中略）

昭和元年（一九二六年）秋から翌年の夏への約一年、周囲の切なる進言を容れて慶応内科へ閉じこもった。

最初の診断は心臓及び肝臓の衰弱に伴う動脈瘤というのであったが、どうも経過がはかばかしくない。そのうちに〝小山式指圧はどうだろう〟と奨める人があ

結婚式＝前列左から荒井初太郎と初一

って施療を受けた処、主治医も奇跡的だというほどに復調して間もなく退院する日を迎えた。

その時の診断は動脈瘤ではなく、緩慢な血脈結滞ということであった。しかし何れにしても引き続き安静第一の状態として注意せられた。

（中略）

二月に入ってからのある日、食後の湯呑を弄びながら、〝したい事はみなして来た・いつ死んでも心残りがない〟と常日頃に似げないしんみりした口調で感懐の一端を洩らされた。〝虫の知らせ〟とでもいうのだろうか、想えばこれが辞世の言葉であったのである。

（中略）

魔の二月十五日。

この日の朝は晴れてはいたが、武蔵野台の梢には粛々と冷たい木枯らしが渡っていた。

その年五つになったいたいたいけ盛りな愛孫勉さんが、正月に上京して来て一家を明るく賑わしている。

〝お昼ご飯を済ましたらみんなで玉川学園へ行って見よう〟

というのが朝の約束であった。

午前中はいつものように茶の間に座って、孫さんに手を弄ばせながら新聞に目を通して過ごしていた翁の様子は、平静そのもので変調らしい影さえ見受けられなかった。

やがて十時過ぎと覚しき頃、何かの拍子で右手を上げた途端の事であったらしい。偶々庭の木立を見回りに出ていた夫人に広岡のおばさん（管理人として定住していた）の声がけたたましく呼びかけた。

〝旦那さんの指先が痺れたようです〟

驚いてかけ寄った途端に唯ひと言

〝大本先生を呼んでこい！〟

と、これが最後の言葉であった。

強烈な脳溢血である。

馳せつけた主治医の大本博士も〝これはひどい〟とただ手を拱《こまぬ》くのみ。

十六日、十七日、十八日、すやすやと深い眠りを貪《むさぼ》る。

かくて十九日午前四時三十分、施す術も尽き果てて深い海底のような沈黙に看護られたまま、再び蘇る願の糸も切れて長嘆息あるのみであった。

臨終の枕頭に侍《はべ》りし者（敬称略）

徳一氏（早大在学中）、ベン子夫人、寛三氏（明大在学中）

巨星遂に墜《お》つ

余りと云えば余りにも一瞬の発作で、凡てが沈黙の内に淬然《さいねん》と逝かれた嘆きは、並み居る御遺族御一同の御心残りの程もさこそと拝察された。

ただ僅かに諦め得るものありとすれば、今はただ何物をも超越した聖者そのものの大往生の御姿で、限りない思慕と尚多くの御期待に忍び難い悔恨は尽きない

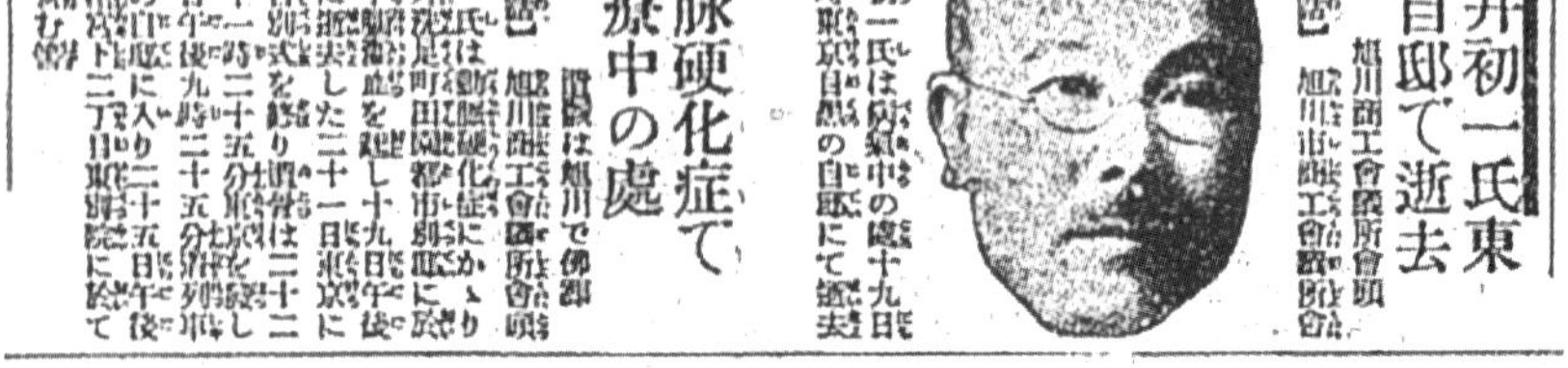
荒井初一氏東京自邸で逝去

動脈硬化症で治療中の処

荒井初一氏東京自邸で逝去（「旭川タイムス」1928年２月22日）

が、観じ来れば生者必滅会者定離の天理に外ならず謹んで古徳を偲び念仏合掌あるのみ。

（以上、『故　荒井初一翁追慕記』より転記）

（五）東京のお別れ式

荒井初一は洗足の別邸で急逝したので、善後策を講ずる必要がある。急変を受電した娘婿・荒井孝忠は旭川から、兄・荒井初太郎は朝鮮から馳せ参じた。喪主・ベン子夫人らを交えて協議の結果、本葬は旭川で執行することになり、遺骸はそのまま奉送することになった。

そして二月二十二日午後二時、洗足の別邸で、東京での最後のお別れ式が厳かに営まれた。

主なる弔問者

小川鉄道大臣、大谷海軍大佐、小林長兵衛氏、堀内簾一氏、他多数

献花、前記諸氏の他、石原、春日、亀岡各代議士、京城・天日常次郎氏、日本興行㈱、等

遺骸は二十二日午後十一時過ぎ、上野駅発。客車一両を貸し切って、斎壇が設けられ、夫人を始め遺族の他、下村晴二氏がつき従う。みちのくの風は寒々と、

北海道の空はまだ真冬の雪に蔽われていた。車中の思い出も湿りがちに、付き添った京城瑞龍寺管長・富士洞然老師の懇ろな朝夕の誦経に導かれて海を渡った。

途中の出迎え

一関にて、荒井孝忠、舘田外行、村田喜太郎

函館にて、泉沢清松、木村清治

札幌にて、笠原定蔵、世木澤藤三郎、石黒清孝、赤石忠助、三箇元次郎、塩谷忠の各氏、

他に旭川別院役僧二名

深川にて、下村正之助、他多数

小樽駅頭では、野口喜一郎、雲井喜太郎、田限仙太郎、宮坂与三郎の各氏

札幌駅では、東政務次官、大谷岩太郎、山口北日編集長など、

かくて二十四日午後九時過ぎ、小川鉄道大臣の供せられた花輪に護られた特別車が、旭川駅に辷りこんだ。

駅頭には岩田市長を始め、市内各方面の名士知己およそ五百人が、吹雪にも関らずお出迎えがあった。霊柩はいったん駅長室に安置され、兄・初太郎氏より御一同へ丁重な謝辞が述べられたのち、そぼ降る雪のなかを静々となつかしのわが家へ帰った。

本邸での準備は、葬儀委員長・沢口善助氏、総支配人・高山孝次氏、友人第一号の下村正之助氏等を中にして滞りなく待ち受けていた。法名を

【至誠院釈徳行】

旭川別院

と号す。輪番大平霊明師の選である。

霊前には東京から運ばれた献花の他、左記各氏から供された薬玉、盛篭、花輪など所狭いまでに飾られた。

渡辺錠太郎第七師団長、旭川商業会議所議員一同、旭川政友倶楽部、北門銀行、樺太林業会社・小田叡治、渡島軌道株式会社、金徳商会・橋本一郎、他に市内各関係会社、栗原源蔵、田中銀次郎、和田村源一、伊藤亀太郎、山田足穂各氏他、また帝国軍人後援会有功会員であった功労に対し、同会北海道支部長・沢田牛麿氏から特に香炉一基が贈られた。

春とはいえ二月の冷え込みは厳しい。

公私の弔問ひきも切らず、しめやかなお通夜の法灯のみ、煌々として更け行く夜の涙を誘う。

（六）葬儀

二月二十六日、いよいよ葬儀の日。正午出棺、喪主以下扈従して霊柩車は斎場旭川別院へ。今日も時おり凍てついた粉雪が乱れ飛んで、雲低く垂れている。今はただ声なき主は、住み慣れたわが家を後に静々と門出した。御輿は白衣に身を清めた社員や組の頭によって担がれ、供養の行列は大高張りや花輪、大鹿花を先にして延々数丁に及んだ。斎壇は本堂正面の阿弥陀如来の懐に抱かれてしつらえられた。山門から本堂に至る参道の両側には、数えきれないほど色とりどりの供花が飾られ、清浄な白雪に映えて、哀愁のなかにも荘厳の気ひとしおであった。
定刻午後一時、輪番大平霊明師厳修のもと、本山特派の事務総長・春日円誠師、札幌教務所長・蕪城賢順師、東京から引き続き供侍した京城の富士洞然老師を始め、市内各宗派の長老侍立、荘重な読経が誦せられた。
弔詞、後記の通り
弔電、四百六十余通
内閣総理大臣・田中義一閣下他　代読・小泉菊太郎
全国各商業会議所並びに会頭　代読・赤石忠助会議所理事
ご焼香、喪主・荒井徳一氏以下、約百三十名
閉式、午後三時。式後、喪主に代わって沢口善助葬儀委員長より、また特に令兄・荒井初太郎氏より、「故人、生前におけるご厚誼を深謝するとともに、後嗣へのご指導賜らんことを懇願する」旨の丁重な挨拶があった。
かくて霊柩は過ぐる三十余年前、歩みきた釣橋通りを振りかえりながら一路、神居へ。
会葬者無慮二千余名。さすがに徳望一世を圧した故人を送るに相ふさわしい盛儀で、市開闢以来の大葬儀であり、事実上の市民葬であった。
さしもに広い本堂も、会葬者で埋められ非常な混雑であった。だが式万端は役員一同の周到な準備によって、滞りなく執り行われる。市の誇る谷内甚角、湊四郎、瀬古退助氏など、ベテランの指示によって、進行にいささかの手落ちはなか

葬儀の写真

った。

弔詞、

旭川商業会議所副会頭　下村正之助
旭川市長　岩田　恒
第七師団師団長　渡辺錠太郎（代読）
農林政務次官　東　武
北海道庁産業部長　内藤晴三郎
小樽商業会議所会頭　磯　野　進
日本赤十字社総裁　道支部　前田　政義
帝国在郷軍人会長　一戸　兵衛（代読）
帝国軍人後援会北海道支部長　沢田　牛麿（代読）
旭川日刊新聞協会代表　田中　秋声
旭川政友倶楽部幹事長　齋藤彌三郎
大雪山調査会代表　山下　直平
糸屋銀行預金者聯合会代表　林　路一
旭川商業組合代表　笠原　定蔵
北海道土木建築請負組合代表　田中銀次郎
旭川請負組合代表　鶴間　礼蔵
旭川酒造組合長　笠原　定蔵
旭川組合銀行代表　壱岐　隼太

旭川別院本堂

市立北都高等女学校後援会長　石崎　鶴吉
旭川肥料株式会社長　笠原　定蔵
旭川市場株式会社長　笠原　定蔵
北海木材会社専務　下村正之助
旭川商事株式会社長　大谷岩太郎
株式会社山田屋商会社長　山田　新
旭川商業会議所理事　赤石　忠助
北海日日新聞社長　大竹　郷朗
県社　上川神社社司　柴田　直胤
大休寺住職　神田　寛量
旭川富山県人会代表　三箇元次郎
旭川建具指物親交会代表　中島　恒造
大谷派別院檀家総代　大谷岩太郎
旭進社橘会代表　鈴木　照治
友人総代　西倉重次郎
朝鮮荒井組総代表　丸山　忠作
荒井商店出身者代表　清水　兵作
荒井家店員代表　木谷　清治

弔辞

農林政務次官　東　武

故荒井初一氏の霊前に申す。君明治二十六年志を立て、郷里富山県を出て旭川に来たり、商業及び土木事業を営み今日の大を成す。

この間、公共に尽くした事跡は枚挙に遑《いとま》ないのであります。其の公共心の発露たるや、単に名を求むるというのではなく、君の至誠の発する処、共存共栄の理に基きて社会事業に貢献したるところ尠なからず、余の平素敬服して措かなかったところであります。

例せば旭川商業会議所会頭として大正十一年以来、その職にありて私財を投じて市商工品発展の為め努力せられたる如き、または糸屋銀行破綻の際、預金者聯合会長として病体をも顧みず奔走し、死期を早むる一因を為すと伝えらるゝは、全く君の至誠の発露に外ならぬのであります。

一面立憲政友会北海道支部幹事として、また旭川政友倶楽部常任相談役として其の党勢の拡張に努力し、昨年中部政友倶楽部の新設を見たる如き君に負う所甚だ多く、爾後旭川市を中心として中部北海道の将来益々多事なるとき、君を喪うことは何よりも痛惜に堪えないのであります。

終りに君は君の一生の大事業である大雪山調査会の事を逸する事ができない。北海道の中心大雪山に巨費を投じて、或は学術研究に、或は勝地層雲峡温泉の開発に今日まで努力せられたる功績は、本道文化史上特筆大書せらるべき

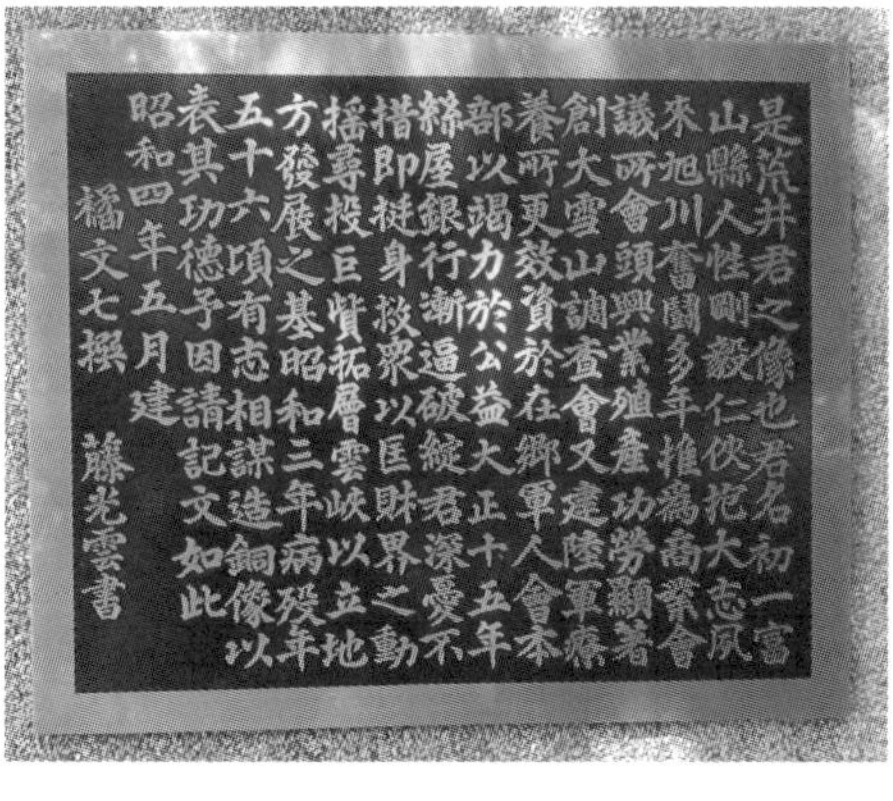

銅像の碑文

荒井初一を慕う有志一同によって層雲峡に銅像建立

ことで、大雪山は君の功業を刻する金字塔であると信ずるものである。
謹んで君の生前を追懐し弔詞とす。
昭和三年二月二十六日

（この項『故　荒井初一翁追慕記』より転記、『荒井建設百二十年史』も同じく転記である）

十、大雪山調査会跡地史跡巡り

荒井建設株式会社

現在の荒井建設本社は新しい土地に建てられたので、大雪山調査会当時の位置ではない。従って大雪山調査会とは無縁である。ただ当時の名残をとどめる遺物としては現本社社屋前庭に設置してある石灯籠がある。この石灯籠はかつて荒井初一が明治三十年代に造園中の翠香園を譲り受けて、完成された私園であるが、そのころ池のほとりに設置したものであろう。

翠香園は戦後の一九五〇年（昭和二十五年）ごろまであったが、その後、国鉄に買収されて終焉した。そのとき石灯篭は社長・荒井寛三の邸宅の庭に設置されたが、二〇〇八年（平成二十年）、邸宅の取り壊し時に同社の前庭に再移設されたのであった。こうしてみるとこの石灯籠は、荒井初一、荒井建設の歴史を物語る貴重な文化財と云えるのではなかろうか。

層雲閣

層雲閣は層雲峡中でも最も古い施設であり、その歴史は層雲峡の歴史そのものと云っても過言ではない。その歴史をたどれば優に一冊の本になってしまうであろう。ただ残念なのはたび重なる取り壊し拡張によって多くの資料を失ってしまったことである。それでも見るべきものはあり、往時をしのぶよすがになる。先

石灯篭

荒井建設本社

ずは一見、大雪山調査会跡地巡りには欠かせない最重要な施設である。

層雲渓駅逓所

一九二三年（大正十二年）、層雲閣は温泉奥地の宿泊地としての価値が認められ「層雲渓駅逓所」の許可が下りた。駅逓取扱人（運営者）は荒井初一の娘婿・荒井孝忠であった。

駅逓所は北海道開拓使時代の制度で、交通補助機関としての宿泊所、人馬継立所、貨物の輸送及び中継所、なかには郵便取扱所としての機能を有する施設である。国より経費が支給され、運営は民間に委託された半官半民の制度で、最盛期には全道で二〇〇ヵ所以上設置された。一九四六年（昭和二十一年）、制度を廃止する。

さて層雲閣は駅逓所の許可が下りたことによって、より充実を図ることができるようになった。本来、駅逓は中継所であり、次につながらなくてはならない。だが当時の層雲閣は行き止りであった。実は層雲渓駅逓所の許可と同時に忠別渓駅逓所（松山温泉）が許可されている。取扱人は松山温泉主・松山多米蔵であった。忠別渓も同じく行き止まりであったが、この二つを結ぶのが山岳道路である。松山温泉から旭岳は表登山口としてルートはある。層雲峡は一九二三年（大正十二年）、黒岳への登山道が開かれ、石室も建てられた。縦走路も整備された。同時に姿見の池にも石室が建つ。

このようにして体制は整ったが、実際に活用された形跡はない。だがそれより

層雲渓駅逓　白露の漫画

官設層雲渓駅逓

両駅逓所にとっては許可が下りたこと自体に価値があったと見るべきであろう。一九二八年、「層雲峡駅逓所」と改称される。一九三五年に廃止された。一方の忠別渓駅逓所は一九一七年、「天人峡駅逓所」と改称。一九四七年に廃止されているが、層雲峡とは年代の差異がある。

登山橋

黒岳沢出会いに架かる橋が登山橋である。一九二四年、北海道山岳会がここから登山道を造成したのでこの名がある。その後、登山道一帯に温泉旅館やホテルが建てられたので、登山道は少し上流のロープウェイ対岸、層雲峡神社からの登り口に改変された。

荒井初一像

層雲峡開発の功労者・荒井初一を顕彰して一九二六年、登山口近くの暎月橋そばに田村審火彫刻による全身像が建立された。しかし第二次世界大戦中の一九四三年頃、金属供出のため取り壊された。敗戦後の一九四九年、中野五一の制作による胸像が荒井建設三代目社長・荒井寛三によって、全身像の台座の上に再建された。その後の一九五四年、バスセンター開設により現在地に、新しい台座を造成して移転、今日に至っている。碑文も当初は漢文体で表示されていたが、新しい台座では読み下して訓読にした碑文なので、読みやすく分かりやすくなった。

荒井初一像

登山橋

蓬莱閣跡

蓬莱閣については写真や案内図もあり、存在は明らかである。菊谷清蔵・編集発行する『層雲峡温泉小唄』（一九二八年）の広告には、「層雲峡塩谷温泉割烹蓬莱閣温泉浴場あり風光明眉」とある。ところが不思議なことに具体的な文献がないのである。案内図や写真との比較などから類推すると、現在の層雲峡園地であることが分かった。

石狩川左岸の層雲閣に相対して右岸に蓬莱閣が建てられる。川辺に温泉浴場、山側に割烹旅館があり渡り廊下で繋がっていた。一九二七年、完成したばかりで開店前の蓬莱閣が、大雪山夏期大学の会場として使用される。夏期大学は七月二十九日～三十日・旭川市大休禅寺、八月一日～五日・層雲峡の蓬莱閣。主催・北海タイムス社、大雪山調査会、後援・北海道山岳会。講師は野口雨情、馬場孤蝶、河野常吉らであった。その間に層雲峡探勝、大雪山黒岳登山も行われている。

大町桂月記念碑

碑は石狩川右岸の層雲峡園地にある。碑は三度所を変えて現有地に落ち着いた。だが温泉街は左岸に発達しているので、訪ねる人が少ないのは惜しい。

桂月荘

桂月荘は一九五九年（昭和三十四年）、旧国鉄職員の保養施設として旭川鉄道管理局の経営で創業された。桂月とは無関係であるが一九二一年、桂月が層雲峡を

蓬莱閣温泉跡地

探勝したこと、層雲峡の名付け親であることからの命名であろう。施設は四十名の収容であるが、空きがあれば一般にも開放されていた。

桂月荘は一九七九年、火災により焼失し再建が危ぶまれていたが、国鉄共済組合層雲峡保養所「桂月荘」として建物総面積一七三二平方㍍、和室十八室、洋室二室広間一室、収容能力も七十四名になり一九八二年に再建営業した。『上川町史』（一九六六年、上川町）によると「国道三九号線に沿って流れる石狩川に架かる吊り橋を渡り、自然に囲まれた閑静な温泉宿であり、澄んだ空気、石狩川の心地よいせせらぎを聞くことができる場所であり、情緒あふれる温かい雰囲気は、連泊のリピーター、若者の心を捉える。宿泊者は層雲閣グランドホテルの温泉に無料で入浴できるのも好評である」とあり、なかなか好評であったことが分かる。

その後、桂月荘は一九九五年（平成七年）、層雲閣グランドホテルに譲渡され、同ホテルの姉妹館として再出発したが二〇〇五年に幕を閉じた。今は取り壊されて更地になっている。

左岸の桂月荘に渡るために「かつら橋」という吊り橋が架っていた。今も橋はあるが通行禁止である。橋の名「かつら」も桂月の桂であるが、無関係とはいえ、桂月の名が消えていくのは寂しい。

第七師団転地療養所建設記念碑

記念碑は一九二八年（昭和三年）六月二十一日、第七師団転地療養所（敗戦後、廃止になり一九四七年、日赤旭川病院層雲峡分院となる）横に設置された。一九五

桂月荘跡地。橋の向こう右側辺り

かつら橋

三年、旭川日赤病院層雲峡分院は、旭川日赤病院層雲峡診療所として運営していたが一九九九年（平成十一年）に閉鎖。二〇一四年に取り壊されて、現在は更地になっている。

碑文の大要は、一九一五年（大正四年）ごろ、第七師団軍医・植村秀一、師団出入りの新聞記者・塩谷忠が転地療養所設置を進言、以降、数年にわたる第七師団の識者や技術者の現地調査によって、療養所として適地であることを確認した。温泉の譲渡を受けた荒井初一も設置に同意。なお荒井は療養所の建物の寄贈、さらに上川から療養所に通ずる道路、架橋費も負担することになった。かくして一九二八年（昭和三年）六月二十日、工事全般竣工した。寄贈建物は病室その他付属舎一式二二〇坪、これに上水道、電灯、浴場などの設備を加え、総工費約四万円を要した。ここに記念のために経過の概要を誌す。

所内には荒井の功績を讃えて肖像写真が掲示されている。同年九月三十日十一時から、盛大に開所式が開催されているが、彼は直前の同年二月十九日、脳溢血で死去しており、出席は叶わなかった。式典には渡邉師団長を始め、軍の幹部三十余名、岩田旭川市長、近藤上川支庁長、上川村長、新聞記者のほか有志合わせて百余名。荒井家からは娘婿・荒井孝忠が同家を代表して出席し、渡邉師団長から表彰状を受ける。

式典終了後は正午から層雲閣で午餐会が開かれたが、これもまた極めて盛会であった。

塩谷水次郎建立碑（「記念」）

碑の名称はただ「記念」（四十五ページに収録）とあるだけでこれだけでは何の記念か分からないが、説明によると

「文久元年、栃木県塩谷郡三依村に生まれる。性剛健、明治二十七年、北海道夕張郡由仁に移住す。後、愛別（注・上川町共進）に転じて専ら開拓に従事す。同三十三年二月、倅小椋長蔵と共に食料携帯、石狩川上流仙境に於いて、塩谷温泉を発見、一意専心事業を完成せり。大正十三年八月　塩谷水次郎建之」

とあり、記念（碑）の趣旨が分かる。場所は塩谷家の宅地裏の山手、柴田勇の私有地である。

要するに建立者・塩谷水次郎の出生を述べ、塩谷温泉発見の経緯を述べたものである。塩谷水次郎の経歴については、他の文献とは相違があるが、この件については他の章に述べているのでここでは触れない。

大雪山荒井岳

大雪山大噴火口周縁の一峰で標高二一八三㍍、大雪山開発の功労者・荒井初一を記念して命名された。だが荒井初一が登頂した形跡はない。けれども一九二四年（大正十三年）六月三十日、黒岳には登頂した。彼唯一の登山である。

荒井川

石狩川右岸、本流に注ぐ支流に荒井川がある。川名は荒井初一に基づく命名で

夏の荒井川

ある。その謂れは、もともと無名沢であったが、層雲閣の自家用として「層雲峡発電所」を設置したことによって荒井川になった。発電所は一九二八年（昭和三年）七月十七日より使用開始。その後、設備の拡張を行い、層雲峡全体へ電気の供給をしており、公共的な電気事業となった。

だが一九四四年七月十八日の大降雨によって設備は壊滅し、再建されずに十六年間の運用を終えたのである。今もこの川を一名「電気の沢」と呼ぶ由縁である。

※本項については『荒井建設百二十年史』三七五ページに詳しい。

荒井橋

上川町清川地区国道39号線、河川名「ニセイケシュオマップ川」に架かる橋に「荒井橋」という橋がある。橋長11メートル、橋員8・5メートル、形式はRCT桁構造である。竣工は、昭和三十七年（一九六二年）八月である。橋の名称は、層雲峡の開発と発展に尽くした荒井初一の功績を讃えて命名された。もちろん初一の没後であるが、彼の功績は今も生きている証明である。

高山橋

同じく荒井橋の沿線に「高山橋」がある。荒井組（荒井建設の前身）の古参幹部「高山岩五郎」から命名された。河川名「ニセイノシキオマップ川」、橋長19メートル、橋員12メートル、形式はPCホーロスラブ構造である。

※本項についても荒井橋ともども『荒井建設百二十年史』二五六ページ以降に詳しい。

高山橋

荒井橋

翠香園跡（門柱）

翠香園は荒井初一の造成した私園であるが、一般市民に開放していたようである。所は旭川商業学校（現・旭川商業高等学校）の隣地にあった。かつて通用門は翠香園側にあって、現在も門柱が遺されている。翠香園については、『故 荒井初一翁追慕記』（一九五七年、山田 新著）にも記述がある。翠香園自体は今は跡形もない。

※翠香園についてては別項「荒井初一の生涯」に詳しく記述した。

門柱には北海道旭川商業高校の校名が掲げられている

旭川商業高校前に残る翠香園門柱

十一、謎の人物　奥村天酔のこと

　奥村天酔は大雪山の歴史の主流には登場しないが、調べていくうちに看過できない人物であることが分かってきたので、記述をしていきたい。彼は塩谷忠の友人であり、かつ層雲峡や勇駒別に遊び、大雪山旭岳や黒岳にも登頂している。それを見るだけでも看過できないことが分かる。大雪山調査会との直接のつながりは認められないとしても、何らかの関係はありそうである。ではまず彼の生い立ちを辿ってみよう。

　奥村常次郎（天酔の本名）は一八七九年（明治十二年）十二月一日、岩手県二戸郡鳥海村大字〇法寺稲荷二十四に生まれた（典拠、以下同じ『白堊同窓会会員名簿』）。一八九六年、岩手県立盛岡中学校（白堊校）に入学、乙組に編入される。二年後に石川啄木が入学している（『金田一京助物語』）。一九〇〇年、盛岡中学校を中退。五月一日、岩手県一戸小学校に教員として奉職。その間、結婚し男子二人を儲けた。だが三年にして夫人を亡くす。以後、彼は生涯、妻帯をしなかった（「佐藤春覚師」）。

　一九〇四年、岩手県一戸小学校を辞す。同年十一月、岩手県師範学校同人誌、詩文集「花摺草」に、奥村天酔作の漢詩五篇と俳句二十句が収録される。その頃に天酔の号を用いたようである。その後、天酔は行方不明となる。放浪生活の始まりである（「佐藤春覚師」、『岩手県師範学校同人誌』）。

一九〇八年（明治四十一年）三月三十一日、北海道小樽区立花園小学校に教員として奉職。花園小学校教員、奥村天酔宅を会場として、小樽俳句会の研究集会が行われた（『花園小学校開校七十周年誌』「小樽の俳句」）。

一九〇九年六月十一日、早くも花園小学校教員を辞す。夏になればまた放浪か（『花園小学校開校七十周年誌』）。

同年九月二十日、『小樽新聞』に入社する（『北海道、樺太の新聞雑誌』）。翌一九一〇年、「小樽新聞」年頭の一月一日（土）の社員挨拶広告に奥村常次郎の名あり、その他に記者、沢田天峯（信太郎）、佐田鴻鐘（庸則）、本田竜（荊南）などの名がある（「小樽新聞」）。

一九三二年（昭和七年）、盛岡中学校時代の同級会に出席する（「盛岡県立図書館資料室」）。この年までの二十余年は九州と北海道の放浪だったという。

一九三四年四月十六日、丸の内鉄道協会で行われた第四十六回新岩手人の会例会に出席する（『新岩手人の会』第四巻五号）。同年秋、北海道層雲峡白雲荘「層雲峡之賦」の一篇漢詩を詠む（この一大詩編は全国的にも類例をみない豪放闊達な力作であると）（『上川町史』）。

一九三六年一月〜九月、『新岩手人の会』第六巻一〜九号に、画論「至上風景観」を八回にわたって連載した。

一九三六年八月、北海道石狩國上川郡層雲峡層雲閣白雲荘に落ち着き、『層雲峡小函』の制作に着手する。漢詩・天狗轜確岩、天柱峯の二篇を詠む（『新岩手人の会』第六巻八号、『上川町史』）。

一九三七年二月、「箱根」を描くため、神奈川県箱根町塔之峰阿弥陀寺方に滞在（『新岩手人の会』第七巻二号）。

一九四〇年（昭和十五年）七月中旬、天酔と野口雨情、二人して旭川で頒布会を開く（天酔画「層雲峡昇旭図に雨情の讃ある紙幅あり、この年の作か」）（塩谷忠蔵）。

一九五二年秋、秘境神居古潭に遊び、龍潭山頂にたつ夢殿観音を拝して感懐を神皇寺に寄せる。また境内の景も写す（龍潭山神皇寺蔵）。

一九五四年初冬勇駒別に遊び、漢詩「旭岳の雪景」を詠み、俳句一句を残す（『郷土を拓く人々』）。

一九五八年三月二十四日、東京都千代田区丸の内工業クラブにて、金田一京助、郷古潔ら郷党の肝いりにより「奥邨天酔個展」を開催する（『一戸町史』、「佐藤春覚師」）。

一九五八年五月十五日、旭川市二條三丁目左三号塩谷忠宅を訪ねるが、折しも忠氏の葬儀の最中であったので、天酔動転し戸口に佇む（塩谷忠一八九四～一九五八、塩谷拓）。

一九六〇年（昭和三十五年）六月九日、福岡県飯塚市柏の森にて清貧の生涯を終わる。時に奥邨天酔八十二歳、まさに漂泊に明け暮れた生涯であった（『一戸町史』）。東京の金田一京助先生から父・塩谷忠宛に葉書が来た。奥村天酔が九州で孤独に死んだという知らせだった（塩谷拓）。


奥村天酔の経歴について分かっていることは、前記のようなところである。と

神皇寺

龍潭山頂から麓に移設された夢殿観音

ころで金田一京助は人も知る有名な学者である。その金田一と天酔は盛岡中学の同級生であった。金田一曰く、以来無縁に過ぎていたが、今から二十年ほど前、金田一家の玄関先へ、着流しの老人が「奥村ですが……」と突立った日から始まる。その半白の老人を一と目見て思い出したのは、盛岡中学の同級生奥村君の顔であった。一別三十年ぶり、さっそく招じ入れて話を聴く。

金田一京助（一八八二～一九七一）は言語学者。盛岡生まれ東大・国学院大学大学教授。アイヌ語・アイヌ文学の研究を開拓。石川啄木と親交があった。著『ユーカラの研究』『国語音韻論』など。文化勲章受章。

話は中断するが盛岡中学の同級生・天酔、金田一のほかもう一人、著名な同級生がいる、野村胡堂（一八八二～一九六三）である。胡堂は小説家であり、人物評論家、クラシック音楽評論家である。小説としては『銭形平次捕物控』がよく知られており、二十六年間三八三編を著した。文献やレコードの収集家としても著名である。「武鑑」六〇〇冊を含む古典籍九六〇〇点は、東大史料編纂所に寄贈、レコード一三、〇〇〇枚は東京都に寄贈された。金田一と胡堂は生涯の親友で、胡堂の死去には葬儀委員長を務めている。

閑話休題、天酔の情報から胡堂との関連は資料からは確認できない。けれども盛岡中学はなかなかの名門であることが分かってくる。さて金田一が天酔のことを書いているので、要所を以下に引用する。

金田一京助

奥村天酔のこと　―今の世の仙人―

冬は耶馬渓で暮らし、夏は層雲峡でと、天下に家なく、職なく、財産もなければ、定収入もなし、もちろん、酒も飲まず、タバコも吸わず、女色などは全然目もくれず、好むところは天然自然の山川風物、日本中の名山大澤は殆んど知らない所がない。霞でも食って生きてでもいるような人物――それが奥村天酔という畫人、且つ漢詩人である。

宿賃に、畫いては置いて行くはずの傑作が、多分、耶馬渓や、層雲閣ありたりに、澤山あることと思うが、私はまだ、足その地を踏んだことがないから、見ていない。見たのはただ、ある年、家族を連れて、仙石原の俵石閣へ泊まった時、あっちの部屋にも、こっちの室にも、同じように見事な黒一色の軸が掛けてあったのを、繪を見ることの好きな私が、何の気なしに近寄って見ると、その落款が、どれもこれも奥村天酔とハッキリ讀まれ、思いがけない所で故人に逢ったようになつかしかった。こないだ天酔にその話をしたら、微笑して、もう今から三十年も前に、伊豆から箱根へかけて放浪していたことがある。その時分の繪だろうと、奥湯河原の瀧などの、今より遙かに水量の多かった頃の有様を語って委しかった。

白髪童顔というのか、本當に頭は真白だが、顔はあから顔で、目が少しぴかぴかするのを家内などは恐いというが、人柄はごく好い。遠慮がちで、控え目だから、いつも損ばかりしていて、平気なのには又驚かされる。ちょっとしたことで、とんだムダ足をしても、そんなことは全く意にしない。脚の達者なことは、少年のようで、北海道の中央大山脈を、大雪山だの、層雲峡だの羽衣の瀧や、大函、小函を縦横に下駄ばきで跋渉している。

　気に入った山水を見て、見とれて、筆を執って無心にそれを畫いてさえ居れば、欲も寶もなく、その畫き方と言ったら、微に入り細に亘る根気が、青年に變わらない。誰について學んだかと訊けば、自分で勝手に畫き出したというし、師が無いのかと問うと、自然が我が師だという。全く、何流も何派もない、永年畫いて畫いて自分で発明した墨繪で、南畫でもなければ北畫でもなし、綿密な写生畫である。この數年來、彩色をしたものをも畫き出してはいるが、永年かかって開いた墨一色の水と岩との嚙み合う激流や瀧の繪は、天下一品の傑れた繪のように思う。

（以下略）


　以上、奥村天酔の生涯と実績について、分かる範囲で記述した。彼の人生から連想するのは、同じように世捨て人となって自由気ままに放浪をした人物、種田山頭火（一八八二～一九四〇）と、尾崎放哉《ほうさい》（一八八五～一九二六）である。二人ともに自由律俳句を作り、句集や全集も上梓された。『広辞苑』にも立項され評価も定着した。

　一方の奥村天酔（一八七九～一九六〇）は、山頭火や放哉よりも早く出生し、長生した。彼ら二人とは時代を共有し、生き方も共通したところが多い。金田一京助は天酔の実績を高く評価した。彼は漢詩人であり、山岳画家である。それらの評価が彼の実力であるならば、彼ら二人より勝るとも劣らないはずである。ところが現実には一方は評価され、天酔は無名のままに終わっている。突然のブレ

種田山頭火

尾崎放哉

ークもあり得ないとは云わないが、その実現はほとんどゼロに近い。ではその格差は何か？　それはすなわち知名度の差であろう。

　では知名度の格差の原因は何か？　それは著名人の評価や共鳴、理解とともに社会へ広く知らしめようとする熱意の表明であろう。それらについて事例的に述べよう。

　まずは種田山頭火から。俳人・金子兜太（一九一九～二〇一八）は、現代俳句協会名誉会長、日本芸術院会員、文化功労者である。また山頭火研究家であり、著書『種田山頭火　漂泊の廃人』（講談社現代新書、一九七四年）がある。

　村上護（一九四一～二〇一三）は文芸評論家であり、俳人でもある。山頭火、放哉など放浪の俳人の評伝など著書多数。『放浪の俳人　山頭火』（講談社、一九八八年）はベストセラーになった。山頭火はまたテレビドラマや漫画にもなっている。

　次は尾崎放哉。東大卒、保険会社の要職から、一切を捨てて放浪生活に入り、自由律俳句を作った俳人。放哉を描いた作品には、吉屋信子『底の抜けた柄杓　憂愁の俳人たち』（新潮社、一九六四年）。吉村昭『海も暮れきる』（講談社文庫、一九八五年）は、一九八五年、テレビドラマ化されている。

　村上護『放哉評伝』（春陽堂、二〇〇二年）、大瀬東二『尾崎放哉の詩とその生涯』（講談社、一九七四年）がある。小豆島には「尾崎放哉記念館」がある。

　山頭火、放哉ともに荻原井泉水（一八八四～一九七六）の門下生である。井泉水は東大卒、季題無用の新傾向俳句を提唱し、自由律俳句をつくる。俳句結社「層雲」を主宰、俳誌『層雲』（一九一一年）を出版。この命名は期せずして「層雲峡」命名（一九二一年）の先駆けとなった。

井泉水と放哉とは師弟の間柄というより、同じ東大卒の同窓生であり、歳も違わない。その関係の親近感がある。お互いに特別視するのも当然であろう。放哉は井泉水の京都の別宅を借りて住まったこともある。

少々本道から外れたが軌道修正をして、前掲のように山頭火、放哉には著名人の周知活動によって、広く知名度が上がったものと考えられる。一方の天酔は金田一が前述のように評価したが、それだけでは不足で、一般の著名人が無視したというより、知らなかったのが実態ではなかったか。

それはさておき天酔が漢詩を作り始めたのは中学時代、漢文の教師に作詩法を教えてもらって以来という。漢詩もいろいろな型式があるそうだが、彼はそれもわきまえた上で作詩法を修得した。天酔は「層雲峡」「阿寒湖」「摩周湖」などの漢詩をつくり、それらの作品を金田一に送っているが、彼の見たところ、どれも大した作品であるという。そうしてその一部を紹介しているが、ここではそれではなく、『上川町史』や『大雪山のあゆみ』に掲載されている、層雲峡に馴染みの「天柱峰」を詠んだ漢詩があるので紹介する。

天柱峰　奥村天酔

鐵鑿擘岩山勢豪　一峰特立抽雲濤

衆來八万金剛力　隻腕支天石柱高

鐵鑿《てつさく》岩を擘《つんざ》いて山勢豪なり　一峰特立して雲濤《うんとう》を抽《ひ》く
衆來す八万金剛力　隻腕《せきわん》天を支えて石柱高し

天狗輾碓岩

怪力束岩天表擎　雲過山腹半空横
未知天狗何時輾　和水只聞仙籟声

怪力岩を束ねて天表に擎《ささ》ぐ　雲は山腹を過ぎて半空に横たわる
未だ知らず天狗何れの時にか輾《きし》く　水に和して只聞く仙籟《せんらい》の声

神居古潭に神皇寺（住職・大西智良）という寺があり、天酔が宿泊したことがある。そこには天酔の書いた漢詩の掛軸、直筆の日本画も所蔵している。それは貴重な一品であり、まさに一見の価値ありである。

いずれにしても彼の経歴や行動をみるとき、塩谷忠との繋がり、層雲閣に宿泊、層雲峡の漢詩など、層雲峡との接点は多い。そう思うと何らかの形で大雪山調査会との共通点もありそうである。ただ調査会活動の全盛時には、彼は放浪中でありよくわからなかったはずである。もし知っていたとすればそれは塩谷忠を通じて知っていたことになろう。

※本項「奥村天酔」については芦田孝氏の情報提供によるものが大半である。

奥村天酔の書を見る大西住職

あとがき

　ようやく大雪山調査会一〇〇年の歴史を書き終えることができた。とはいえ新しい情報もなく、未知の資料も見いだせず、過去に筆者の集めた断片的な資料を編集し直したというのが実情である。だが現在、もっとも詳しい書物としては『荒井建設百二十年史』である。初代社長・荒井初一、すなわち彼は大雪山調査会を起ち上げ、自ら会長になった。従って荒井初一を語るとき、大雪山調査会を無視できない。荒井初一の葬儀において、弔辞を述べた農林政務次官・東武は、大雪山調査会の事業を高く評価し、その功績を讃えた。

　同書『荒井建設百二十年史』社史編纂室長・播磨秀幸氏は、荒井初一の本業と関連事業の業績とともに、その他の公職、家族、趣味に至るまで詳しく記述する。層雲峡では一章を設けて、層雲峡温泉と層雲閣、大町桂月の登山、層雲峡の開発、大雪山調査会設立と活動など、微に入り細に亘って記述、それだけで一冊の本になるくらいの分量である。

　筆者も同書から大いに活用させていただいた。活用したくなくても伝えたいことは同じなので、結果的には大同小異になってしまうのである。ただ『荒井建設百二十年史』では、社史の一環として「大雪山調査会」を描いているのに対し、『大雪山調査会創立一〇〇周年記念誌』では、「大雪山調査会」そのものを対象としているので、焦点が少し違うことになる。とはいっても基本となる情報資料が同じなので、前記したように発信もまた大同小異である。

そのなかで新しい情報資料としては「奥村天酔」を採りあげたことである。天酔についてはこれまで漢詩では『大雪山のあゆみ』などに記載され、よく知られていたが、彼の経歴について語る資料はなかった。このたび資料が入手できたので、一項を設けて掲載した。大雪山調査会とも何らかの繋がりがあると思われる。

主な文献資料（発行年順）

小泉秀雄『大雪山　登山法及登山案内』一九二六年、大雪山調査会
河野常吉『大雪山及石狩川上流探検開発史』一九二六年、大雪山調査会
塩谷忠「大町桂月翁を想う」一九五一～二年（旭川営林会機関誌『寒帯林』に十四回連載）
大雪山調査会編『層雲峡　大町桂月記念号』一九五二年　大雪山調査会
山田　新『故　荒井初一翁追慕記』一九五七年　山田　新
層雲峡観光協会（石田三雄）編『大雪山のあゆみ』一九六五年　層雲峡観光協会
都竹一衛、青野績『上川町史』一九六六年　北海道上川町
上川町教育委員会『上川町の郷土史蹟』一九八二年　上川町教育委員会
舘田外行『回顧録　牛と夢』一九九〇年　舘田芳郎
清水敏一『知られざる大雪山の画家・村田丹下』二〇〇三年　北海道出版企画センター
清水敏一『大雪山の父・小泉秀雄』二〇〇四年　北海道出版企画センター
笹川良江編『大雪山国立公園生みの親　太田龍太郎の生涯』二〇〇四年　北海道出版企画センター
清水敏一『大町桂月の大雪山』二〇一〇年、北海道出版企画センター

今井勝人『蚊遣り』二〇一一年、今井勝人
播磨秀幸『荒井組　慰霊碑建立調査報告書』二〇一二年、荒井建設㈱協力
東川町編『大雪山　神々の遊ぶ庭《カムイミンタラ》を読む』二〇一五年、新評論
荒井建設㈱社史編纂室（播磨秀幸）『荒井建設百二十年史』二〇一九年　荒井建設株式会社

未発表原稿

山岳雑誌『ケルン』と加納一郎

『ケルン』は朋文堂発行の山岳雑誌である。戦前の一九三三年（昭和八年）創刊、格調高い山岳雑誌として好評であったが、惜しまれながらも一九三八年六〇号をもって休刊する。吉沢一郎によると、同誌は孤高の雑誌であり間口が狭く、一般人に受けなかった。従って販路が拡がらず、販売部数が伸びなかったのが休刊の一因であろうと推測する。

それではここで改めて『ケルン』の系譜についてまとめてみる。

第一次『ケルン』一九三三～一九三八　六〇号　加納一郎が中心になって編集、四〇号あたりから諏訪多栄蔵が編集に加わる

第二次『ケルン』一九五八～　七号　編集同人・山崎安治、瓜生卓造、近藤等、安川茂雄らが再刊

第三次『ケルン』一九六五～　八号　『山と高原』を『ケルン』と改題して再々刊したが、朋文堂の解散とともに終刊

そのうち第一次『ケルン』をアテネ書房が復刻発行した。お蔭で幻の雑誌が一般に読めるようになったのはありがたい。同誌には編集者・加納もよく寄稿している。第十三号（一九三四年六月号）に、「官製山岳会」という一文がある。執筆者は「森昭二」とあるが、これは加納一郎の筆名である。内容はきわめて興味深いので、ここに全文を引用したい。

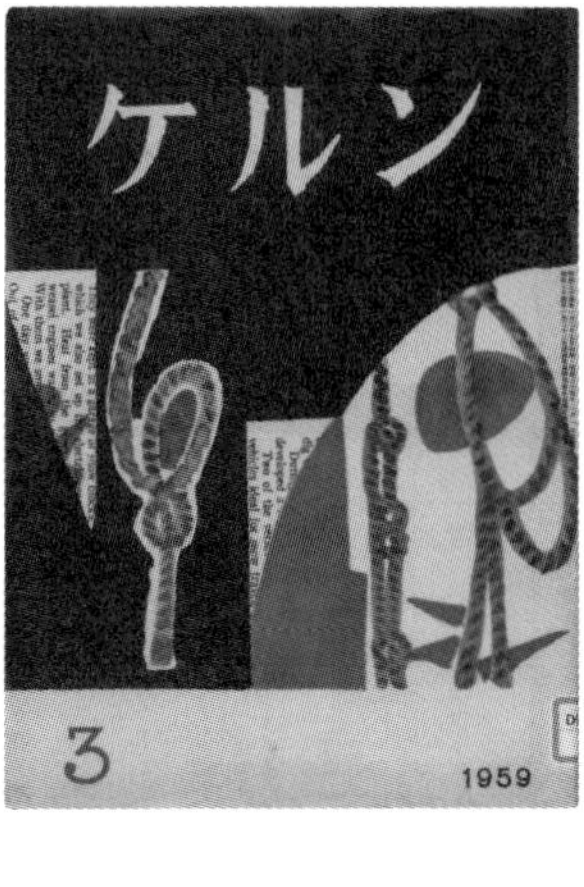

『ケルン』3

『ケルン』3　復刻版

官製山岳會

森　昭二

北海道山岳會――この山岳會まだあるかどうか。近頃のことあまり知りません。あっても名前が残っているだけでしょう。いわば過去の存在で、今日の盛大な會とは顔を並べる資格は多分なかろうと考えますが、それでも一寸誌しておきたいことがあるのです。それは僅に二年ばかりのうちに、一萬五千圓もの金を費った山岳會というのはあまり例がなかろうという譯で。

たしか大正十一年から二年ごろのことだったのです。北海道廳長官が宮尾舜治氏、後藤新平さんの系統の人で、だから若干變ったことをやった。例えば夏休みに内地の學生を北海道の牧場や測量事業などに働かせて拓殖の一端にするというので大仕掛な勧誘と紹介を試みたというような人、この人の下に稲葉健之助という土木部長があって、これがまた拓殖開發の一策として山岳會を興そうという案を立てて――稲葉という人は長野縣在任中に信濃山岳會の組織に干與したことがある、そういう所から出た案で――長官も非常な力の入れ方。最初の年に道廳からの補助費で金一萬圓なりが計上され、関係官廳學校や地方有力者を漏れなく役員に抱擁するという大ゲサな官製山岳會ができてしまった。できてしまったが、お役人のうちに山を知っているものは一人もない。林務課の連中とて多くは樹を伐ることは心得ていても、ヤマノボリなど目の上のコブか何ぞのように思ってました。だから計劃に参與したうちで多少山に心得のあるのは愛橘博士の女婿に當

古希を迎えた加納夫妻

る田中館秀三氏一人で。大いに乗り出してやったのですがこの人とて地質學者で純粋のアルピニストとはいわれない。やっと林務課の隅っこに小さくなっていた筆者、學校出たてのほやほやの僕が、勅任閣下ぢきぢきにあれこれとお言葉をうけて實に汗をかいたことなんです。で、ともかく一年、といっても短い夏のうちに、一萬圓みな使ってしまわねばならんというわけで、目星しい山、手近の山にただわけもなしに登山道をつける——熊道かアイヌの踏分け道程度だったところを、まず都會人にもどうやら歩けるようにと道をつけるのが第一の仕事、それから蝦夷富士や十勝岳に女まじりの團體登山を募集して、肩書いかめしいお役人が國費出張で御參加になって有難い現地講演をして下さる——といったようなことをやり出したんです。「ヌプリ」という雑誌を發行する、新聞には書きたてるという風で、これはまあその頃の景氣のよさと一緒に考えねばなりませんが、この調子だと北海道の山は、すっかり開けきってしまいそうな勢い。

　この類例のない補助費は次年度には少し遠慮して五千圓になりましたが、それでも幾つかの小屋を作った。小屋といっても僕がフリーハンドで書いたのを建築課で設計して、土木事務所に移託の形式で施工させるといった按配で、出來上りは缺點だらけ、まだないよりはましの程度だったが——×岳の小屋など、ある單獨登山者が熊に追い込められて、屋根の足音に膽を冷しながら危く一命を助ったような功徳を施している——

　それが十二年の震災で、宮尾、稲葉のコンビが復興院へ去ると、もうぱったり火の消えたよう、もともと會員らしい會員もない役員ばかりの山岳會だったのだ

官製山岳會

森昭二

「官製山岳會」森昭二の寄稿

から、下り坂になると惨めなもので、さしも盛大だった登山會の催もあとを斷ち、つけた道は荒ほうだい。その後は多くを語る必要はないと思いますが。

どうです。一萬五千圓の官製山岳會、こんなのがあったという記録を一つ山岳會風景の中に加えて頂きたいんです。

（注・原則として原文通りであるが、現代仮名遣いに改めてある）

北海道山岳会が官製山岳会であることは以前からよく知られたことであり、特に目新しいことではない。当事者の加納一郎自身が書いており、公的記録といってもよいだろう。ただこの『ケルン』の記述は同じ加納一郎ながらペンネーム（匿名）であること、内容的にはウラ話であり、暴露記事的であることである。裏面史、側面史というべき性格のものである。

けれども非公式記録ながら事実であることは確かである。

同会創立のいきさつについて加納一郎は、「林務部へ入ったけどさ。当時道庁におもしろい長官がいてさ、後藤新平の子分が長官になってきて、北海道開発のためには大いに山登りを奨励しないかんちゅうわけや。それで北海道山岳会というのをつくれというわけやな。林務部へ入ったってプロパーな仕事一つもせえへんわけや。そんでどこへ山小屋つくればいいんかそんな事ばかりしてたんよ」「その時分はね役所の仕事はあらへん。冬はどうしていたかというと、一方でスキーがさかんになってきて、その山岳会でスキー選手権やれというわけや、それで役所が役員で選手権大会をやってたんだよ。大会というのはスキーの体協がやるこ

道庁構内でのスキー大会　1925年２月

黒岳石室

とや。体協にはやるやつおらへんにや。つまり、スキーの競技会どないしてええのかわからへん。それで北大に頼みに……。そいで競技規則から何からみんなわしらがつくって、結局ぼくたちが全部お膳立てしたわけですよ。それで北海道の競技会はお前らがやれっちゅうわけや。冬はスキーの競技会で役所の仕事は何もしてへん」(『加納一郎著作集』第三巻「解説」より)と大阪育ちの関西弁で語っている。

北海道山岳会を設立したのは宮尾舜治であったが、活動面で人を得ないなか、お眼鏡に叶ったのが加納一郎、彼の「オハコ」(十八番)は北大農学部林学科四位卒業の実績……だが林学科には四人しかいなかった。そんな加納であったが、彼は在学中からすでに山とスキーに大活躍であった。

加納一郎の経歴について略記すると、一八九八年(明治三十一年)大阪に生まれ、京都第二中学校から北海道帝国大学農学部林学科に入学し卒業。京都二中時代から登山、一九一五(大正四年)年夏、木曽御嶽、槍ヶ岳に登る。北大では板倉勝宣としばしば山行をともにし、一九二二年(大正十一年)には大雪山旭岳、黒岳に積雪期初登頂、スキーとピッケル、アイゼンを用いて登頂した。そのまえの一九二一年、板倉らと山岳雑誌『山とスキー』を創刊している。そうして一九二三年(大正十二年)卒業(その直前の一月、立山松尾峠で板倉勝宣遭難、貴重な山仲間を失った加納の悲痛はいかばかりであったろうか)、北海道庁拓殖部に入庁。創立したばかりの北海道山岳会の幹事として活動する。このように加納の山とスキーに関する実績は、北大時代の活躍によって充分であった。

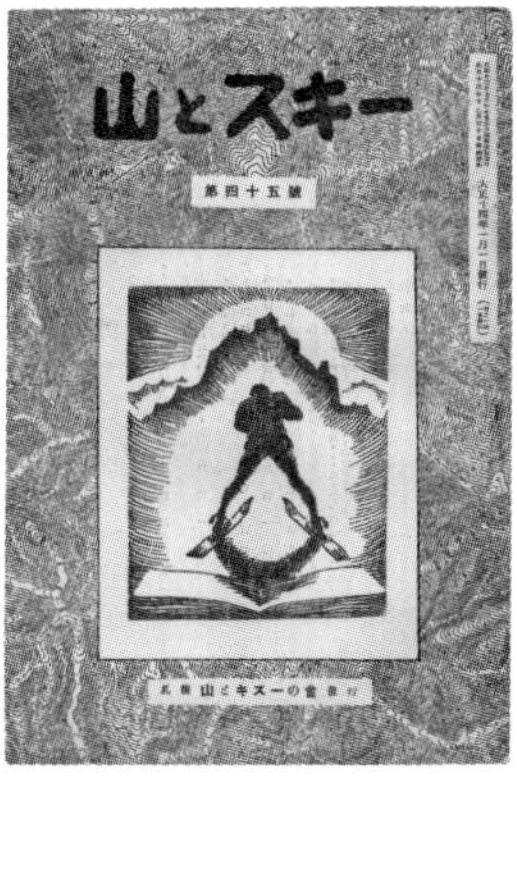

『山とスキー』三十五・四十・四十五号

山岳雑誌『ケルン』と加納一郎

北海道山岳会創立の経緯について大よそのことは前述によって分かるが、何れにしてももう少し背景も含めて解明する必要があろう。まず宮尾舜治（一八六八〜一九三八）が北海道庁長官として赴任したことから始まる。部下の稲葉健之助と諮って北海道山岳会を設立しようと立案した。そして一九二三年（大正十二年）設立する。そのことは小泉秀雄が「大雪山調査会設立趣意書」のなかでも述べている（小泉秀雄著『大雪山　登山法及登山案内』付録）。小泉は東京に日本山岳会、信州に信濃山岳会、京阪に日本アルカウ会、奈良市に大和山岳会、富山市に登山山岳会、名古屋市に名古屋山岳会、甲府市に甲斐山岳会が設立されている。翻って北海道は近年、北海道山岳会が設立されたが、まだ僅かにその緒についただけで、登山道も僅かに二三の山岳に造られたのみである云々。小泉は北海道旭川から長野県松本に移住していたが、山岳関係の情報に明るかった。各地の山岳会も北海道のような官製から半官半民、民間団体など、いろいろである。ちなみに「大雪山調査会」は完全な民間組織というより、会長・荒井初一の個人組織というべきもので、事業費もすべて荒井の出資であった。北海道山岳会より一年遅れて一九二四年、設立する。小泉の著書も大雪山調査会発行である。

筆者の手許に「北海道山岳会趣意書及規則」がある。これは公的記録であり、前記のウラ話、加納の「官製山岳会」と併せて見るとより具体的である。趣意書は口語体で簡潔、きわめて分かりやすい。小泉秀雄の草した大雪山調査会の設立趣意書は、文語体、カタカナ書きの大長文に比べるとその差は歴然である。各所に共通の文言もある。短文なので全文を紹介する。

北海道山岳會趣意書

近時我國に於て體育の必要が高唱せらるゝに至りしは誠に喜ぶべきことであります。體育は一面には國民の體格を強健ならしめ又他面には精神を剛健にし以て國家發展の基礎を成すものであります。

體育の方法は種々あるが其の最も豪快にして且趣味多きは登山に及ぶものは有りません。身一度山に登らんか一歩は一歩より高くして眼界自ら廣く氣宇開濶にして爽快を覺えます。更に豫外の絶巓を極めて其一角に立たんか宇内の萬物は膝下に跪き己は大自然の支配者たるが如き感を起すでありませう。

又登山の難は能く克己忍耐の精神を養ひ品性の陶冶に資することが少なくありません。加ふるに俗界を離れたる上層の氣氛、珍奇なる各種の動植物等は其の趣味と實益とを更に倍加するでありませう。斯くの如く大自然中に巍然として高く聳へてゐる山

北海道山岳会趣意書

北海道山岳會々則

第一條　本會ハ北海道山岳會ト稱ス

第二條　本會ハ北海道山岳ヲ主トシ北海道ノ自然ヲ研究並ニ登山者及一般見學旅行者ノ便宜ヲ計ルヲ目的トス

第三條　本會ハ本部事務所ヲ札幌市ニ支部ヲ各地ニ置ク

第四條　本會ハ毎年大會及小集會ヲ開ク

第五條　本會々員ヲ分チテ左ノ三種トス

一、正會員　本會ノ目的ヲ賛成シ規定ノ會費ヲ納ムルモノトス

二、賛助會員　本會ノ事業ヲ賛成シ金五拾圓以上ヲ寄附シタルモノトス

三、名譽會員　斯道ノ先輩及本會ノ爲ニ盡力セラル、篤志家ニシテ評議員及幹事ノ議決ヲ經會長之ヲ推薦シタルモノトス

北海道山岳会々則

北海道山岳会趣意書

近時我国に於て体育の必要が高唱せらるゝに至りしは誠に喜ぶべきことであります。体育は一面には国民の体格を強健ならしめ又他面には精神を剛健にし以て国家発展の基礎を成すものであります。

体育の方法は種々あるが其の最も豪快にして且趣味多きは登山に及ぶものは有りません。身一度山に登らんか一歩は一歩より高くして眼界自ら広く気宇開闊《きうかいかつ》にして爽快を覚えます。更に雲外の絶巓《ぜってん》を極めて其一角に立たんか宇内《うだい》の万物は膝下《しっか》に跪《ひざまず》き己は大自然の支配者たるが如き感を起すでありましょう。

又登山の難は能く克己忍耐の精神を養い品性の陶冶《とうや》に資することが少なくありません。加えるに俗界を離れたる上層の気象、珍奇なる各種の動植物等は其の趣味と実益とを更に倍加するでありましょう。斯くの如く大自然中に巍然《ぎぜん》として高く聳えている山岳は吾々にとりては心身錬磨の大道場なのであります。

更に考えるに、吾人が社会生活に於て最も憂うべきことは吾人が日々自然から遠ざかりつゝある事であります。それで吾人が多く自然に接し自然の妙趣に触れ、以て日常生活を浄化せしめ、延《ひ》いて社会全般の向上を促すことは今日の急務であります。而して山岳は「自然の王」であるから登山は此の方面からも重大なる意味を有《も》つものであります。

近時各地に山岳会が組織せられて登山を奨励するのも前記の理由によるのであります。本道にも一二此の種の会がありますが、未だ統一したる山岳会のないのが遺憾であります。

冬の旭岳

沼の平付近

北海道の自然は大陸的壮観を呈し山岳は豪宕《ごうとう》雄偉にして本洲のそれ等に比して毫《ごう》も遜色なく奇峰峻嶺到る処に聳え又処々に湖沼、温泉等数多あり殊に千古鬱葱《うっそう》たる原生林は本土に見ること能《あた》わざるものにして其の偉観は声を大にして宇内に誇るに足るものであります。

吾々日夕この間に住み乍らこの宝庫を徒に閉して置く事は誠に遺憾の極《きわみ》であります。よりて茲に北海道山岳会を組織し山岳を主とし本道の自然を研究し併せて此の大舞台上に着々成功しつゝある拓殖状態を本道人士はもとより普《あまね》く世人に紹介し稍《やや》もすれば島岐《とうき》に跼蹐《きょくせき》して天地の大を忘れんとする我国民に一味浩然の気を注入したいと思うのであります。

願くは江湖の人士各位本会の趣意に賛同し奮って入会あらん事を切望に堪えません。

山岳会常任幹事近和次郎稿

（注・ルビは筆者、現代仮名遣い、当用漢字に改めてある）

趣意書の次に会則がある。会則は二十条の条文から構成されているが、全文を紹介する必要もないので要点のみを記す。まず目的は、「北海道ノ自然ヲ研究並ニ登山者及一般見学旅行者ノ便宜ヲ計ルヲ目的トス」とある。会員は、正会員（年会費三円）、賛助会員（五十円以上の寄付者）、名誉会員（篤志家、役員の推薦する者）。経費は会費、寄付、補助金、その他の収入をもって充てる。役員は、総裁、副総裁、会長、副会長、評議員、幹事、支部長、相談役の八つで、総裁は北海道庁長

愛山渓

吹上温泉

官を推戴するとしている。会員には、「徽章ヲ交付スル」とあるので、もしあれば貴重品（文化財）である。第十九条では、「本会ハ日本山岳会其ノ他ノ山岳会ト連絡ヲ保チ益々其ノ目的ノ達成ニ勉ムルモノトス」とあり、他の山岳会との交流も奨励している。

次は役員の名簿がずらり勢ぞろいしている。総裁・宮尾舜治、副総裁・南鷹次郎、会長・稲葉健之助、副会長・田中勇太郎、同・今村正美、幹事常任・田中館秀三、他・乗竹暎一ら六名、会計主任・近藤喜寛、それとは別に河合裸石、蜂須賀善亮ら十七名、評議員・山中恒三、林駒之助、宮部金吾、松村松年ら十九名、相談役・佐藤昌介、新島善直、青葉萬六、平塚直治、河野常吉ら五十六名、延役員数・百五名に達する。人事異動のときには後任がそのまま山岳会の役職をも引き継いだ。加納一郎曰く、関係官庁学校や地方有力者を漏れなく役員に抱える結果になる。だが数だけは揃っていてもアルピニストらしい者は一人もいない。そこで白羽の矢が立ったのは、学校出たてのほやほや加納であった。総裁閣下・宮尾舜治じきじきに声がかかり、事業に着手する。何しろ有り余る予算を冬場までに遣いきらなければならない。いうならばぜいたくな悩みであった。治外法権的であり、思らがままの活動ができて、加納としては実におもしろかったに違いない。

かくするうちに同年の一九二三年（大正十二年）秋に起きた関東大震災。国は焦土となった東京復興のために帝都復興院を設置、総裁に内務大臣・後藤新平、一派の宮尾は総裁・後藤に望まれて副総裁に就任、山岳会創設を置土産に北海道を去った。宮尾とともに山岳会会長・稲葉健之助も復興院理事として退道した。

河野常吉

宮部金吾

宮尾は「北海道の大自然を後にして人と物との発達を祈りつつ」という言葉を残して去ったが、会誌『ヌプリ』創刊号に北海道山岳会創設者としての思想というべき稿を寄せている。彼の思考を窺う一環として、要点を転載する。

滔々《とうとう》たる天下の青年男女が都市の浮華《ふか》を慕って黄塵と雑踏の裏に人工の貧弱な装飾や、キネマ式安価な芸術に耽って居る間、北海の天地に山岳会の創設を企てたのは決して偶然ではないのである。之れは二個の重大なる使命を以て此の世に現れ出でたるもので西洋の好事《こうず》的登山倶楽部や、三十三所の巡礼講と同一視すべきものではないのである。

実に我山岳会の使命の一は北海の大自然の本邦人殊に内地の青年男女に紹介して有形無形の文化を本道に導入し様と云う永遠の計画なのである。

（中略）

されば私としては夏季に於て内地の青年男女を北海道に招き湘南や房総の海浜に於て徒らに貴族的の鎖夏《さか》法を真似るのを引止むると共に北海道の偉大なる風物に接せしめて、学術的にも精神的にも自ら訓練するの機会を与え、旁々《かたがた》以て北海道の真相を熟知せしめて従来の誤解を解き将来本道の為め活動する有為の人物をも得度いと思い茲に北海道山岳会なるものを設立して本道の山野を跋渉する便宜やら学術研究の機会を作ったものにて其の目的とする所極めて高遠なものである。

乍去《さりながら》我山岳会の庶幾《しょき》する所は独り之れのみではない。他に大なる使命を持って居る。這は本道の中青年に登山の機会を与え能く天然自然に親しんで心身を鍛錬し以て将来全有為《うい》の人と為って独り本道の為めのみならず国家の為めに尽瘁《じんすい》する所の人材を造り度いと云うのである。

（中略）

故に本道の青年諸君は能く此の山岳会の趣旨を諒解せられ、苟《いやしく》も少暇あれば市井《しせい》に彷徨して口腹の慾を充たすことなく山野の踏破を試み一は以て自然科学の研究に資すると共に心身の鍛錬に努め以て将来国家の為め有為の人物たるべく庶幾せられんことを私は切に希うものである。

（注・ルビは筆者、現代仮名遣い、当用漢字に改めてある）

『ヌプリ』4号　十勝岳爆発号

宮尾、稲葉の二人が創設した北海道山岳会であったが、わずか数カ月で二人は東京へ移動し、牽引役の二人を失った山岳会の活動は、加納の努力で持ちこたえたもののジリ貧状態、会誌『ヌプリ』も一九二六年（大正十五年）七月二十日の第四号で終わってしまった。孤軍奮闘の加納も翌一九二七年（昭和二年）、道庁を辞めて朝日新聞大阪本社に入社してしまった。こうなると活動は停止したも同然、有名無実の会になってしまった。

ではここで宮尾舜治（一八六八～一九三七）の経歴について触れておきたい。宮尾は新潟県出身、法科大学（現・東大法学部）卒業後、官界に入り一九二一年、北海道長官として来道、北海道産業の経営安定化を推進し「産業長官」といわれた。その業績は、北欧式の有畜農業の導入を図ってデンマークなどから模範農家を招いて指導に当てらせる。道庁内に糖務課を新設、甜菜の栽培を奨励。農業試験場の整備充実。そのほか工業試験場の創設。海洋調査、遠洋漁業への進出。耐火耐寒建築の改良などを推進した。その矢先、前述のように関東大震災によって急遽、東京に異動する。

さてさてあとに残された北海道山岳会は有名無実のままであったが、遂にけじめをつける時が来る。一九三五年（昭和十年）発行の『北海道山岳会記念写真帖』は同会解散の記念として編集された写真帖である。布装に金文字の立派な表紙、部厚い台紙に写真そのものを貼付したものである。貼付した二十五枚の写真はそのまま北海道山岳会の活動史である。写真帖の裏表紙にその経緯を記した印刷物が貼付されているのでそのまま転載する。

北海道山岳会ハ、時ノ長官宮尾舜治氏ノ提唱ニ依リ、道内主ナル官衙《かんが》長官及朝野名士多数ノ賛同ヲ得、大正十二年一月創立シタルモノナリ。

而シテ、各支庁ニ支部ヲ置キ、道内外ニ亘リ本会ノ宣伝ト、会員ノ募集ニ努メタルニ、時恰モ、斯ノ種趣味ノ普及及体育向上ノ絶好機会ナリシガ為、入会スルモノ相踵ギ、会員数百名ニ達シタリ。

茲ニ於テ、羊蹄山以下各著名山岳ニ登山道、石室等ヲ新設シ、一般登山者ノ便益ニ資スルト共ニ、登山ヲ奨励シ、精神作興体育奨励ニ努メタル処、登山熱旺盛ヲ極ムルニ至リ、又之ヲ契機トシ登山案内組合、登山道路保護組合等各所ニ設立ヲ見タリ。

惟フニ本道ハ、地味肥沃ニシテ富源ニ富ムニ不拘、本会創立当時ハ、交通完備

大雪山の登山口

セズ且広漠タル未開ノ原野ハ、各種産業開発ノ余地頗ル大ナルモノアリタルヲ以テ、之ヲ汎ク社会ニ紹介スルト共ニ国民ノ奮起ヲ促シ、此ノ天与ノ富源ヲシテ遺利ナカランムベク本道ノ紹介ト宣伝ノ目的ヲ以テ、雑誌「ヌプリ」及絵ハガキヲ発行シ、又各地ニ夏季大学ヲ開催シ、本道拓殖進展ニ力ヲ致シタルニ、其ノ効果相当顕著ナルモノアリタルヲ信ズ。尚「ヌプリ」第一号ハ表紙ヲアイヌ製「アッシ」ヲ以テ装訂シ、畏クモ、摂政宮殿下並、秩父宮殿下ニ献上御嘉納ノ栄ヲ賜リタルハ誠ニ本会ノ光栄トスル所ナリ。

而シテ、冬期積雪久シキ本道ニ於テ、スキーノ普及発達ヲ図ルハ道民ノ体育奨励上最モ適切ナルモノト認メ他ニ率先シスキー飛躍台ヲ設備シ、又大正十三年以降全北海道スキー選手権大会並全日本スキー選手権大会北海道予選会ノ主催、或ハ各種スキー競技大会ノ後援ヲ為スコト十数回ニ及ビタル如キ、実ニ斯界今日ノ盛況ヲ見ルニ到リタル一大素因ヲ為シタルモノトス。

昭和三年、秩父宮殿下御来道ノ砌畏クモ斯道御奨励ノ御思召ニテ、本会ニ御下賜金アリタルヲ以テ、此ノ御主旨ヲ体シ建設シタル中山ヒュッテハ累年利用者増加シ、之亦スキー界ノ向上発展ニ資スルコト鮮少ナラザルモノアリ。

其ノ他登山公徳及景勝地紹介ノ為懸賞標語及写真ヲ募集スル等各種ノ事業ヲ為シ、創立以来十有余年間本道拓殖ノ進展並体育奨励、文化的施設、景勝地紹介等ニ力ヲ尽シタルモノ枚挙ニ遑アラズ。

然レドモ星移リ人変リ財政亦意ノ如クナラズ、殊ニ昭和八年過去十年間継続シタル全国的スキー大会主催ノ行事ヲ、札幌スキー連盟ニ移管シ、又昭和九年北海

三角山でジャンプ大会　一九二四年二月

道景勝地協会ノ創立ヲ見ルニ及ビ、本会ノ使命トセル各事業ハ自然各地各種ノ団体ニ於テ分担セラルヽニ至リタル時代ノ情勢ニ鑑ミ、昭和十年十一月限リ本会ヲ解散スルニ至リタルモノナリ。

今ヤ過去十数年間ノ業績ヲ回顧スルトキ、誠ニ懐旧ノ情ニ堪ヘザルモノアリ。依テ茲ニ本写真帖ヲ編輯シ、本会ノ創立及其ノ興隆ニ特段ノ尽力ヲ賜リタル左記諸氏ニ呈上聊カ謝意ヲ表スルト共ニ往時追憶ノ資ニ供セントス。

昭和十年十一月

北海道山岳会

稲葉健之助氏　今　松治郎氏
猪又　貞雄氏　林　常夫氏
遠山信一郎氏　大野　精七氏
大久保鉄二氏　河合　裸石氏
加納　一郎氏　田中館秀三氏
竹内　武夫氏　南篠　庸夫氏
久保田　畯氏　山中　恒三氏
松崎　勉氏　木下三四彦氏
宮尾　舜治氏　杉森　文彦氏

（イロハ順）

第十六代北海道長官・宮尾舜治が東京に去ったあと、土岐嘉平、中川健蔵、沢

『北部北海道の景勝地』

田牛麿、池田秀雄がそれぞれ二年間、自動的に山岳会総裁も引き継いだが事実上、活動を休止していたので名義のみということになろう。補助金も創立当初は一万円であったが、まもなく緊縮財政のために大きく三百円に減額されている。第二十一代長官・佐上信一（一八八二～一九四三）は一九三一年から一九三六年までの長きにわたって在任、北海道の気候、風土に適した農業の合理化を推進し、北海道の酪農発展の基礎を築いた。彼は北海道山岳会最後の総裁となったが、それを引き継ぐ形で創立した北海道景勝地協会の初代会長に佐上が就任した。佐上はまた山とスキーの愛好者で、暑寒別岳に「佐上台」の名を遺す。利尻山の「長官山」も彼のことである。

ところでこの記念写真帖は、北海道山岳会の創立から発展に尽力した人たちに呈上するために作成した、ということであり十八人の名を挙げている。それに幾部かを増して作成したと思われるが、いずれにしても少部数の発行であろう。表装はともかく、内容は手造り的である。では貼付写真の目次を挙げておこう。

○大正十二年　北海道山岳会総裁宮尾舜治
○道庁前ニテ役員記念　大正十三年十一月
○支笏湖ヨリ樽前山ヲ望ム
○樽前山登山記念（山麓）　大正十二年六月
○樽前山登山記念　大正十二年六月
○登別温泉地獄谷

樽前山登山記念（山麓）

樽前山登山記念

○登別ニ於ケル夏期大学　大正十二年八月
○本会主催スキー大会　大正十三年二月
○恵庭岳登山　大正十三年六月
○雌阿寒岳頂上ヨリ雄阿寒岳及阿寒湖ヲ望ム
○雌阿寒岳石室　大正十三年十月竣工
○摩周湖（透明度四一度世界一）
○北海道庁構内スキー　大正十四年二月
○手稲山登山　大正十四年六月
○層雲峡天城岩
○大雪山旭岳
○大雪山旭岳ヨリ前面「トムラウシュ」山、右十勝岳、左忠別岳ヲ望ム
○層雲渓夏期大学聴講生大雪山登山
○利尻富士
○利尻富士登山　大正十四年
○大沼公園ヨリ見タル駒ヶ岳
○駒ヶ岳登山　大正十四年十月四日
○ニセコスキー場　遠景蝦夷富士
○中山小屋　昭和三年十一月竣工
○中山スロープ

大沼公園より見たる駒ヶ岳

層雲渓夏期大学聴講生大雪山登山

以上二十五点の写真を台紙に貼付してある。大半の写真は大正末期までに集中しているがその後は事実上、活動を停止しているので写真がなかったことを意味している。

しかしながらわずか短期にもかかわらず、北海道登山史上に果たした功績は大きい。それは官立の強みを遺憾なく発揮したというべきであろう。では具体的な活動実績を挙げてみよう。

一、登山会の開催…釧路、旭川、室蘭、後志など各地に支部を作り、本部または支部の主催で、樽前山、羊蹄山、大雪山、阿寒、有珠山、十勝岳、手稲山、駒ヶ岳などに登る
二、登山道の改修または新設…一九二三年・雌阿寒岳登山道改修、一九二四年・層雲峡より黒岳、北鎮岳、旭岳経由の登山道を拓く
三、石室建設…一九二三年・羊蹄山、一九二四年・大雪山及び黒岳、秩父宮よりの御下賜金で中山ヒュッテを建設
四、会誌『ヌプリ』発行…一九二四〜一九二六年・四号で終刊
五、出版事業…一九二三年『登山見学旅行系統図』、一九二六年『北海道主要山岳登路概況』、一九二七年『北海道のスキーと山岳』、一九三五年『北海道山岳会記念写真帖』
六、絵葉書の発行…一九二三年・第一集、一九二四年・第二集
七、北海道スキー選手権大会を主催…一九二四〜一九三二年、以降は札幌スキー

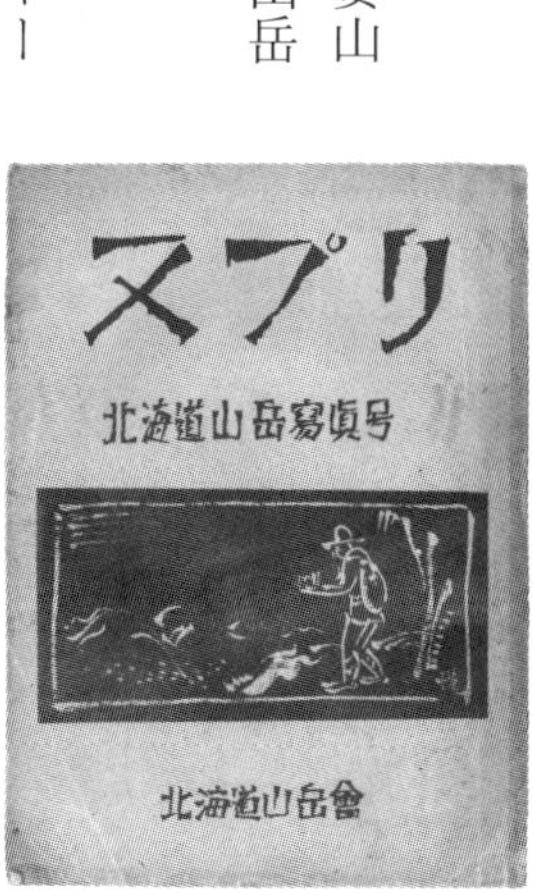

『ヌプリ』2号 北海道山岳写真号

旭岳絶頂の登山隊員

連盟に移管
八、懸賞募集…一九二四年・山岳写真、一九二五年・山岳紀行文
九、夏期大学の開催…一九二三年・登別、一九二四～一九二五年・大雪山、一九二七年・大雪山

以上、北海道山岳会（以下、山岳会という）の主な活動について述べたが、これまでにも述べているように事実上の活動は大正年間で終わったことを証明しているようなものである。そのうち大雪山の夏期大学は、山岳会と一九二四年に創立した大雪山調査会（以下、調査会という、会長・荒井初一）の共催という形を取っている。会場が塩谷温泉層雲閣なので、必然的に共催となる。

一九二七年（昭和二年）は、主催・北海タイムス社、大雪山調査会、後援・北海道山岳会となっている。会場は川向かいに新築した蓬莱閣であった。荒井初一はまだ開業前の蓬莱閣を、夏期大学の会場に提供したのである。このあたり荒井の配慮と、将来の深慮遠謀が窺われる。

このように同時期に誕生した二つの山岳会と調査会は名称こそ違え、目的を同じくする団体であった。ただ官立と民間の違いは、活動範囲も大きく違う。山岳会は官立の強みを活かした全道的な活動であり、一方の大雪山調査会は層雲峡という狭い地域の活動であった。だが調査会は会長・荒井の資力と、実務者・塩谷忠の活動によって大きな存在感を示した。規模こそ違え二つの団隊は「好一対」

第二回大雪山夏期大學
◇日時 昭和二年自七月二十九日至八月五日 八日間
◇場所 旭川市及大雪山層雲峡温泉
◇聴講者 資格制限なし、男女を問はず
◇定員 一百名
◇費用 旭川市内宿泊一泊三食一圓、旅館宿泊一泊三食二圓、外見學旅行費若干）層雲峡温泉金十五圓（聴講料七月三十一日より八月五日まで六泊費用、上川層雲峡間自動車賃一切を含む）
◇見學 登山、探勝旭川市に於ては近文アイヌ部落、神居古潭等見學、層雲峡温泉に於ては附近勝地の探勝、大雪山登山等をなす
◇申込 七月二十日までに住所姓名職業を明記し「札幌市北海道廳内北海道山岳會」「旭川市北海タイムス支局」の何れかへ申込金二圓を添へて申込むこと
講師（順序不同）
東北大學教授文學博士 喜田貞吉氏
慶應大學文學部教授 馬場孤蝶氏
詩人 野口雨情氏
畫家 近藤浩一路氏（交渉中）
北海道大學教授醫學博士 永井一夫氏
北海道大學豫科教授 青葉萬六氏
外指導員 數名
主催 北海タイムス社 大雪山調査會
後援 北海道山岳會
HT. 1927(S2). 6. 20

第二回大雪山夏期大学 社告
（「北海タイムス」一九二七年六月二十日）

というべきであろう。ともに全盛期は大正年末期の数年に集中しており、昭和に入るとともに衰退していったことも似ている。

大町桂月大雪山登山一〇〇年

大町桂月（一八六九～一九二五）が大雪山登山をしたのは一九二一年（大正十年）であるから、二〇二一年はちょうど節目の一〇〇周年になる。とはいえ既に桂月は忘れ去られた存在になってしまっている。けれども彼の登山は大雪山登山史上、画期的な登山であった。彼は「層雲峡より大雪山へ」と題して『中央公論』（一九二三年八月号）に発表、今や大雪山の古典的名著である。

ではまずは忘れ去られた桂月とはいかなる人物か？　彼は一八六九年（明治二年）、土佐の高知市生まれ、東京大学国文科出身。肩書は評論家、詩人であり、旅や登山をよくした紀行文家である。明治から大正へ、全盛時代の桂月は圧倒的存在感のある文士であり、人気は絶大であった。当然、社会に与える影響力も大きい。もう昭和も遠くなってしまったが、いうならば昭和の司馬遼太郎（一九二三～一九九六）か、吉川英治（一八九二～一九六二）と思ってよいだろう。二人とも文化勲章を受章している。桂月は当時の国民的文士であり、もし文化勲章があったと仮定すれば、もちろん受章したに違いない。

それを証明するかのように戦前の教科書（当時は「読本《どくほん》」と呼んだ）には彼の文章がかなりにわたって採りあげられている。いうならば桂月は教科書の常連なのである。内容としては啓蒙的、教訓的であり、思想としては忠君愛国、皇室中心主義、教育勅語礼賛、国粋主義者であった。このあたりのことが戦後、疎んじ

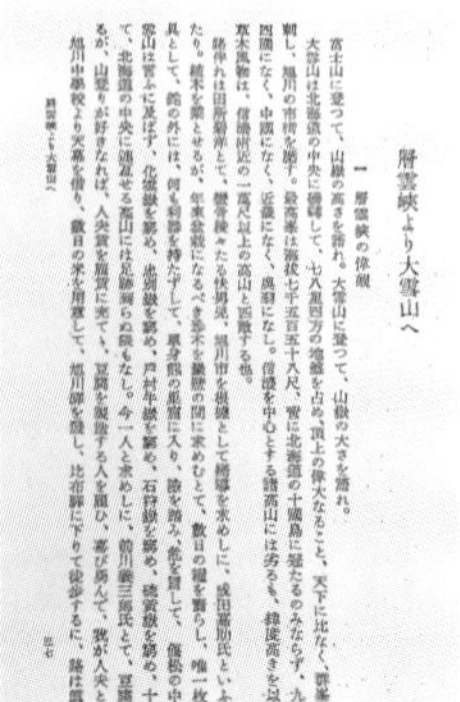
層雲峡より大雪山へ

一　層雲峡の偉観

富士山に登つて、山嶽の高さを語れ。大雪山に登つて、山嶽の大さを語れ。

大雪山は北海道の中央に磅礴して、七八里四方の地盤を占め、頂上の偉大なること、天下に比なく、群峯簇つて天を衝し、旭川の市街を瞰す。最高峯は海拔七千五百五十八尺、啻に北海道の十國島に冠たるのみならず、九州になく、四國になく、中國になく、近畿になく、奥羽になし。信濃を中心とする諸高山には劣るも、緯度高きを以て、山上の草木風物は、信濃附近の一萬尺以上の高山と匹敵する也。

路伴れは田所碧洋とて、雙脊稜々たる快男兒、旭川市を根據として嚮導を求めしに、成田嘉助氏といふ蕨の客を得たり。結末を帰とせるが、年来公殺になるべき季木を鑛脈の間に求めむとて、數日の糧を齎らし、唯一枚の油紙を雨具として、餘の外には、何も利器を持たずして、草身獣の巣窟に入り、蹊を踏み、洗を冒して、偃松の中に眠り、大雪山は言ふに及ばず、化雲嶽を窮め、忠別嶽を窮め、戸村牛嶽を窮め、石狩嶽を窮め、音更嶽を窮め、十勝嶽を窮めて、北海道の中央に盤踞せる高山には足跡到らぬ隈もなし。今一人と求めしに、前川徳三郎氏とて、豆腐屋を業とせるが、山登りが好きなれば、人夫賃を瓶賃に充て、、豆腐を製造する人を雇ひ、喜び勇んで、我が人夫となれり。旭川中學校より天幕を借り、數日の米を用意して、旭川驛を發し、比布驛に下りて徒歩するに、路は眞直にして、

層雲峡より大雪山へ　三七

層雲峡より大雪山へ

大町桂月先生誕生地（高知市永国寺町四—十）

られ忘れ去られる要因になったものと思われる。志賀重昂（一八六三〜一九二七）も同じく国粋主義者であり、その見地から『日本風景論』（一八九四年、政教社）を著して、日本の風景を科学的、文学的に事例を多く用いて賛美した。出版した政教社も右翼的文化団体である。同書は志賀の代表作であり版を重ね、日本の名著として今日に読み継がれている。彼のただ一冊の登山関連の本であるが、歴史的山岳名著としても評価は高い。とはいえ登山家とは云えない志賀に比して、桂月の方がはるかに登山家的である。

それではエポックとなった桂月の大雪山登山を振り返りながら再現してみたい。その前にまず筆者としては初期の文人登山家の双璧として、桂月と河東碧梧桐（一八七三〜一九三七）を挙げておきたい。碧梧桐は正岡子規門の高浜虚子と並ぶ俳人であるが、彼の山と旅も相当なもので、人生の大半を山と旅に生きたと云っても過言ではない。日本アルプスにも足跡を残し、なかでも一九一三年の黒部川猫又谷から白馬岳は登山史上の初遡行である。また一九一五年の針ノ木岳から槍ヶ岳へ、八日間の大縦走がある。この登山は朝日新聞に、四十三回にわたって大々的に連載報道された。

ただ桂月、碧梧桐ともに文士という枠内での登山家であり、山岳史上の本流とは云えないし、冬山やクライミングをする本格派でもない。あくまで山水紀行の延長線上にあった。しかし桂月の登山思考は本格的で、次のような言を残している。

　登山には多少困苦も伴ひ申候。危険も伴ひ申候。されど、真の快楽は、困苦を

河東碧梧桐

経たる者ならでは味ふこと出来申さず候。登山の困苦は、却って登山の快楽の前提になり申候。危険とても、注意と努力によりて、之を征服することを得申候。危険を経たる後に、登山の快楽は益々加わり申候。心胆を練り、勇気を養ふこととも相成申候。元来男子たる者が、登山の困苦と危険とに辟易するやうにては、文明病に罹りたる一病人に候。

(『桂月全集』別巻、「登山の快を説く書」一九一九年より)

表現としては前時代的であり、彼の登山そのものも古風で、山水趣味の域を出なかったが、冒険心、探検心を好み、志向としては近代アルピニズムに通ずるものがある。パイオニア精神も旺盛であった。富士山へはコースを変え、季節を変えて五回登っているが、なかでも一九二二年五月の富士は、残雪期に登るという新しい試みであった。同年秋には前年の北海道探勝時に、登り残した羊蹄山と駒ヶ岳に登るため、再度北海道にやって来た。閉山後の羊蹄山では悪天候に阻まれ待つこと数日、十月一日やっと好天となり、新雪を踏んで登頂した。駒ヶ岳も一回目はガスと強風のなか、時間も遅いために引き返し、羊蹄山に向かった。そして再度の挑戦である。十月三日、快晴のもと、案内の少年とともに登る。一般の登山者は馬の背止まりであるが、桂月らは馬の頭すなわち最高点の岩峰に向かう。手足でよじ登りようやく最高点に達した。彼はこのときの登山を『中央公論』一九二三年四月号に「駒ヶ岳より羊蹄山へ」と題して発表している。

これまで桂月の登山と思考について事例的に述べたが、いよいよ主題の大雪山

桂月の富士山登山

登山に入らねばならない。一九二一年八月十九日（一日目）、桂月は秘書・田所碧洋《へきよう》（貢）、案内人夫・成田嘉助（一八七六～一九七三）、前川を伴って旭川を発ち、大雪山への第一歩を踏み出した。当時はまだ石北本線が開通していなかったので、宗谷本線「比布《ぴっぷ》」に下車、三十㌔の道を歩いて留辺志部《るべしべ》（現・上川町市街）の田辺宿舎に身を投じた。二十日（二日目）、朝九時に宿を発って夕刻に石狩川上流の塩谷温泉（現・層雲峡温泉層雲閣）着、塩谷忠（一八九四～一九五八）の出迎えを受ける。

ここで桂月と塩谷との関連について述べる必要があろう。温泉主であり新聞記者でもある塩谷は、かねてから温泉の繁栄と、周辺の峡谷美を広く知らせたいと願っていた。その方策として当代一の文豪・桂月に塩谷温泉に宿泊させて、峡谷の探勝と石狩川からの大雪山登山を画策したのである。だが桂月一行は当時の一般ルートである忠別川上流の松山温泉（現・天人峡温泉）から入山する予定であり、すでに「北海タイムス」（現「北海道新聞」）紙にもその旨報じられていた。

それを知りながらも塩谷としては、何としても招致したい。しかし彼には桂月との接点がない。そこで思いついたのが、親しい知人である旭川区長（当時、旭川は町や市ではなく区であった）市来《いちき》源一郎（一八六六～一九二二）を通じて懇請することであった。市来も桂月との面識はないが、彼には区長としての肩書がある。桂月一行は前日の十八日、札幌から旭川への途次、名所としてよく知られる神居古潭を探訪するという情報を得ているので、そこに市来が待ち構えて懇請説得するという段取りをつけた。

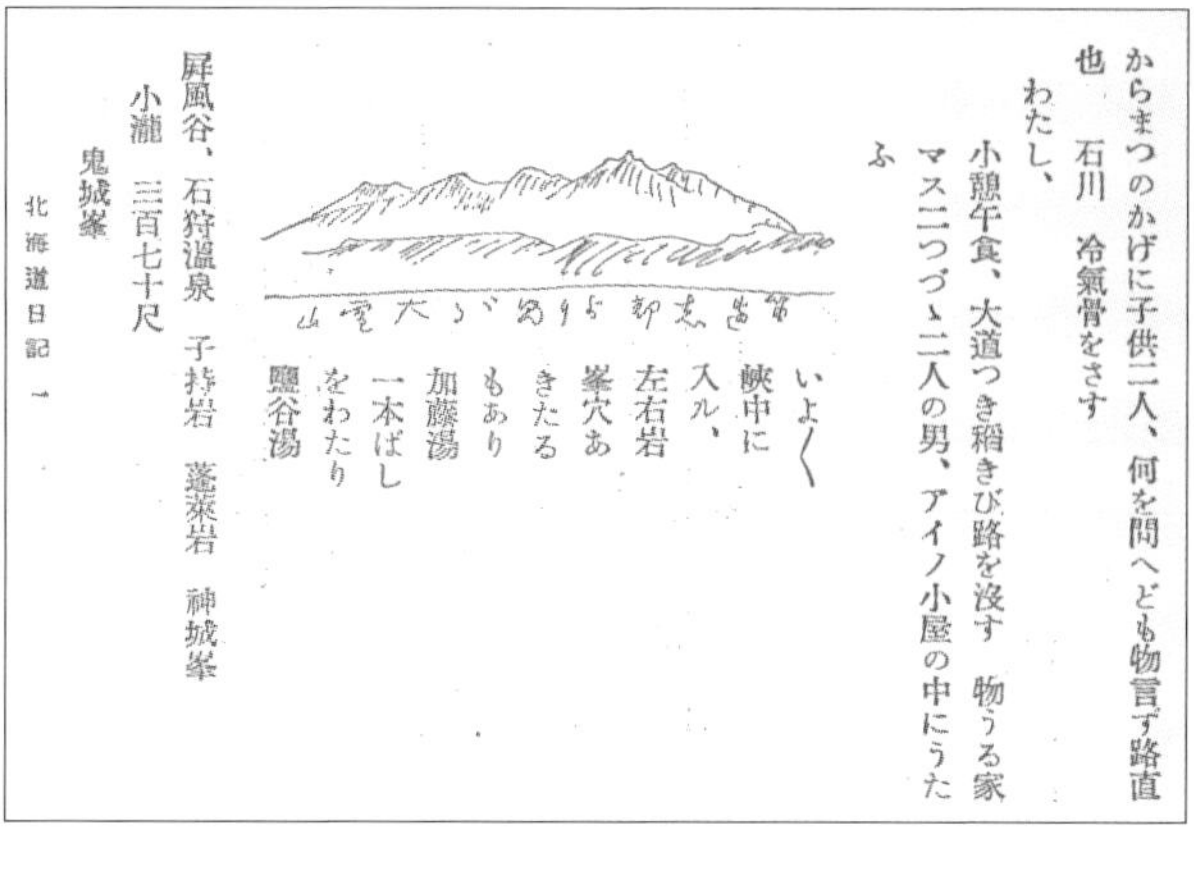
からまつのかげに子供二人、何を問へども物言ず路直
也　石川　冷氣骨をさす
わたし、
小憩午食、大道つき稲きび路を没す　物うる家
マス二つゞゝ二人の男、アイノ小屋の中にうた
ふ
いよ〱
峡中に
入ル、
左右岩
峯穴あ
きたる
もあり
加藤湯
一本ばし
をわたり
鹽谷湯
屏風谷、石狩温泉　子持岩　蓬萊岩　神城峯
小瀧　三百七十尺
鬼城峯
北海道日記　一
留辺志部より見うる大雪山

さて当日、市来は塩谷との約束通り桂月に面会し懇請する。大幅なルートの変更、日程の延長が伴うので、桂月としてもかなりの抵抗があり、交渉は難航したがどうにか了承に漕ぎつけた。彼の心情からして世間に知られていない峡谷美と、人跡未踏のルートに惹かれたものと思われる。ちなみに神居古潭では「北海道の勝地として世に知られたるが、深さの非凡なる外には格別の風致もなし」と片づけている。全国の景勝地を訪ねている桂月にとっては、感嘆するほどでもなかったのであろう。

一方、市来に依頼した塩谷は旭川の画家・吉積長春《よしずみながはる》（一八九一～一九七二）、測量技師・榊原与七郎を伴って温泉に先行、桂月の受け入れ準備に忙しい。難所の地獄谷ではそれを避けて手前に架橋をする。丸木を束ねて渡し、縄の手すりまでつけた。登山が目的の桂月のために選んだ入山ルートは凌雲沢（現・黒岳沢）、塩谷自身が途中まで登ったことがあるので決めた。その先は人跡未踏の沢である。当日の同行者も決めた。

なお当時は層雲峡の名もなく明治末期の一九一〇年、愛別村村長・太田龍太郎（一八六三～一九三五）が地元の石狩川上流を探検して、その峡谷美を嘆賞「霊山碧水《れいざんへきすい》」と名づける（当時の愛別村は上川村を含んでいた）。この探検記は同年「北海タイムス」紙に「霊山碧水」として五回にわたり連載される。太田は一九一一年（明治四十四年）「石狩川上流霊域保護国立公園経営の件」として、逓信大臣兼鉄道院総裁男爵　後藤新平に当てて嘆願書を提出、大雪山国立公園運動の先駆者として知られるようになる。

さて八月二十一日（三日目）、塩谷の案内で吉積も加わり、桂月一行は上流の大箱（函）へ向かう。そのころはヤマベ釣りの歩く踏み跡があるのみで、時には徒渉もある。桂月は次々に現れる滝や石柱、岩峰、岩壁に驚嘆し「鬼神の楼閣」に譬《たと》えて激賞した。奇抜にして雄偉、天下無双の神秘境と讃えている。そこで塩谷は霊山碧水に代わる新名称を提案、桂月によって「層雲峡」（以下、層雲峡という）の名が生まれたことになっている。というのも塩谷が『寒帯林』（旭川営林局の機関紙）に寄せた「大町桂月翁を想う」（十四回連載）に依るものである。命名の理由は、折からの自然現象「層雲」と石狩川上流最奥の集落「層雲別」（現・清川）を掛け合わせた。層雲現象は二十二日（四日目）早朝のことであり命名はその日、桂月を前面に立てた塩谷との合作であるという。しかし実際には腹案としてすでに持っていて桂月に進言、了解を得たのだろう。

　当日、ついに入山の時は来た。桂月一行四人、塩谷は自身の推奨する凌雲沢の案内役、それに吉積、榊原が加わり、出発直前に水姓吉蔵《みずうじきちぞう》（一八七三～一九五六）と松永良平が加わり総勢九人になった。水姓は地元の留辺志（留辺志部ではない）小学校長で、かたわら大雪山にもよく登っている登山家である。桂月が入山すると聞いたので、協力すべくはせ参じたのであった。いささか心細い塩谷にとって、水姓は一番の経験者でありさぞかし気強く思ったにちがいない。ここで九人の姓名を再確認すれば、

　大町桂月　（五十二歳）最高齢である
田所碧洋　（二十八歳くらい）秘書

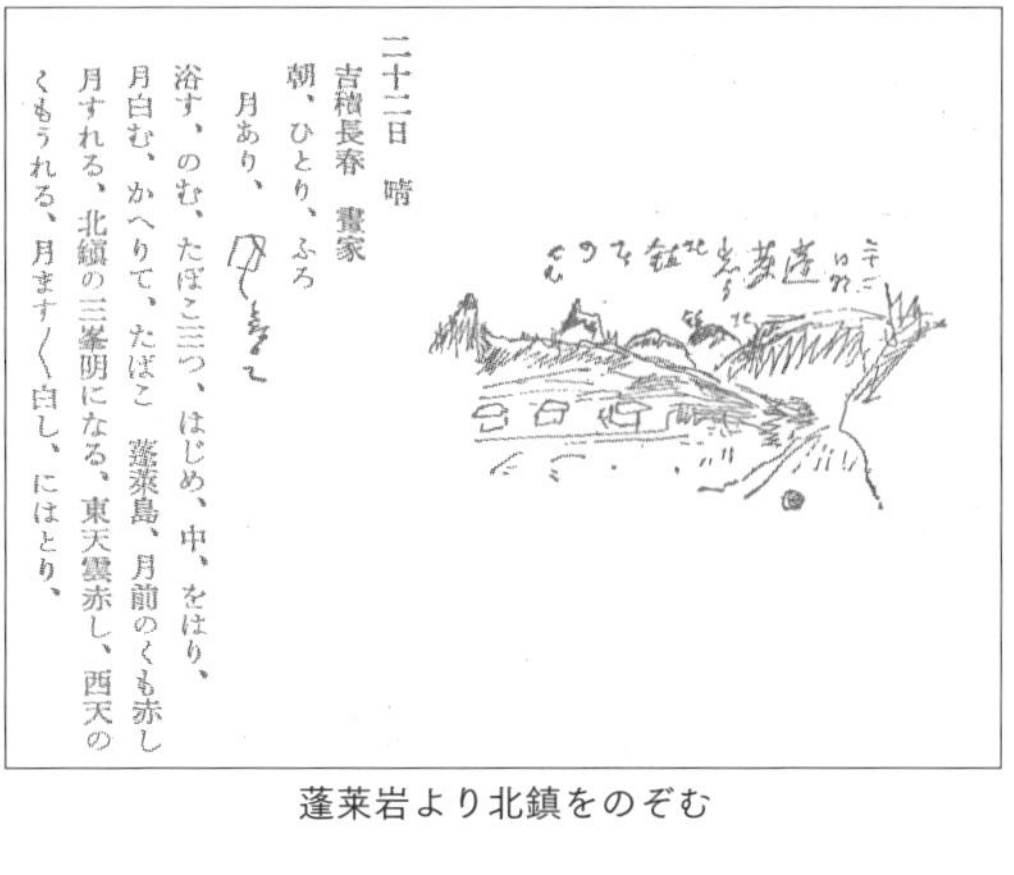

二十二日　晴
吉積長春　饗家
朝、ひとり、ふろ
月あり、
浴す、のむ、たばこ三つ、はじめ、中、をはり、
月白む、かへりて、たばこ　蓬莱島、月前のくも赤し
月すれる、北鎮の三峯明になる、東天雲赤し、西天の
くもうれる、月ますく白し、にはとり、

蓬莱岩より北鎮をのぞむ

水姓吉蔵

成田嘉助　(四十五歳)　植木業、山案内人夫
前川義三郎(三十七歳)　豆腐製造業、登山が好き
塩谷　忠　(二十七歳)『北海タイムス』新聞記者
吉積長春　(二十九歳)　日本画家
榊原与三郎(年齢不詳)　測量技師
水姓吉蔵　(四十八歳)　留辺志小学校長
松永良平　(年齢不詳)　人夫

こうしてみると年齢も職業もバラバラ、登山経験もイロイロ、なかにはゼロと思しき者もいる。もちろん服装もまたてんでバラバラ、桂月は白袷《あわせ》、脚絆《きゃはん》、草鞋《わらじ》姿の典型的な和装の物見遊山スタイルである。そのほか洋装、和装みんなソレゾレ。共同装備も旭川中学で借りたテントに麻縄少々という貧弱なものである。それより大事なものは酒であった。このように組織としては成り立たないようなパーティーであったが、ありがたいことにみんな健脚であったようだ。

九時、凌雲沢(以下黒岳沢という)に入谷、沢も始めはおだやかな流れであるが、次第に幅も狭まり薬研《やげん》を立てたようで、流れも急になり小滝も連続してくる。それでもこのあたりはまだ塩谷が登っているので驚くことはない。水姓は流木で急造のハシゴを掛け、ハンマーで足場を作ったりしながら後続を誘導するなど大活躍、後尾の桂月も悪場《わるば》を愉しんでいるようだ。だが塩谷にはこの先が心配でならない。何しろ市来区長を説いて強引に誘致した手前、失敗は赦されない。

ついに彼もまだ見ぬ大滝に行く手を阻まれる。景観は素晴らしいが、彼らの技

黒岳沢中流の滝

術ではどうにも突破できるはずはない。絶体絶命のなかでやむなく少し戻って、右側（左岸）の狭く急峻な涸れ沢に活路を求める。小さな崖は肩車で登り、麻縄を用いて引っ張り上げたりしながら登るうちに、傾斜もゆるくなり断崖絶壁の危険はなくなってきた。その代わり涸れ沢に覆い被さる根曲がり笹や倒木、おびただしく群がるウンカに悩まされる。手足も擦り傷だらけ。

水姓は常に先導しながらルートを求めて登る。立ち木に登って地形を確かめ、水場を探しながら先行、相変わらずの大活躍である。ついにハイマツ帯に入った、突破は難行であるが、頂稜に近いことを思わせる。もう夕方に近く、前途に幕営地になりそうな湿地を発見、それを目当てに進む。湿地と見たところは小池であった。幅十間（十八メートル）、長さ四十間（七十二メートル）ほどの小池である。周りには岩あり、お花畑もある、ハイマツの緑の彼方の山々の展望も素晴らしい。まさに別天地、天上の楽園であり、桂月の一言で野営に決める。

桂月の行くところ常に酒がある。先ずは枯木やハイマツを集めて焚火を作り炊事をする。そしてこの夜も呑めや唱えやの大盛宴となった。

二十三日（五日目）、今日もまた絶好の晴天となる。去りがたいこの桃源郷に桂月は「花の池」と命名、釣鐘状の大岩に「釣鐘岩」と命名する。八時に出発、まずは眼前の無名峰（桂月岳）に向けてハイマツ帯に苦しみながら岩石を縫って登り山頂に立つ。次いで三角点のある黒岳へ、凌雲岳、北鎮岳へと縦走、ここでさらに白雲岳へと縦走を続ける桂月ら四人と、また層雲峡に戻る塩谷ら五人とここで分かれる。好天もようやく悪化の兆しをみせてきた。成田の先導で桂月らは

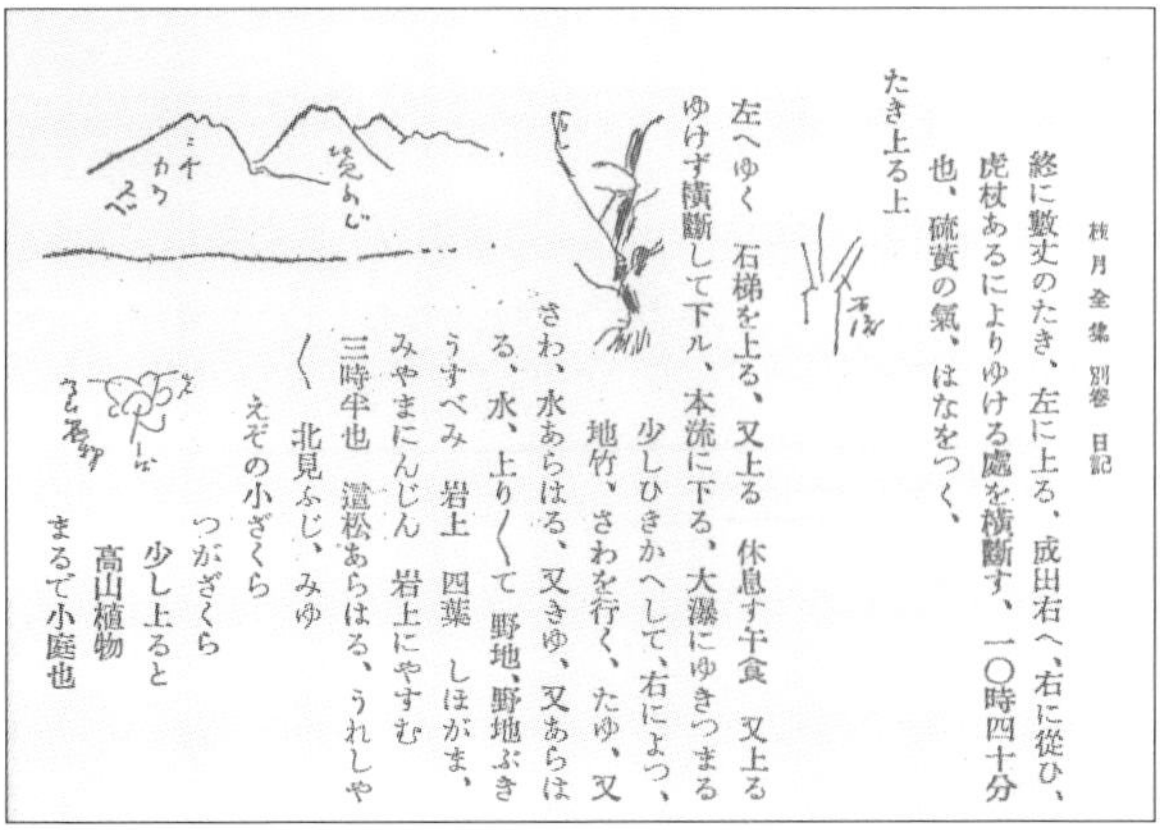
桂月全集　別巻　日記

終に數丈のたき、左に上る、成田右へ、右に從ひ、
虎杖あるによりゆける處を横斷す、一〇時四十分
也、硫黄の氣、はなをつく、

たき上る上

左へゆく　石梯を上る、又上る　休息す午食　又上る
ゆけず横斷して下ル、本流に下る、大瀑にゆきつまる
少しひきかへして、右によつ、
地竹、さわを行く、たゆ、又
さわ、水あらはる、又きゆ、又あらはる、水、上り〳〵て　野地、野地ぶき
うすべみ　岩上　四葉　しほがま、
みやまにんじん　岩上にやすむ
三時半也　這松あらはる、うれしや
〳〵　北見ふじ、みゆ
えぞの小ざくら
つがざくら
少し上ると
高山植物
まるで小庭也

難行する急峻な沢登り

暮れかかる霧雨のなか、白雲への途中の雪田で幕営。

二十四日（六日目）、雨やむ。一日中、晴れたり曇ったり時々小雨の不安定な天気だが、展望は何とか効いたようだ。白雲岳に登り旭岳へ縦走、最高峰に立つ。下山は当初、入山の予定であったアイシポップの沢を降る。途中で幕営、夜雨。

二十五日（七日目）、晴天のもと幣《ぬさ》の滝、二見滝を経て瓢《ひさご》沼、羽衣の滝の右岸を降り、滝を見て松山温泉（現・天人峡温泉）に着き一泊。

二十六日（八日目）、暴風雨。桂月一行の行方不明の報が入ったので、風雨も弱まった十時に出発、旭川までは十里（四十キロメートル）なので、それより近い美瑛駅まで八里（三十二キロメートル）の道を疾歩、辛うじて間に合い乗車、旭川駅前の定宿・三浦屋にようやく帰り着いた。

三浦屋では関係者が集まり、今日帰らなければ捜索隊を出す予定であった。何しろ松山温泉から四日の予定が、層雲峡から登ったために倍の八日も掛かったからである。なかでも心配していたのは、層雲峡からの入山を勧誘した市来源一郎、「桂月行方不明」を報じた『北海タイムス』旭川支局長・岡田天洞、桂月の旭川揮毫会主宰・馬場泰次郎である。また旭川に桂月を迎えに来ていた甥の大町政利（当時、日本製鋼所倶知安鉱務所に勤務）は、予期せぬ行方不明の報により、捜索隊に加わろうとしていた。

そこへ桂月らが帰ってきたので、心配は一転して安心と歓びに変わった。それ以降は人を変え場所を変えて連日、無事生還と登山成功を祝って宴会続きとなってしまったのである。昼夜を問わぬ酒豪たちとの酒合戦に、さすがの桂月もこれ

アイシポップ溪を下れり　親子不知ノ坂、天神峠
午后一時十五分東川松山溫泉に着す
旭嶽
大雪群峯聳碧空　旭峯風骨最豪雄
東西南北不遮目　十國山川一望中
松山溫泉
鷄語催朝色　雪深心更閑
浴餘無一事　貪見雨中山
八月二十六日　微雨
四時うすぐらし、にはとりなく、浴場へゆく、一時間ハ入湯　雨中の山を見る　養老橋二十間
橋柱二つ、一は巨石、一は木を立て、石を積みて之を護す　七時頃より暴風雨となる
少しなごむ、主人、導をなし　羽衣瀧を見にゆく、一段うへが見えたり、十時發足、雨甚し十數回丸木橋、いく回も徒渉す、小屋に火をたき居りし人あり　直に去つて上流に向ふ、そのあとに入りて火をたく、美瑛忠別の物うる店にて午食、醉漢、オールドマン、グードバイ、ばか也　雨やむ　四時みせやにて、ござ、みの、を買ふ、大急にて疾歩、やつと、十分あまして間
六二五

アイシポップの渓を下れり

以上の滞在は体がもたぬと二十九日、関係者の見送りを受けて網走へ旅立った。

以上、桂月の大雪山登山に至る経過の概要を述べてきた。次は層雲峡と黒岳沢の成果と課題の検証である。まずは成果から、

一、「層雲峡」の探勝と命名。従来の霊山碧水に変わって公式名称となった。

二、黒岳沢初登。沢を忠実に詰めたわけではないが、人跡未踏のルートには違いない。

彼は北アルプス全山縦走などの大登山をしているが、彼最高のビッグクライムは黒岳沢であった。彼自身もそれを誇りに思っていたのである。彼はいう。

鹽谷温泉より凌雲澤を溯り候。溯るといふよりも攀づるといふ方が適切に候。溪谷急峻にて瀧が連續致居候。それを鯉の瀧登りならで、人間の瀧登りを致したるにて候。終に十丈の大瀑に逢ひて登るに由なく、峯をつたひて、熊笹を押分け、偃松も傳ひ、一日かゝりても、二里とは歩けず、偃松の中に露宿致し候。この凌雲澤は前人未蹈の地にて、危險にはあるが、登れるといふ新しきレコードを小生が作りたるにて候。

（『桂月全集』別巻、「再び北海道より」より）

三、人跡未踏の湿原に露宿「花の池」と命名。以降の登山地図には記名される。

四、花の池から眼前の無名峰に登り「桂月岳」と命名される。ただしそれは桂月没後のことであり、彼は知る由もない。

五、層雲峡誘致に始まる一連の行動も、ドラマチックにすべてがよい方に働いて

桂月岳

桂月の満足すべき登山になったこと。終盤の遭難騒ぎも変化をもたらした。「終わり良ければ総てよし」の結果になった。

六、桂月の登山記「層雲峡より大雪山へ」が、総合雑誌『中央公論』（一九二三年八月号）に発表されて、層雲峡と大雪山が全国的に知られるようになった。

次に黒岳沢ルートの課題（問題点）についての総括と検証を述べる。

一、入山ルート選定の誤り。本来、黒岳沢はかなりの難ルートであるが、塩谷は途中まで登って前途を楽観していたこと。

二、難ルートでありながら速成的な混合パーティーであり、かつ九人は多すぎる。

三、前項に関連して登山の経験や知識に大きな格差のある、混合パーティーであること。

四、幸い好天に恵まれて成功したが、沢ルートは悪天候になればきわめて危険、遭難につながりかねない。もしアクシデントが起きれば、責任はすべて塩谷にある。

五、速成混合パーティーでありながら、組織としてまとまったのは、桂月の求心力と、何としても桂月を大雪山に登らせるという目的意識が一致していたこと。

六、共通の目的意識に基づいて、自然発生的に役割分担がなされたこと。

以上から考えると、大きなブレーキもなく成功したのは、多分に僥倖であったといわざるを得ない。何れにしても桂月にとって層雲峡と大雪山は、大いに満足

舊盆ノ十六夜也　假裝踊會ありき懸賞一等二圓、
比布ヨリ下愛別へ三里下愛別より中愛別へ一里半、中愛別より留邊志部へ三里半、

この處熊出るといふぶしの花

秋田　成田嘉助　植木屋　四十六歳　旭川區五條通十四丁目右二號

榊原與七郎（そくりやうし）
前川義三郎　とうふや　三十八歳　岩井　旭川區三條通十五丁目右二號
この夜月明也星は見えず

深淵世無比
不識幾千尋
丈大何鱗族
眼光對水心
神居古潭

八月二十日　晴
はじめて、大雪山を見る　五六峯、天を横斷す、九時發留邊志部を發す、わたし、眞勳別、小學校、休息、

八月二十日　はじめて、大雪山を見る

すべき登山となった。彼の登山人生のなかでも、忘れえない劇的な登山となったのである。最高齢の桂月がよくぞ登ったものと感嘆させられる。入山した層雲峡と、下山した天人峡には桂月の記念碑がある。

思えば二〇二〇年は大島亮吉（一八九九～一九二八）の大雪山登山一〇〇年であった。今でこそ大島を知る人も少なくなったが、『広辞苑』に立項する数少ない登山家の一人である。彼は二十九歳で雪の穂高に墜死という悲劇の人であったが、岳界に大きな貢献をした。『山　研究と随想』（一九三〇年、岩波書店）は遺稿集であり、彼の業績が凝縮されている。一九二〇年、大島は大雪山学術調査の先駆者・小泉秀雄（一八八五～一九四五）の教示によって入山、トムラウシ、石狩岳に登頂し、石狩川層雲峡に下山、さらにヌタクカムウシュペに登る予定であったが、豪雨の後の増水で石狩川の徒渉ができずに断念した。その紀行を「石狩岳より石狩川に沿ふて」として慶大山岳部報『登高行』第三号（一九二一年）に発表、全国の岳人に愛読された。そこには小泉の名や、小泉の名づけた地名もたくさん出てくる。

当時は市販の登山関係の図書もなく、大学山岳部報は数少ない山岳文献として、全国の山岳部員のほか、一般登山家、愛好家たちに広く読まれたのである。部報には登山記、技術、知識、随想、海外の登山などの記事があり、総合的、集約的な登山の情報源として愛読されたのであった。

大島亮吉と大町桂月は大正期に相前後して入山、それぞれ大雪山紀行を発表した。広く全国に大雪山を紹介、ひときわ光彩を放つ名文として評価は高い。だが

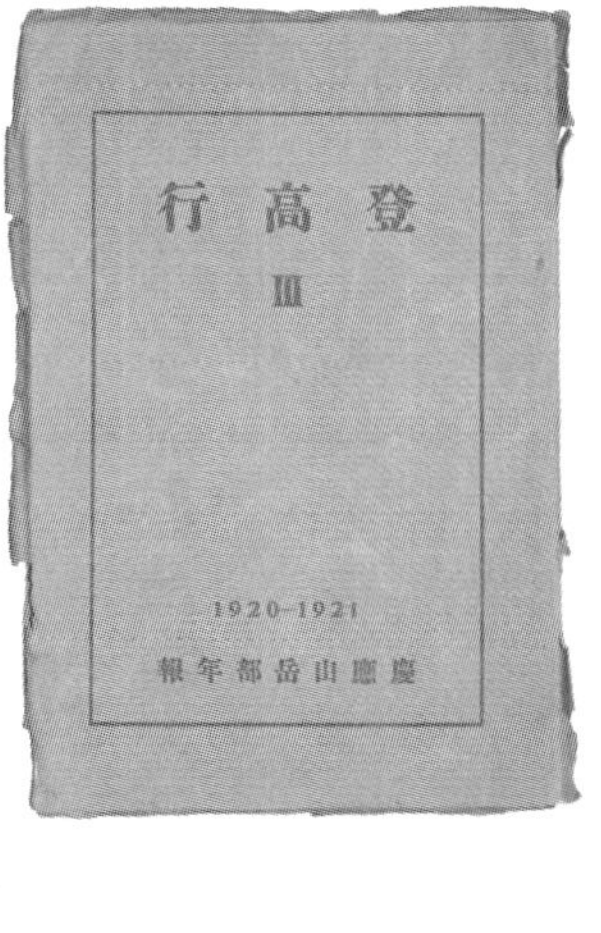

『登高行』Ⅲ　慶応山岳部年報　一九二〇―一九二一

石狩岳より石狩川に沿ふて
大島亮吉

大島亮吉「石狩岳より石狩川に沿ふて」

この二つの紀行はおのずから性格を異にする。すなわち大島のそれは、登山家の文章であり、発表も大学山岳部報という特殊な機関であり、読者対象も登山界という限られた分野であった。一方、桂月は文士の文章であり、総合雑誌に発表されて広く一般読者に読まれた。アマチュアとプロフェッショナルの違いもある。二人の登山ルートも大きく違う。

強いて共通点を探すならば、大島は石狩川を下り右岸に上がったので、塩谷温泉には泊まれなかった。具体的ではないが彼は対岸の加藤温泉（国沢温泉）に泊まったことが察せられる。案内人夫・成田嘉助は、大島にも桂月にもその前の小泉にも同行した。

桂月について忘れてならないのは「日本百名山」（深田久弥）の先駆けであることである。彼は晩年、「日本名山誌」を編もうと精力的に全国の山を登り続けたが果たせず、志し半ばで逝く。今となっては彼の意図を知るよしもないが、日本の名山を訪ね歩いて編もうとしていたことが察せられる。

長男・芳文、次男・文衛は父の遺志を受け継いで、書き残したものから選んで編集『日本山水紀行』として一九二七年、帝国講学会から刊行された。内訳は「関東の山水」「相豆《そうず》の山水」「駿甲《しゅんこう》の山水」「東海の山水」「日本アルプス」「近畿の山水」「中国の山水」「北陸の山水」「奥羽の山水」「北海道の山水」「四国九州の山水」「満鮮の山水」で構成されており、九百ページ以上の大冊である。彼の足跡は日本本土から、満鮮（満洲、朝鮮）に及ぶ。

ただ内容的には「日本アルプス」を除いては、登山紀行というより旅紀行であ

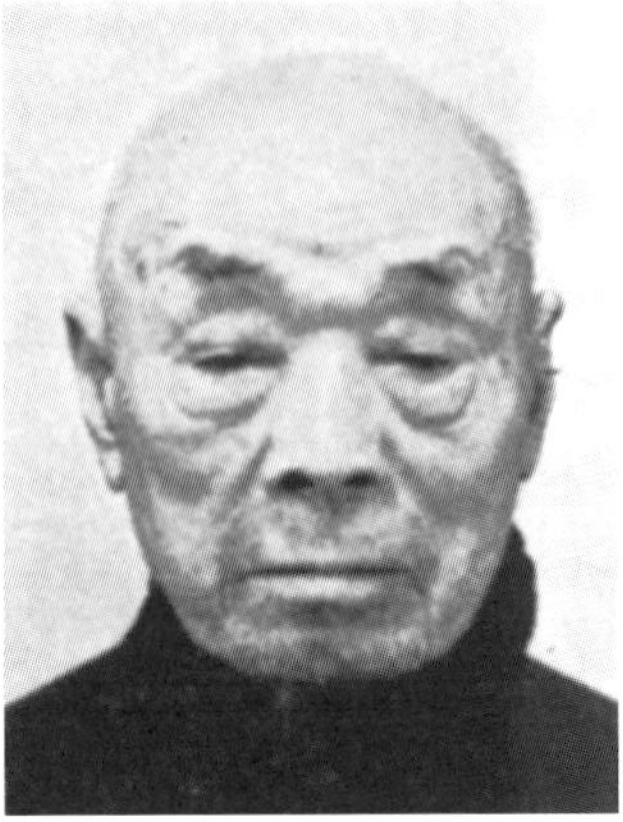
成田嘉助

る。従って北海道を例にとってみても、彼の登山した「駒ヶ岳より羊蹄山へ」「層雲峡より大雪山へ」も採りあげていない。掲載したのは「北海道山水の大観」（総合雑誌『太陽』一九二三年六月号、博文館）である。桂月の意図する「名山誌」は、もう少し登山らしいものでありたかったのではなかろうか。彼の描くスケッチは巧拙を超えて人を惹きつけるものがあるので、名山誌の図版として用いればきっと面白いと思う。だが「山水」を用いる限りでは古風な印象を否めない。

以上、桂月大雪山登山一〇〇年に当たって、彼の登山を振り返り、成果と検証を試みた。筆者の主観を交えた所感である。

主な参考文献（発表順）

小泉秀雄「北海道中央高地の地学的研究」（日本山岳会『山岳』第十二・三号、一九一八年）
大町桂月「層雲峡より大雪山へ」（『中央公論』一九二三年八月号）
大町桂月『桂月全集別巻』（一九二六年、桂月全集刊行会）
大町桂月『日本山水紀行』（大町芳文、大町文衛編、一九二七年、帝国講学会）
田所碧洋『桂月』（田中貢太郎編『桂月』限定月刊誌、一九二五〜六年）寄稿文数編
田所碧洋『土佐協会雑誌』（土佐出身同好者団体発行誌、一九二六〜七年）寄稿文数編
大町文衛「大雪山に登る」（一九四〇年「北海タイムス」に連載）
塩谷　忠「峡名由来」（一九四七年、詩文集『層雲峡四季』に掲載）
塩谷　忠「大町桂月翁を想う」（旭川営林会『寒帯林』一九五一年一月号より十四回連載）
水姓吉蔵「大雪山登行」（一九五二年、大雪山調査会『層雲峡　大町桂月記念号』）

羊蹄山

大町政利「甥の見た桂月」（一九五三年『高知県人』掲載）
清水敏一『大町桂月の大雪山』（二〇一〇年、北海道出版企画センター）

清水敏一著『大町桂月の大雪山』

幻の大雪山奥山盆地

大雪山奥山盆地と云っても知る人はいない。当然である。公式の記録上にも、地図上に存在しないからである。しかしかつての一時期、「奥山盆地」は地図上も、記録上も存在していた。それは大雪山学術調査の先駆者である小泉秀雄が、彼の著作「北海道中央高地の地学的研究」（日本山岳会『山岳』第十二年第二、三号、一九一八年）の本文と地図に、その名称を掲載して以来である。とはいえ正規の陸地測量部の地形図に表示はなく、非公式の名称とは云えるだろう。けれどもその道の権威ある『山岳』誌上に記載されたので、知る人ぞ知る存在であったに違いない。

前段が長くなった。「奥山盆地」の命名者は小泉秀雄である。先駆者の特権で山中の無名の平に命名した。彼はこの地がよほど気に入ったものと思われる。文中二カ所に立項して記述しているのである。ひとつは第一章付設「北海道の盆地」の五つの盆地の一つが「奥山盆地」なのである。彼はこの地形を、

（前略）…　四周は高山大岳の連嶂を以て取り囲まれ、中に一大平地を有する地形は恰も桶の底を見るが如し。而して此の環壁は普通の盆地と異り、北海中央高地の最も高峻なる大雪山脈（平均略一九〇〇米）並びに石狩山脈（平均高度略一八〇〇米）を以て取り囲まるゝを以て、山高く谷深く真正なる深山幽谷をなし、古来人跡を断《た》てる仙境なり……（以下略）

『山岳』第拾貳年第二、三號

奥山盆地が分かる地図
（『大雪山　登山法及登山案内』折りたたみ地図）

と記述し絶賛する。
彼はまた第三章第四節にも「奥山盆地」の項を設けて次のように述べる。

（前略）… 正さに亜細亜《あじあ》大陸に於けるパミール高原とも称すべし。即ち北海本道の中央に位《くらい》し、周囲は絶大なる山脈を以て囲まれ、中央に平地ありて東西略《ほ》ぼ四里南北三里に達し、四周は峯巒峨々《ほうらんがが》として四辺と交通を絶ち久しく其珍奇なる地形を紹介せる者なかりき。此盆地の地形は甚だよく日本北アルプスにある穂高山脈と常念山脈とに依《よっ》て囲まる、上高地盆地の地形に酷似するものあり。（以下略）

（ルビは筆者）

とかなり具体的に表現する。それは上高地に甚だよく似ているというのである。上高地といえば梓川中流一五〇〇米前後の山中に広がる台地という特異な地形であるが、穂高連峰を主とする山岳景観がなければ、単なる川の広がりであり、天下の名勝になり得なかったであろう。上高地の歴史は古く山岳関係者では早くからよく知られていた。今では一大観光地として、国の文化財（特別名勝・特別天然記念物）に指定されていることも含めて一般に広く知られている。

著名人上高地来訪の事例を紹介すると、ウォルター・ウェストン（一八六一～一九四〇）が初めて上高地を訪ねて穂高に登ったのは一八九三年（明治二十六年）、小島烏水（一八七三～一九四八）が初めて槍ヶ岳登山に成功したのは一九〇二年（明治三十五年）であった。芥川龍之介（一八九二～一九二七）の上高地から槍ヶ岳登山は一九〇九年（明治四十二年）、高村光太郎（一八八三～一九五六）が徳本峠を越えて上高地に入ったのが一九一三年（大正二年）であった。

芥川龍之介

高村光太郎

前述のように小泉は自ら名づけた奥山盆地を、上高地に甚だよく似た地形であると云うのである。ということは、小泉は既に上高地を訪ねた経緯があり、その比較検証の上に立って、酷似することを立証しているのである。ただそれを証明する資料となると、きわめて少ないと云わざるを得ない。彼の作成した地形図には、もちろん奥山盆地を明記しているので、地形上は推察できる。けれども景観として見るには、具体的に実感できない。彼は厖大な山岳写生図を残した。彼は調査した地域を、綿密に描きとった。彼はカメラを持たずにもっぱら写生図で表現したのである。当時のカメラでは鮮明度に欠けるが、彼の写生図の方がよほど分かりやすく具体的である。

前記「北海道中央高地の地学的研究」でも、本文論稿とともに、「北海道……研究附図」一冊を添えて日本山岳会に提出した。しかし編者（小暮理太郎）はあまりの量の多さにとても掲載できず、そのまま小泉の許に返却された。もともと「北海道中央高地の地学的研究」論稿自体が『山岳』二号分を単行本的に独占掲載されたものであり、とても「附図」を掲載できるはずがない。このような例はかつてなく、また今後ともあり得ない。きわめて例外的な対応である。なおボツになった写生図の主なものは一九二六年（大正十五年）、大雪山調査会から発行した『大雪山　登山法及登山案内』に使用しているが、その間に山名の変更（移動、追加、削除など）をしているので、前著と同じではない。新たに加えた桂月岳や、小泉岳、荒井岳を追加するために変更せざるを得なかったのである。

さてこの「附図」（現在は東川町文化財として東川町にて収蔵）の写生図には、本

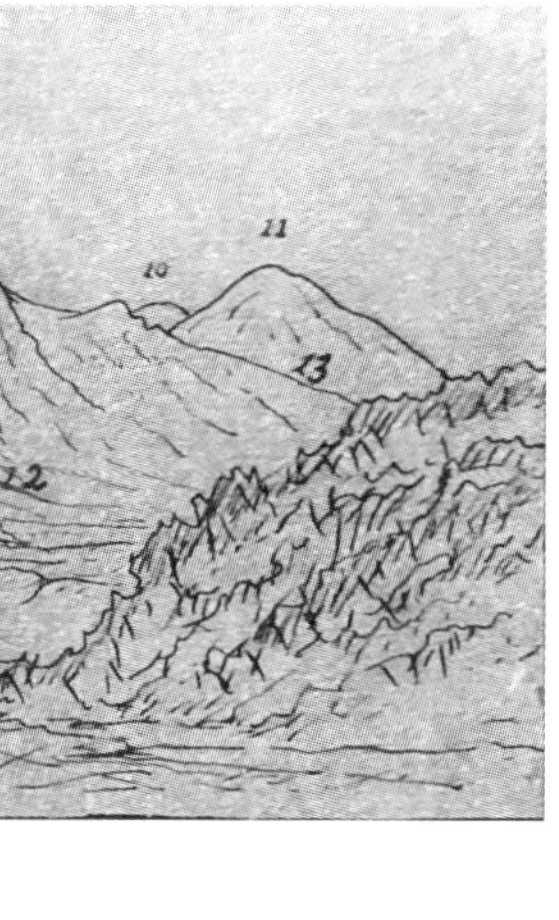

小泉秀雄の巧みなスケッチ。中愛別小学校校庭から見た大雪火山彙全景。5愛別岳、7永山岳、11旭岳。一九一七年八月十六日

題の「奥山盆地」を明記する図もいくつか存在する。だがこれらの図も位置を示すだけで、上高地を連想することはできない。つまり上高地から望む穂高連峰のように、具体的な景観の写生図がないのである。従って彼がいくら上高地に酷似すると強調しても説得力がない。ただ彼は地形図上に明記するとともに、具体的に石狩岳連峰と大雪山連峰に囲まれた地形であると述べているので想像はできる。

では奥山盆地とはどこか？　それはそっくりそのまま大雪ダム（大雪湖）に当てはまる。大雪ダムは日本第三位の規模で、国土交通省北海道開発局によって建設された多目的ダムである。一九六五年に着工、十年の歳月を費やして一九七五年に竣工した。下流に層雲峡の景勝と温泉街がある。黒岳ロープウェイがあり、旭岳ロープウェイとともに大雪山国立公園随一の観光地である。その上流は大雪ダムであり景観もよい。ダムとその上流は渓流魚の釣り場でもある。奥山盆地から大雪ダムへ、大きく変貌を遂げ、そこにはかつての奥山盆地にはない異質の新しい観光地を生み出したのである。

ダムの深さは百㍍以下と見られるので、景観的には大きな差異はないと想えるかも知れない。しかし我々には一段高い周縁部から見るので、複雑な形をしたダムの全貌を見ることはできない。ダムの中心部の底に立つことも不可能であり、かつての奥山盆地を想像はできても実感は伴いにくい。

このように奥山盆地は大雪ダムの完工とともに景観と、その名は永久に消えてしまったのである。しかしながら命名者・小泉、彼の記述と古い地図上の記録からは消えることはない。また登山家・大島亮吉は一九二〇年、小泉秀雄の足跡を

夏の大雪ダム

氷の張った大雪ダム

なぞって、クワウンナイから入山しトムラウシに登頂、奥山盆地に露営し、念願の石狩岳に登頂した。そして石狩川を下り、大函を経て層雲別（当時、層雲峡の名はなかった）の温泉に宿泊している。そのときの紀行「石狩岳より石狩川に沿ふて」（慶大山岳部報『登高行』第三号、一九二一年）には随所に奥山盆地の記述が見られる。けれども写真や図はない。

　ではもうかつての奥山盆地を見ることはできないのであろうか。考えられるのはダム着工前の写真を探し出すことである。それによって可能性は生まれる。さいわい佐久間弘氏が古い写真をお持ちであった。同氏は過去に北アルプス穂高岳山荘勤務、今はアイヌ地名研究をされている視野の広い山岳ガイドである。佐久間氏の持つ写真は実業家でありアイヌ地名研究家・山田秀三（一八九九〜一九九二）が、ダムのできる前の一九七一年に撮影したものである。

　その写真はまさに奥山盆地を彷彿させるものがあった。下流の層雲峡と違って、穏やかな流れの平らな広がり、そこには湿原があり、流れに沿って咲く花々も想像できる。彼方に残雪の山を望む景観はまさしく奥山盆地そのものではないか。立ち枯れの水面から大正池を連想し、上高地盆地の景観につながる。そこに帝国ホテルが建ったとしてもフシギではない、新しい観光地を生み出す素地は十分である。だがダムの出現はそれを不可能にしたのであった。

　逆説的に考えれば上高地にダムを造成することと同じである。大正池の川下《かわしも》にダムサイトを造ればよいダムができる。かつて東電は尾瀬をダムにする案があったことを思うと、まんざら荒唐無稽でもなそうである。とはいうものの今では尾

山田秀三文庫写真資料　上川、石狩本流

瀬も上高地も、ダムにすることは考えられない。実現したのは大雪ダムのみであった。

中部山岳国立公園　上高地

絶筆原稿

事業提案
トムラウシ山登山大会開催について

（原案　清水敏一）

名称　日本の名峰・トムラウシ山登山大会

東川町は北海道の最高峰・旭岳（二二九一㍍）と、北海道第一の滝・羽衣の滝（落差二七〇㍍）を有する大雪山の町です。ロープウェイができたお蔭で、観光上は益するところ大ですが反面、旭岳は本格的な登山対象の山ではなくなりました。

一方、目を反対側（南方）に転じますと「大雪の奥座敷」と称される名峰トムラウシ山（二一四一㍍）があり、上川側から直接登る唯一のルートであることが分かります。地籍は美瑛町ですが、拠点は東川町の天人峡温泉になります。

三十三曲りの急登から馴染みの滝見台へ、羽衣の滝の全容と旭岳を仰ぎ見たのち、更に登り第一公園、第二公園の景勝を経てなだらかな尾根上を歩きます。このあたりにくるとルートも平らになり歩きやすくなってきます。小化雲岳、化雲岳を経て五色が原のルートに合し、いよいよ待望のトムラウシ山へ、ヒサゴのコル、日本庭園、ロックガーデン、北沼、などの名勝が続きます。このあたりはまさに天上の別天地です。

そしてついに岩の小さなピーク・トムラウシの尖頂に立つ。というわけで天人峡からトムラウシへのルートを駆け足で辿ってきました。すなわちこのルートを

五色岳から眺めるトムラウシ

このたびの「トムラウシ登山大会」に活用することになります。さてこの大会の目的は順位を競うのではなく、制限時間内に登頂することにあるのです。距離は往復約三四㌔、登り累計二二七五㍍、下りも同じく累計二二七五㍍、一般的なコースタイムは約八時間です。もちろん登山会はこれでは遅すぎるので、制限時間は一五時間以下に設定する必要があります。

それはさておき、滝見台ルートが拓かれるまえはその手前のクワウンナイ川を遡行してトムラウシに登頂しました。このルートの白眉は小泉秀雄（一八八五～一九四五）の命名した「滝ノ瀬十三丁」にあります。長くゆるやかな滑滝を登るのですが、このようなルートは他に類がなく、クワウンナイ独自の素晴らしいルートなのです。沢登りとしては初級ですが、登山路がないので、一般的ではありません。小泉は一九一七年（大正六年）、山案内人・成田嘉助（一八七六～一九七三）を伴ってこのルートを辿り、トムラウシ山に登頂しました。このクワウンナイルートは小泉が記録上の初登です。

続いて大島亮吉（一八九九～一九二八）が一九二〇年（大正九年）、小泉の斡旋を受けて成田嘉助を伴い小泉のルートをそのままなぞってクワウンナイからトムラウシ、石狩岳に登頂して石狩川を下り、層雲峡に至っています。彼はこの登山記を「石狩岳より石狩川に沿ふて」として慶應義塾大学山岳部々報『登高行』第三号（一九二一年）に公表しました。今では大島の名文として広く読み継がれています。

さてトムラウシへは旭岳経由でも登頂できますが、楕円形の縁の半分を辿って

滝見台から眺める旭岳と羽衣の滝

いるようなもので日数がかかります。滝見台のルートは楕円の短径を辿るので、きわめて近いということになります。とはいえ常識的には山中一泊でしょう。けれども一泊となるとテントや寝具、炊事用具、食料などを背負う必要が生じます。荷が重くなると歩行速度が落ちます。

それともそれらを省略して荷を軽くすれば日帰りも不可能ではありません。それを実践したのが添付の登山記「トムラウシ山登山ひとつの試み」『ビスターリ』第五号（一九九〇年夏号、山と渓谷社）です（八十～八十一ページに収録）。

「ビスターリ」とはネパール語でユックリとかユルヤカニという意味です。すなわち『ビスターリ』は、中高年のため楽しくゆたかな山歩き季刊誌なのです。季刊誌ですから各春、夏、秋、冬号となります。同誌は一九九五年秋号、第二十六号まで刊行されています。次号冬号予告あり、十二月二日発売、特集「冬の峠に遊ぶ」ですが、刊行されずに終わったようです。

それはともかく、この度開催する大会の実施要領は以下の通りです。

参加者募集要項

参加資格：健脚であること、一日一五時間歩ける脚力を有すること。
　　年齢制限はしないが成人男女であること。
募集人員：二〇〇人以下一〇〇人以上。
参加条件：前日天人峡温泉または旭岳温泉泊。
出発拠点：七福岩展望駐車場。バスで出発地まで送り迎えをする。

滝見台から眺める秋の羽衣の滝

『ビスターリ』第5号

制限時間：大会時は数カ所のチェックポイントを設け、制限時間を決める。制限時間内に通過できない人は、失格として戻ってもらう。登頂者には「トムラウシ山登頂証明書」を授与する。

大会周期：毎年七月第一土曜日、年中行事とする。

　雨天中止、代替行事を考慮しておく。

参加料：一万五千円（宿泊費別）、宿泊所は斡旋するが費用は申込者払い。

参加申込の締め切り：開催十日前とする。

大会開催の周知：山岳雑誌、新聞その他イベント情報。

主催、共催、協力、支援の別を決める。

実行委員会を組織し、万全の受け入れ体制を整えておく。

山岳ガイド、自然ガイドの支援、ボランティア団体の協力・支援を仰ぐ。

関係者の宿泊についても決めておく必要がある。

医療体制を整備しておく。

深田久弥（一九〇三～一九七一）は戦前から山岳雑誌に「日本百名山」として連載していましたが、雑誌が廃刊になったので中断。戦後も引き継いで連載し、還暦の年に完成し、それをまとめ単行本『日本百名山』（一九六四年、新潮社）として刊行しました。この本の反響は大きく、それによって百名山ブームとなり、

第一公園

百名山マニアが生まれ、百名山行脚をする人が目立ってきました。
それはさておき深田は百の名山のすべての頂上に立ちました。彼は百を選ぶためにその数倍の山に登っています。そうして自分の足と眼で確認をして選んだのです。彼の選定基準を次に挙げます。

第一　山の品格　誰が見ても立派な山だと感歎するものでなければならない。人間にも人品の高下があるように山にもある。人格ならぬ山格である。

第二　山の歴史　昔から人間と深いかかわりのある山は除外できない。人々が朝夕仰いで敬い、その頂に祠を祀るような山は、おのずから名山の資格を持っている。

第三　個性のある山　個性の顕著なものが注目されるのは芸術作品と同様である。形体、現象、伝統など他になく、その山だけが見えている独自のものを尊重する。平凡な山は採らない。

付加条件としておおよそ一五〇〇㍍以上の山とする。例外的には筑波山（八七七㍍）と開聞岳（九二四㍍）があります。
こうして北海道からは九つの山を選びました。利尻岳、羅臼岳、斜里岳、阿寒岳、大雪山（旭岳）、トムラウシ、十勝岳、幌尻岳、後方羊蹄山です。大雪山国立公園地域からは三つの山です。深田は『百名山』「トムラウシ」の冒頭に次のような記述をしています。

化雲岳

トムラウシを眺めて初めて（心を）打たれたのは十勝岳からであった。美瑛富士の頂上から北を見ると、尾根の長いオプタテシケのかなたに、ひときわ高く、荒々しい岩峰を牛の角のようにもたげたダイナミックな山がある。それがトムラウシであった。それは私の心を強く捕えた。あれに登らねばならぬ。私はそう決心した。その次、大雪山の最高峰旭岳の頂上から今度は南の方に、快晴の秋空に屹と立っているトムラウシを見た。やはり立派であった。威厳があって、超俗のおもむきがある。こちら側からは岩峰が三つになって見えたが、その形もなかなかいい。あれに登らねばならぬ。私の志はますます堅くなった。そして翌年の夏、私は望みを達してその頂上に立った。

トムラウシは、大雪山の旭岳につぐ北海道第二の高峰である。地理の本によると、大雪火山群と十勝火山群との中間、平ヶ岳、忠別岳や化雲岳、トムラウシにわたる一連の山を、戸村牛火山群と呼んである。しかし平ヶ岳や忠別、化雲は、広大な尾根上の一突起でしかないが、トムラウシは毅然としてその独自を主張する個性的な山である。

それでは深田が辿ったトムラウシへのルートを追ってみましょう。彼は北大山岳部員の先導で入山しています。屈足《くったり》から森林軌道に乗って十勝川上流二股まで行き、そこから山越えして、十勝川の支流ユートムラウシ川に湧いている野天温泉（現在のトムラウシ温泉）に第一夜のテントを張りました。

そこから再び山越えで、やはり十勝川支流のカムイサンケナイ川へ出る。カム

ロックガーデン

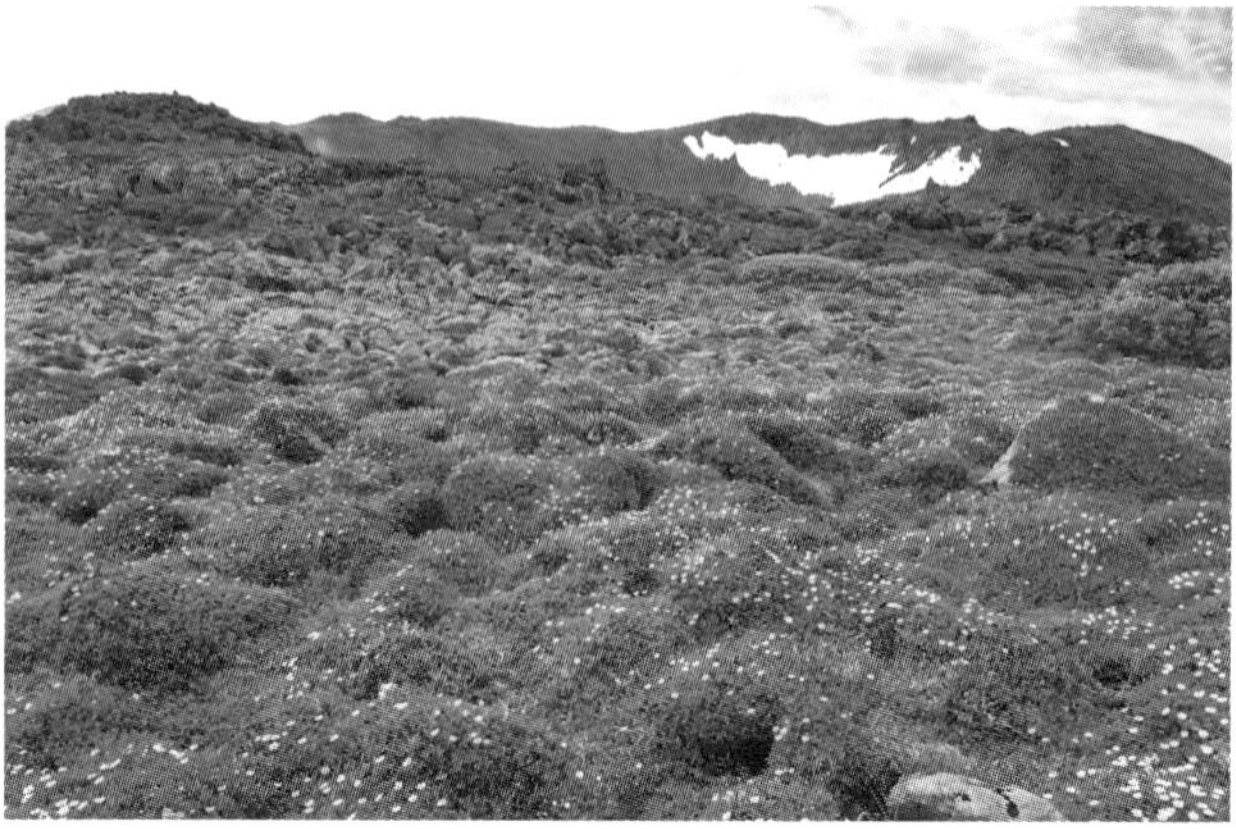

イサンケナイ川に沿って登り、原始林を抜け出て、幅の広い山稜上に達しました。霧に包まれて何も見えないなか、石のゴロゴロした登りになり、やっとトムラウシの頂上に達しました。大きな岩の積み重なりです。霧の中の大岩に腰をおろして、「展望は閉ざされていたが、念願の山の頂に立った喜びは無限であった」と彼は述べています。

下りは反対側の山稜の道を採りましたが、これがまた長い。小さな沼の脇を通ったり、広い斜面を上ったり下ったりして、ようやく稜線から外れて右へ下りると、その下に雪渓があり、雪渓の下にヒサゴ池（沼）が広がっています。その池のほとりに第二夜のテントを立てました（まだヒサゴ沼避難小屋のない頃のことです）。

下山は化雲岳の岩峰を経て、滝見台ルートを天人峡温泉に下ります。天気はやっと晴れてきて、化雲岳から完璧な青空になりました。「どちらを向いても山ばかり、わけてもトムラウシの厳つく岩の肩を張った姿から眼を離すことができなかった。天人峡への下りも、灌木帯に入るまでは美しい高原の道であった。そこから何度私はトムラウシを振り返ったことであろう」と語っています。深田にとって百の頂のなかでも、トムラウシは特に印象に残る山であることが窺えます。

トムラウシはこれまでも登山家たちにはよく知られた名山でしたが、深田が百名山に選んだお蔭で登山ブーム、百名山ブームと相まってにわかに一般に知られる名山となりました。深田が名山のお墨付きを与えてくれたのです。

北沼

以上、トムラウシ登山大会と、その関係資料について記述してきました。登山大会は万全の実施体制を整備したつもりでも、何しろ初めての試みですから、何らかの不備が生じるかも知れません。小さな不備はその都度、是正をしながら完成した形に作り上げることになりましょう。

要は如何に登山大会の開催を広く、周知するかにあります。それさえできれば応募者は殺到、早々に応募を打ち切らざるを得ないかも知れません。なぜならこの種のイベントは全国的に人気があるからです。数々の市民マラソン大会、トレールランも全国の山地で実施しています。ましてや北の名山トムラウシ山とあれば、きっと希望者の殺到が予想されるのです。参加料が高くても参加したい気持ちの方が強いはずです。

そうなれば第一段階は成功であり、あとは如何に受け入れ体制を整えているかにあります。それさえできれば、大会そのものの成功につながります。絵に描いた餅の部分もあるかも知れませんが、とにかくまずは実行してみることでしょう。

以上、トムラウシ山登山大会の実施提案を終わります。

二〇二三年一月二日

十勝岳連峰から眺めるトムラウシ

添付資料

読者紀行
トムラウシ登山ひとつの試み

清水敏一

私だけのビッグクライム

一九八九年、私五十六歳。この年は私のささやかな「ビッグクライム」が三つある。まずひとつは一月に行った六甲全山縦走五六キロの踏破である。次は四～五月の飛び石連休における七日間七山のピストン往復、休日はすべて山登りに使った。その次がこれから述べようとする岩見沢からのトムラウシ山一日往復である。もちろん、この三つの登山は、だれに誇れるわけでもない、私だけのささやかな登山である。

さてトムラウシ山は標高二一四一メートル、大雪山国立公園の真ん中に位置する山で、もちろん山の奥深さ、山の風格という点では最高峰旭岳にまさる。『日本百名山』に登場する名山である。深田氏は「威厳があって超俗のおもむき……。毅然として独自を主張する個性的な山……」と評した。

清水敏一さんの読者紀行「トムラウシ登山ひとつの試み」

この山に直接登るには石狩側では天人峡温泉から、十勝側からはトムラウシ温泉が登山口となるが、どちらからも最低一泊二日が常識であり定石とされている。それだけに山が深く、登り甲斐のある山、値打ちのある山であり、登山者としてはトムラウシの頂に立ってみたいと、思い憧れるのも当然であろう。

しかし便利なコースとはいえ一日で往復することは無理であり、無謀であることは前記の通りである。だが本当にそうだろうか、可能性はないか。ではなぜ私が一日で往復したいか、手っとり早くいえば荷物を担ぎたくない、いや担げないといった方がいいかも知れない。それでもトムラウシに登りたい。

もし一泊二日とすれば、まず露営用具すなわちテント、炊事用具、寝具（シュラーフザック、マット）、食糧も準備せねばならない。当然、荷物は重くなり大きくなる。それなら荷物を軽くして一日で往復できないか、という論法である。

では、なぜ一日では無理とされているか。

それは地図やガイドブックを見ればわかる。往復すれば距離にして三三キロ、時間は一八時間を要する。休憩時間を含んで余裕をみれば二〇時間とみるのが常識であろう。これを登山口天人峡から一三〇キロ離れた岩見沢から往復しようというのであるから、無理無媒といわれても当たり前かも知れない。それに私も若くないからなおさらである。

それをあえて実行に移そうというのであるから、まず一〇〇％安全を期さねばならない。それには綿密な計画？　を必要とする。もし万が一アクシデントを起こしたとすればどうなるか。新聞の見出しはこうだ「無謀な中年の登山　トムラウシで遭難」そしてあることないこと悪いことを書き立てられる。たったひとりだけの小さな遭難であるから、記事も小さいはずだ……。

それはさておき計画と問題点を列挙する。

一、時期　夏期七月上旬もしくは中旬とする。天候が安定している時期、気温の高い時期（あまり暑すぎると体力を消耗する）、昼間の時間の長い時期、すなわち実行に際して最も安全な時期は七月上～中旬である。

二、パーティ　単独行とする。安全上からはひとりはよくない。しかし同行者の質によっては、かえって安全度は低下する。ひとりの方が行動の自由を束縛されない。ふたり以上の場合は、体力、技術があり、かつ目的（今の場合はトムラウシ一日往復）を同じくし、さらに日程が合致せねばならない。

三、装備　前記の通り荷物を軽くして省力化、登高速度を上げる。ただし軽量化は危険性を増すことにもなる。それをどこで妥協するかが課題。

四、体力・技術・経験　自己評価により合格とする。体調を整えておくこと、睡眠を充分にとること。

五、コースタイム　前述のように常識的には二〇時間をみるべきであろうが、過去の実績からみてコースタイムの合計一八時間より速く歩けることはまずまちがいない。

六、エスケープルート（逃げ道）　逃げ道はない。元の道を引き返すより方法はない。天候状態、体力の消耗、時間の経過などを見ながら、余裕をもって引き返すことである。状況に応じた適切な判断が問題。最悪の場合は、ヒサゴ沼の避難小屋を利用する。

決行！　一四時間五〇分の行動

さて、実行は七月十五日と決めた。天気予報は好天、絶好のチャンスである。前日、早めに睡眠をとり一時三十分起床、一時三十五分スタート。五分もあれば充分、顔をひとなでして飛び出す。国道を安全運転でひとっ走り、三時五十分、天人峡温泉に着いた。まずは休息と仮眠を三〇分。北海道の夜明けは早い、辺りも明るくなってきた。もうライトもいらない。

四時二十分、歩き始める。登山口は温泉の中心にある。道は泪《なみだ》壁の絶壁をジグザグにグイグイ登っている。羽衣の滝の高さを一気に登るのであるからかなり厳しい。登り切ってしまうと平坦な台地となり、間もなく滝見台だ。ここまで四〇分、ガイドブックでは一時間二〇分とあるから半分の時間である。これは私が早いのではない、ガイドブックが余裕を見すぎている。ガイドブックはおおむねゆとりのあるコースタイムを表示しているが、必らずしもそうとばかりはいえないから注意を要する。

滝見台は落差二五〇メートル、北海道最大の滝羽衣の滝を望む絶好の場所である。観光客は滝を下から見上げるのであるから全貌は分からない。だがここは対岸の高台にあるから、そのすべてを望むことができる。滝は断崖を七段八段になって落

トムラウシ山周辺図

下、ゴウゴウたる滝の音が聞こえる。

ここからは忠別川沿いに緩やかな台地を登ることになる。川沿いといっても川底は三〇〇㍍の断崖の下にある。やがて旭岳に陽が当たりはじめた。素晴らしい眺めだ。ひと登りをすると第一公園である。ここは湿原であるが、さすがに公園というだけあってなかなかいいところである。湿原の中には地塘が点在し、チングルマやエゾコザクラが咲き乱れ、アカエゾマツの林があり、見事な天然の庭園である。それに旭岳を中心とする山々の展望がまた圧巻である。六時二十分通過。

ここから先は道が悪くなる。雪渓、飛び石伝い、湿地、倒木などが次々と行く手に現れる。だが森林から灌木となり、さらには高山帯となってさえぎるもののない大展望が疲れを吹き飛ばしてくれる。目指すトムラウシ山もはるかに見えてくる。

化雲岳《かうん》九時三十五分着、予定より早い。だが少し眠い。「ここらでチョイトひと眠り」腹ごしらえをして横になる。暑くなし寒くなし、最高に気持がいい。すぐに眠ってしまった。目が覚めた。三〇分ほど眠ったことになる。気分爽快、さあ出発だ！

トムラウシ山は目の前にあるがまだ遠い。ここからでも千㍍級の山ならゆうにひと山分の距離にある。いままで誰ひとり会わなかった登山者にもチラホラ出会うようになってきた。ここは十勝岳から、白雲岳から、沼ノ原からの道の合流点であり、通過点だ。

みな衣住食を背負って荷物は大きい。私のような小さなサブザックはいない。

「日帰りをするんだ」というとあきれていた。だが「それもいい登り方だね」という人もいた。

ここから先、美しい池や沼が次々に現れる。「神遊びの庭」「日本庭園」と名付けるところもあり、お花畑は真っ盛り、いたるところ天上の楽園だ。さすが日本の名山トムラウシである。山の格がちがう。

登降をくり返しながら登ること化雲岳から二時間一五分（ガイドブックでは二時間四〇分とある）、ついにトムラウシ山山頂に立った。時に十二時三十分、感無量なり。残念ながらガスが出て展望はあまりよく見えなかった。

山頂でまた腹ごしらえをしていよいよ下山にかかる。ガラ場はガスがあると迷いやすい、慎重に下る。化雲岳への下りも登り降りがあるからそう楽ではない。ガスの去来も激しくなってきた。化雲岳までくるとあとは下り一方であるから楽だ。しかし急な下りは足を痛めるおそれがあるから、あくまで慎重であらねばならない。第一公園まで下るともう安全圏内である。急ぐこともないが、ゆっくりすることもない、展望がいいわけでもないから足は自然に前へ進んでしまう。

滝見台から天人峡への下り、退屈なものだから、いったいジグザグに何回折れ曲がるのか数えながら下ったら三三回曲折で天人峡に下り立った。時間は十九時十分。明るいうちに下ることができた。延べ全行程、休憩昼寝を含めて一四時間五〇分。まずは予定通りにゆうゆうとトムラウシ山往復を完成した。

だが、まだ岩見沢まで走らねばならない。ここで事故を起こしてはすべて帳消しになってしまう。あくまで安全運転。残った食糧を片づけながら走る。岩見沢

日本庭園付近から望む巨大なトムラウシ山山頂

着二十二時二十分。二十三時にはわが家のベッドの上であった。
こうして私のビッグクライムは終った。六甲全縦五六キロは、一三時間一五分であった。それに比べてトムラウシ山ははるかに短かい三三キロでありながら、一四時間五〇分を費やしたことは、それだけ山として大物ということになろう。

（岩見沢市・57歳）

『ビスターリ』第五号　山と渓谷社　一九九〇年七月一日　掲載

編集後記

山岳史家、清水敏一さんは東川町大雪山アーカイブス専門員として活躍中の二〇二三年二月三日、高熱を伴う誤えん性肺炎で入院され、一進一退を繰り返しましたが三月六日午前、帰らぬ人となりました。享年九〇歳。

生前に交わした約束にそって旭川医大へ献体手続きを取り、その後も清水さんが遺言を託していた弁護士に相談したり、指示を仰ぎながら、暮らしていた公営住宅の明け渡しなどに取り組む中で、リビングの机に置かれた清水さんのパソコンデータの確認と後処理を最優先にしました。二〇二一年のファイルに大雪山調査会の原稿がまとめて納めてあり、「ようやく大雪山調査会一〇〇年の歴史を書き終えることができた」から始まるあとがきの項からファィルを次々と開いていくと、「発行日二〇二四年八月吉日、発行所大雪山調査会創立一〇〇周年記念誌出版委員会」と奥付まで用意周到でした。

大雪山調査会と荒井初一の原稿を書くように、清水さんにそもそも勧めていたのは層雲峡ビジターセンター長、片山徹さんであり、彼と大雪山アーカイブスを所管する東川町文化交流課などと協議して、清水さんの思いを忠実に実現していくことになりました。

序の項は清水さんは何も書いていません。出版委員会のしかるべき人に書いてもらおうとしていたのか、その推測はやめて白紙のままの序にするなど、原稿は手を加えないことに徹しました。

二〇二一年ファイルには「幻の大雪山奥山盆地」など大雪山調査会と関連する原稿なのか、そうではないのか、判然としない原稿が三編あり、一緒に掲載すると記述、引用が重複して読者を惑わせる恐れがありましたが、切り口が多彩な清水さんの執筆を公開したい一心で「未発表原稿」として収録しました。二〇二二年ファイルに「トムラウシ山登山大会開催についての提案」があり、パソコン入力日時が2023・01・02 14:58、これを「絶筆」と判断して締めくくりに収録しました。

出版に当たっては清水さんの代表作『大雪山の父・小泉秀雄』『知られざる大雪山の画家・村田丹下』などを担当された北海道出版企画センターにお願いし、これら大雪山代表作と同じ組み版としていただきました。

編集にあたっては、次の方々、団体・企業のご協力をいただきました。まことにありがとうございました。

◎個　人

東延江さん、大塚友記憲さん、大西智良さん、沓澤章俊さん、黒田忠さん、笹川良江さん、宗万脩史さん、長原洋子さん、野澤緯三男さん、播磨秀幸さん、福田和民さん

◎団体・企業

（株）あいわプリント、荒井建設（株）、層雲閣、（株）総合企画、旭川市中央図書館、

旭川文学資料館、旭川東高等学校「五本松史料館」、旭川別院、神皇寺、大休禅寺、北海道立図書館、北海道立総合博物館、上川町郷土資料館

出版委員　西原　義弘　文責
片山　徹
佐久間　弘
東川町

清水敏一年譜・著作目録

清水敏一年譜

一九三三年（昭和　八年）　一月一日　京都市下京区に生まれる
一九三九年（昭和一四年）　京都市立藤森尋常小学校尋常科入学
一九四五年（昭和二〇年）　四月　京都市立四条航空工業学校航空機科入学
九月　京都市立四条工業学校（終戦で校名変更）機械科
一九四六年（昭和二一年）　京都市立第二工業学校へ転校
一九四七年（昭和二二年）　学制改革で校名が京都市立伏見工業高等学校と変更、機械科付設中学三年生
一九五一年（昭和二六年）　三月　京都市立伏見高等学校金属工芸科卒業（現・京都市立伏見工業高等学校）
四月　寺内製作所入社
秋　寺内製作所退社。退職金でカメラ（オリンパス三五ミリ）を一二五〇〇円で購入
一九五三年（昭和二八年）　秋　積水化学工業（株）京都工場入社
一九五四年（昭和二九年）　六月　同僚六人と比良山・武奈ヶ岳（一二一四メートル）登頂
八月　第二回全積水富士山登山に参加
一九五五年（昭和三〇年）　八月　大台ヶ原（一六九五メートル）登山（奈良県主催）に参加
一九五六年（昭和三一年）　五月　鈴鹿山地の愛知川遡行
七月　北アルプス浄土山、龍王山、立山、劔岳縦走

一九五七年（昭和三二年）

九月　中央アルプス縦走

一一月　藤内壁の岩場から御在所、雨乞、鎌ヶ岳登頂

一二月　伊吹山（一三七七メートル）登頂

八月　南アルプス鳳凰三山縦走、白根三山縦走

一〇月　槍穂高縦走し、焼岳も登頂

一一月　富士山登頂

一二月　木曽駒ヶ岳（二九五六メートル）登頂

一九五八年（昭和三三年）

九月　積水山岳会として京都府山岳連盟に加盟、第一三回国体立山連峰登山に出場

一〇月　焼岳の中尾峠でマインベルク（串田孫一が立ち上げた山岳会）会員・角田久仁恵さんと出会う

一〇月　中央アルプス滑川大崩谷登攀

一二月三〇日〜五九年一月三日　厳冬期の木曽駒大崩谷（滑川北俣本谷）をアタックリーダーとして完全遡行（『岩と雪』第六号、二九六〜三〇七ページ・山と渓谷社（一九五九・一一・一〇）と、『日本登山記録大成』第二〇巻「富士山、木曽駒」の項に記録掲載）

一九六〇年（昭和三五年）

三月　中央アルプス滑川宝剣沢遡行（積雪期単独登攀として『岳人』記録速報掲載）

四月　北アルプス鹿島槍ヶ岳北壁ピークリッジ三角岩壁登攀（『岳人』記録速報に「鹿島槍北壁ピークリッジ左三角岩正面登攀」掲載）

一一月　富士山での第一回登山指導者講習会（文部省主催）に参加、一九日に大雪崩が発生、講習会参加者も急きょ、遭難救助活動に加わる

一九六二年（昭和三七年）　三月　中央アルプス蕎麦粒岳中央稜（二二三〇メートル）登攀（『岳人』一九六三年五月号に「中央アルプス蕎麦粒岳荻原沢＝木曽路のかくれたる岩山」掲載）

一九六四年（昭和三九年）　一月　吉田大沢から厳冬期の富士山登頂

二月　木曽前岳（二八二六メートル）厳冬期初登頂

三月　蕎麦粒岳荻原沢を積雪期初登（『岳人』No.二二九に「雪の中の記録　中央アルプスの回想」記録掲載）

六月　岩見沢の北海道積水工業（株）へ転勤

岩見沢から道南の駒ヶ岳日帰り登山

八月　利尻山登頂

一九六五年（昭和四〇年）　一月　大雪山旭岳登頂

五月　斜里からウトロを歩き羅臼岳登頂

一九六六年（昭和四一年）　五月　残雪期の利尻山登頂

一九六八年（昭和四三年）　七～八月　大阪岳連第二次カナダ・コーストレンジ遠征に副隊長として参加。ワーデイントン峰（四〇四一メートル）登頂

一九六九年（昭和四四年）　一〇月二四日　角田久仁恵さんと結婚

一九七一年（昭和四六年）　岩見沢の高台へ夫妻でサイクリング中に、出会った農家の土地（緑が丘）を一三五坪購入

一九七二年（昭和四七年）　緑が丘に新居を建てる。運転免許を取ってマイカーを購入、夫婦で

各地の山登りの機会がその後増えていく

一九七九年（昭和五四年）　四月　全道向けＮＨＫ情報番組「おはよう1スタ」が放送開始、久仁恵さん創作の市町村の紋章（Ａ3のアート作品）が毎回スタジオのコーナータイトルとなり、久仁恵さん自身が登場することもあり、一九八三年九月九日まで続いた

一九八一年（昭和五六年）　三月　編集責任者となった岩見沢市緑が丘駒沢町内会『十年誌』が完成。久仁恵さんが表紙とカットを担当。昭和五三年からしばらく町内会副会長、久仁恵さんは五一、五二年婦人部会計として夫唱婦随で町内会でも親睦、活躍する

一九八五年（昭和六〇年）　四月一〇日　わが小泉秀雄―孤独なパイオニア慕って『大雪山物語』（北海道新聞社）に掲載

二〇〇一年（平成一三年）　二月二二日　夫婦そろってどろ亀さんこと東大名誉教授・高橋延清さん（札幌）訪ね、久仁恵さんがオリジナル書名本『樹海　夢・森に降りつむ』をいただく

二〇〇六年（平成一八年）　一一月二〇日　大雪山の父、峰に名残す　明治―大正期踏査の先駆者、小泉秀雄の生涯発掘、日本経済新聞（札幌支社）掲載

二〇〇九年（平成二一年）　七月一九日　久仁恵さん死去、旭川医大に献体
久仁恵さんは毎日欠かさず日記を書き、体調不良となった二〇〇八年六月一日まで約四〇年分、四〇冊が遺り、東京大学総合博物館に寄贈

二〇一〇年（平成二二年）　九月二六日　『懐想の記　清水久仁恵生誕八一年』を出版
二〇一一年（平成二三年）　六月一九日　元NHK関係者が呼びかけて、「久仁恵さんを偲ぶ会」を札幌京王プラザホテルで開催
二〇一六年（平成二八年）　五月　東川町に転住。東川町から大雪山ライブラリー専門員（現大雪山アーカイブ）を委嘱
二〇二〇年（令和　二年）　七月一九日　『わが山の人生』を大雪山房から自費出版、最後の著書となる
二〇二二年（令和　四年）　三月六日　東川町特別功労賞受賞
一〇時一一分、誤えん性肺炎の為、入院先の日赤病院で逝去、旭川医大に献体
二〇二三年（令和　五年）　八月五日　追悼の大雪山アーカイブス講演会「山岳史家・清水敏一氏の足跡をたどる」開催
九月　東川町が清水敏一さんからの寄付を原資に「大雪山文化振興基金」を設置
二〇二四年（令和　六年）　四月二三日　東川町が「清水敏一大雪山賞」を創設
六月一五日　旭岳山のまつり（ヌプリコロカムイノミ）会場で、第一回「清水敏一大雪山賞」表彰式
受賞者［個人］庄内孝治さん
［団体］川村カ子トアイヌ記念館
東川町大雪山愛護少年団

小さな山旅登山年表

※印　清水敏一著『わが山の人生』（二〇二〇年刊）の本文「登山紀行」に掲載を示す。

以下、日程・山地名・山名（標高）

一九八九年（平成元年）

※　一月三一日（火）　六甲山地　摩耶山（七〇二）
〃　六甲最高峰（九三一）
※　九月一四日（木）　九重連山　星生岳（一七六二）
〃　久住山（一七八六）
〃　中岳（一七九一）
〃一五日（金）　阿蘇山　高岳（一五九二）
〃　中岳（一五二〇）
※　〃一六日（土）　〃　根子岳東峰（一四〇八）
〃　杵島岳（一三二一）
※　三月一一日（日）　丹沢山地　塔ノ山（一四九一）
〃　丹沢山（一五六七）
〃　三峰（一三四〇）
〃一五日（木）　箱根　金時山（一二一三）
※一〇月一六日（土）　播州山地　雪彦山（九一六）
〃一七日（日）　奥多摩　大岳山（一二六七）
※一一月二三日（金）　高見山地　高見山（一二四九）
※　〃二四日（土）　高野連山　陣ガ峰（一一〇六）
〃　高野三山（一一〇四）
〃二五日（日）　和泉山地　岩湧山（八九八）

一九九〇年（平成二年）

※　一月二七日（土）　金剛山地　金剛山（一一一二）
〃　葛城山（九六〇）
〃二八日（日）　高見山地　三峰山（一二三五）
※　二月一七日（土）　御坂山地　三ッ峠山（一七八六）
※　〃一八日（日）　大菩薩連嶺南東部　扇山（一一三八）
〃　百蔵山（一〇〇三）
〃　岩殿山（六四三）

一九九一年（平成三年）

二月　九日（土）　京都西山　ポンポン山（六八七）
※　〃一〇日（日）　奥秩父南部　乾徳山（二〇一六）
〃一一日（月）　小金沢連嶺　滝子山（二五九〇）
※　七月　六日（土）　播州山地　七種山（六八一）
〃　七種槍（五七七）
※　〃　七日（日）　〃　明神山（六六八）
一一月　二日（土）　道志山地　倉岳山（九九〇）

※ 〃 三日（日） 奥秩父 金峰山 （二五九九）
〃 瑞牆山 （二二三〇）
※ 〃 四日（月） 奥秩父南部 茅ガ岳 （一七〇四）
〃 金ガ岳 （一七六四）

一九九二年（平成四年）

一月二五日（土） 室生火山群 住塚山 （一〇〇九）
〃 国見山 （一〇一二）
※ 〃 二六日（日） 六甲山地 座頭谷 （九三一）
※ 三月二七日（金） 比良山地 蛇谷ガ峰 （九〇二）
※ 〃 二八日（土） 多紀連山 三岳 （七九三）
〃 小金ガ岳 （七二五）
※ 六月一七日（水） 石鎚山地 石鎚山 （一九八二）
※ 〃 一八日（木） 松山市 道後村めぐり
※ 七月一一日（土） 西上州 妙義山 （一一〇三）
〃 一二日（日） 赤城山 黒桧山 （一八二八）
※一〇月三〇日（金） 大菩薩連嶺西部 笹子雁ガ腹摺山 （一三五八）
※ 〃 三一日（土） 大菩薩連嶺 大菩薩嶺 （二〇五七）
一一月 一日（日） 奥多摩 御前山 （一四〇五）
〃 三日（火） 〃 川苔山 （一三六四）

一九九三年（平成五年）

一月一六日（土） 室生火山群 学能堂山 （一〇二一）
〃 一七日（日） 鈴鹿山地 藤原岳 （一一二〇）
※ 〃 一八日（月） 丹波高原 長老ガ岳 （九一七）
※ 〃 二一日（木） 湖南アルプス 鶏冠山 （四九一）
※ 二月一九日（金） 奥武蔵 武川岳 （一〇五二）
〃 二子山 （八八三）
※ 〃 二〇日（土） 北秩父 御嶽山 （一〇八〇）
奥秩父 三峰山 （一一〇一）
〃 妙法ガ岳 （一五三二）
〃 二一日（日） 奥武蔵 伊豆ガ岳 （八五一）
※ 八月 三日（火） 中国山地 蒜ガ岳 （一〇〇四）
〃 弟見山 （一〇八五）
〃 四日（水） 六甲山地 西山谷 （九三一）
※ 九月二五日（土） 奥多摩 鷹ノ巣山 （一七三七）
※ 〃 二六日（日） 〃 高水三山 （七九三）

一九九四年（平成六年）

※ 一月二一日（金） 湖南アルプス 飯道山 （六六四）
※ 〃 二二日（土） 天城山 万二郎岳 （一二九四）
〃 万三郎岳 （一四〇八）
〃 二三日（日） 丹沢山地 大山 （一二四六）
※ 六月一六日（木） 西上州 物語山 （一〇一九）
※ 〃 一七日（金） 〃 荒船山 （一四二三）
※ 〃 一八日（土） 〃 小沢岳 （一〇八九）
一〇月一五日（土） 大菩薩連嶺南部 甲州高尾山 （一〇九二）
※ 〃 一六日（日） 南佐久 茂来山 （一七一八）
※ 〃 四方原山 （一六三二）
※ 〃 一七日（月） 〃 御座山 （二一一二）

2020

- 『わが山の人生』　大雪山房　2020（令和２年）７月19日

2011

- 大雪山《たいせつ》の父 小泉秀雄 『かけがえのないきみだから 中学生の道徳３年』北海道版(1)〜(4)頁 『学研』 2011（平成23年）

2013

- 『辻村家の物語―小田原と北海道』 大雪山房 2013（平成25年）３月１日

2014

- 『松浦武四郎研究家 吉田武三私伝』 大雪山房 2014（平成26年）３月１日
- 『大雪山から育まれる文献書誌集』 執筆・編集 清水敏一・宮崎アカネ・西原義弘 東川町 2014（平成26年）３月
- 憧憬の大雪山ふたつ 『大雪山から育まれる文献書誌集』 ５頁 東川町 2014（平成26年）３月

2015

- 『大雪山 神々の遊ぶ庭《カムイミンタラ》を読む』 清水敏一・西原義弘 ㈱新評論 2015（平成27年）２月28日
- 『大雪山から育まれる文献書誌集』第２集 執筆・編集 清水敏一・宮崎アカネ・西原義弘 東川町 2015（平成27年）３月

2016

- 『大雪山から育まれる文献書誌集』第３集 執筆・編集 清水敏一・西原義弘 東川町 2016（平成28年）３月

2019

- 憧憬の大雪山ふたつ／一の弟子・館脇操と大雪山 宮部博士の歴史的資料発見に寄せて 『大雪山から育まれる文献書誌集』第４集 15頁／235〜236頁 東川町 2019（平成31年）３月

1999

- 大雪山群の山名命名の謎を追って 『岳人』No.624　89～93頁　東京新聞出版局　1999（平成11年）６月１日
- 羆の跋扈する山へ―小泉秀雄と大雪山をめぐる 『季刊銀花 夏の号』第118号　73～76頁　文化出版局　1999（平成11年）６月30日

2000

- 北海道の槍ヶ岳　十勝連峰の山名変遷の一こまを探る 『岳人』No.632　88～91頁　東京新聞出版局　2000（平成12年）２月１日

2002

- 北の山の詩人・井田清 『山書研究』第45号　67～86頁　日本山書の会　2002（平成14年）５月25日

2003

- 『知られざる大雪山の画家・村田丹下』 北海道出版企画センター　2003（平成15年）12月10日

2004

- 『大雪山の父・小泉秀雄』 北海道出版企画センター　2004（平成16年）

2007

- 『山岳画家　加藤淘綾 ―歌と旅の人生―』 日本山書の会　2007（平成19年）７月７日　※上製本は30部

2010

- 『大町桂月の大雪山―登山の検証とその同行者たち』 北海道出版企画センター　2010（平成22年）３月25日
- 『懐想の記 清水久仁恵生誕81年』 清水敏一　2010（平成22年）９月26日

売新聞社　1998（平成10年）2月10日

- ヌタプへようこそ　読売新聞北海道版ニュース面コラム「はまなす」　読売新聞社　1998（平成10年）2月24日
- 山と人雑想　読売新聞北海道版ニュース面コラム「はまなす」　読売新聞社　1998（平成10年）3月10日
- 落ち穂拾い　読売新聞北海道版ニュース面コラム「はまなす」　読売新聞社　1998（平成10年）3月24日
- 歩くことさまざま　読売新聞北海道版ニュース面コラム「はまなす」　読売新聞社　1998（平成10年）4月7日
- 再び歩くことについて　読売新聞北海道版ニュース面コラム「はまなす」　読売新聞社　1998（平成10年）4月21日
- 歩く運動今昔　読売新聞北海道版ニュース面コラム「はまなす」　読売新聞社　1998（平成10年）5月19日
- 読書の楽しみ　読売新聞北海道版ニュース面コラム「はまなす」　読売新聞社　1998（平成10年）6月2日
- 独り歩き　読売新聞北海道版ニュース面コラム「はまなす」　読売新聞社　1998（平成10年）6月16日
- 山三様　読売新聞北海道版ニュース面コラム「はまなす」　読売新聞社　1998（平成10年）6月30日
- 意外な逝き方　読売新聞北海道版ニュース面コラム「はまなす」　読売新聞社　1998（平成10年）7月14日
- 中高年と百名山　読売新聞北海道版ニュース面コラム「はまなす」　読売新聞社　1998（平成10年）7月28日
- 歌声喫茶と山の歌　読売新聞北海道版ニュース面コラム「はまなす」　読売新聞社　1998（平成10年）8月11日
- 一山一湯登山　読売新聞北海道版ニュース面コラム「はまなす」　読売新聞社　1998（平成10年）8月25日
- 登山風俗の移り変わり　読売新聞北海道版ニュース面コラム「はまなす」　読売新聞社　1998（平成10年）9月8日
- 看板に偽りなし？　読売新聞北海道版ニュース面コラム「はまなす」　読売新聞社　1998（平成10年）9月22日

京新聞出版局　1993（平成５年）10月１日

1995

- 『小泉秀雄植物図集』没後50年記念　小泉秀雄植物図集刊行会　1995（平成７年）１月18日

1996

- 『大雪山の父・小泉秀雄』（ＨＴＢまめほん58）　北海道テレビ放送　1996（平成８年）４月10日

1997

- 大雪山房物語　読売新聞北海道版ニュース面コラム「はまなす」　読売新聞社　1997（平成９年）10月７日
- 日本一の山「日本国」　読売新聞北海道版ニュース面コラム「はまなす」　読売新聞社　1997（平成９年）10月21日
- 表と裏談義　読売新聞北海道版ニュース面コラム「はまなす」　読売新聞社　1997（平成９年）11月４日
- 湿原の幻想　読売新聞北海道版ニュース面コラム「はまなす」　読売新聞社　1997（平成９年）11月18日
- 勇駒別温泉考　読売新聞北海道版ニュース面コラム「はまなす」　読売新聞社　1997（平成９年）12月２日
- 欠礼の通知　読売新聞北海道版ニュース面コラム「はまなす」　読売新聞社　1997（平成９年）12月16日
- 心のこもる贈り物　読売新聞北海道版ニュース面コラム「はまなす」　読売新聞社　1997（平成９年）12月30日

1998

- 新年に思うこと　読売新聞北海道版ニュース面コラム「はまなす」　読売新聞社　1998（平成10年）１月13日
- 独りよがり　読売新聞北海道版ニュース面コラム「はまなす」　読売新聞社　1998（平成10年）１月27日
- 続・独りよがり　読売新聞北海道版ニュース面コラム「はまなす」　読

1984

- 『続・大雪山わが山小泉秀雄』 清水敏一　1984（昭和59年）4月10日

1986

- 私の研究レポート　大雪山と小泉秀雄 『岳人』No.470　174～166頁　東京新聞出版局　1986（昭和61年）8月1日

1987

- 『大雪山文献書誌』第1巻　清水敏一　1987（昭和62年）4月1日

1988

- 『大雪山文献書誌』第2巻　清水敏一　1988（昭和63年）2月1日

1989

- 『大雪山文献書誌』第3巻　清水敏一　1989（平成元年）9月1日

1990

- トムラウシ登山ひとつの試み『ビスターリ』No.5　90年夏号　80～81頁　山と渓谷社　1990（平成2年）7月1日
- 羊蹄山と尻別岳の“標高逆転”は何故？　男山と女山をめぐる一考察　『岳人』No.521　152～154頁　東京新聞出版局　1990（平成2年）11月1日

1992

- 北大山岳部「時報」北大山の会「会報」戦前編の解題 『山書研究』第37号　39～59頁　日本山書の会　1992（平成4年）10月12日
- 北の山の名著を訪ねて 『山と私たち』 197～214頁　北海道自然保護協会　1992（平成4年）

1993

- 『大雪山文献書誌』第4巻　清水敏一　1993（平成5年）8月1日
- 米、英軍放出品に学ぶ私の山道具入門 『岳人』No.556　100～102頁　東

海道撮影社　1973（昭和48年）９月15日

- 島崎藤村と山　『山書研究』第19号　61～85頁　日本山書の会　1973（昭和48年）11月25日

1974

- 「山と渓谷」さまざま　『北の溪谷』　64～73頁　あうる舎　1974（昭和49年）10月31日
- 山男雑想　『季刊 北の山脈』16号　89～91頁　㈱北海道撮影社　1974（昭和49年）12月15日

1975

- 山の本 現代語訳「後方羊蹄日誌」「石狩日誌」『季刊 北の山脈』18号　98頁　㈱北海道撮影社　1975（昭和50年）６月15日
- 河東碧梧桐と山　『山書研究』第20号　31～58頁　日本山書の会　1975（昭和50年）５月

1976

- 山の本「蝦夷歳時記（東暦物象篇）」『季刊 北の山脈』23号　101頁　㈱北海道撮影社　1976（昭和51年）９月15日

1978

- 『北の紋章』　清水敏一・久仁恵編　1978（昭和53年）12月25日

1981

- 駒沢町内会をめぐる地名とその名称について／岩田信雄先生のこと／編集を終えて（編集責任者）『十年誌　1981岩見沢市緑が丘　駒沢町内会』26～27頁／80～81頁／98～100頁　駒沢町内会　表紙とカットの版画は清水久仁恵　1981（昭和56年）３月21日

1982

- 『大雪山わが山小泉秀雄』　清水敏一　1982（昭和57年）８月１日

1969

- コースト・レンジワーディントン登頂　1968年6～7月の記録　『岳人』No.258　119～123頁　中日新聞東京本社　1969（昭和44年）1月1日
- バンクーバーの日日　『山書研究』第12号　60～77頁　日本山書の会　1969（昭和44年）7月15日
- 職域山岳団体の問題点　『岳人』No.270　―特集 冬山の対策―　99～100頁　東京新聞出版局　1969（昭和44年）12月1日
- 積水山岳創立15周年記念号　編集人清水敏一・高橋正　積水山岳会　1969（昭和44年）12月1日
- 続・バンクーバーの日日　『山書研究』第13号　64～72頁　日本山書の会　1969（昭和44年）12月14日

1970

- 続・北海道の山三題　『山書研究』第14号　76～85頁　日本山書の会　1970（昭和45年）8月10日

1971

- 田山花袋と山　『山書研究』第16号　92～110頁　日本山書の会　1971（昭和46年）8月15日
- 北大予科旅行部々報「カール」について　『山書研究』第17号　9～59頁　日本山書の会　1971（昭和46年）12月20日

1972

- ヌタック考　『山書研究』第18号　122～173頁　日本山書の会　1972（昭和47年）7月20日
（ヌタック考　『北の山と人－その登山史的展望』高澤光雄編　再掲載　1972（昭和47年）7月20日）

1973

- 紀行郷土と山　「山と岩見沢」『季刊 北の山脈』9号　―日高山地特集　81～84頁　㈱北海道撮影社　1973（昭和48年）3月15日
- 山の本・北の山旅 丹征昭　『季刊 北の山脈』11号　106～108頁　㈱北

清水敏一著作目録

1961

- 積雪期滑川の谷々＝バリアンテにとむ　『岳人』No.154　50～53頁　東京中日新聞　1961（昭和36年）２月１日
- 山での道具について　『岳人』No.158　—北アルプス3000m特集—　アンケート　63頁　東京中日新聞　1961（昭和36年）６月１日

1963

- 中央アルプス　蕎麦粒岳荻原沢　木曽路のかくれたる岩山　『岳人』No.181　61～63頁　東京中日新聞　1963（昭和38年）５月１日

1965

- ブッシュこぎのコツ＝もっとも日本的なクラフト　『岳人』No.209　54～55頁　東京中日新聞　1965（昭和40年）７月１日

1966

- 知床の印象記＝北海道の山　『岳人』No.224　—北海道特集—　60～61頁　東京中日新聞　1966（昭和41年）８月１日
- 雪の中の記録 中央アルプスの回想　『岳人』No.229　—中ア・御岳特集—　59～61頁　東京中日新聞　1966（昭和41年）12月１日

1967

- 権兵衛峠今昔　『山書研究』第９号　32～36頁　日本山書の会　1967（昭和42年）12月15日

1968

- 北海道の山三題　『山書研究』第11号　13～27頁　日本山書の会　1968（昭和43年）12月10日
- 利尻岳をめぐって　『岳人』No.249　—特集 縦走3000m—　78～79頁　東京新聞出版局　1968（昭和43年）６月１日

樽前山登山記念（『北海道山岳會記念写真帖』1935年）……185
樽前山登山記念（山麓）（『北海道山岳會記念写真帖』1935年）……185
層雲渓夏期大学聴講生大雪山登山（『北海道山岳會記念写真帖』1935年）……186
大沼公園より見たる駒ヶ岳（『北海道山岳會記念写真帖』1935年）……186
旭岳絶頂の登山隊員（『ヌプリ』創刊号 1924年１月）……187
『ヌプリ』２号 北海道山岳写真号（北海道山岳会 1924年12月）……187
第二回大雪山夏期大学　社告（「北海タイムス」1927年６月20日）……188

層雲峡より大雪山へ（『桂月全集 別巻』1929年）……190
大町桂月先生誕生地（高知市永国寺町４－10）……190
河東碧梧桐（1873～1937）（国立国会図書館「近代日本の肖像」）……191
桂月の富士山登山（『桂月全集 別巻』1929年）……192
留辺志部より見うる大雪山（『桂月全集 別巻』北海道日記一）……193
蓬莱岩より北鎮をのぞむ（『桂月全集 別巻』北海道日記一）……195
水姓吉蔵（1873～1956）（『大雪山のあゆみ』1965年）……195
黒岳沢中流の滝（福田和民さん提供 清水敏一著『大町桂月の大雪山』2010年）……196
難行する急峻な沢登り（『桂月全集 別巻』北海道日記一）……197
アイシポップの渓を下れり（『桂月全集 別巻』北海道日記一）……198
桂月岳（黒田忠さん撮影）……199
８月20日　はじめて、大雪山を見る（『桂月全集 別巻』北海道日記一）……200
『登高行』Ⅲ　慶応山岳部年報　1920-1921（大正10年６月20日　東京市芝区三田慶　応義義塾大学體育会山岳部　佐久間弘さん所蔵）……201
大島亮吉「石狩岳より石狩川に沿ふて」（『登高行』Ⅲ）……201
成田嘉助（『大雪山のあゆみ』1965年）……202
羊蹄山（『ヌプリ』３号 北海道山岳紀行号 1926年１月）……203
清水敏一著『大町桂月の大雪山』（2010年）……204
『山岳』第拾貳年第二、三號（日本山岳会 1918年７月）……205
奥山盆地が分かる地図（『大雪山』折りたたみ地図）……205
芥川龍之介（1892-1927）（国立国会図書館「近代日本の肖像」）……206

挿入図一覧

『大雪山』:『大雪山 登山法及登山案内』（大雪山調査会 1926）の略
『開発史』:『大雪山及石狩川上流探検開発史』（大雪山調査会 1926）の略

人名索引

（五〇音順、原則として常用漢字で表している、読み方は一般的な読みとした）

清水　敏一（しみず・としかず）
1933年　京都に生まれる
1964年　北海道岩見沢市に転住
2016年　北海道東川町に転住
2023年　北海道東川町にて逝去
所　属　山岳史家、日本山書の会会員
編著書　『大雪山文献書誌』全４巻
『小泉秀雄植物図集』
『知られざる大雪山の画家・村田丹下』
『大雪山の父・小泉秀雄』
『山岳画家・加藤淘綾－歌と旅の人生－』
『大町桂月の大雪山』
『懐想の記清水久仁恵生誕81年』
『小田原と北海道辻村家の物語』
『松浦武四郎研究家吉田武三私伝』
『大雪山　神々の遊ぶ庭を読む』
『わが山の人生』

大雪山研究と開発のパイオニア
大　雪　山　調　査　会

発　行　2024年12月４日
著　者　清　水　敏　一
編　集　大雪山調査会創立100周年記念誌出版委員会
片山徹、佐久間弘、西原義弘、東川町
発行者　大雪山調査会創立100周年記念誌出版委員会
住　所　〒071-1492 北海道上川郡東川町東町１丁目16番１号
電　話　0166-82-2111
発行所　北海道出版企画センター
〒001-0018 北海道札幌市北区北18条西6丁目2-47
電　話　011-737-1755　FAX 011-737-4007

ISBN978-4-8328-2405-8 C0023　¥3600E

作家氏名：村田丹下
タイトル：「層雲渓」
技法：油絵・板
支持体サイズ：Ｐ12号（絵寸606×455㎜）
制作年：1926年10月

カバー図版の解説

作品情報：

・村田丹下が大雪山調査会から正式に委嘱されたのが1927年ということから、「層雲渓」は委嘱前に制作された絵画で300枚といわれる大雪山の絵画のなかでも、初期に描かれたものと推測される。絵画構成は、手前に建設途中の層雲閣が描かれており、制作月が10月とあることから建物周辺には降雪が残っている。その奥には、石狩川の激流が「蓬莱岩」に阻まれて激しく白波が立ち、蓬莱岩を中継地とした丸太を架けた「蓬莱橋」が両岸を繋いでいる。「蓬莱岩」は、大町桂月により命名（1921年）され、桂月はこの岩の上で月明かりに映える黒岳、凌雲岳、無名峰（のちの桂月岳）を仰ぎながら三詩（神居古潭、大函、塩谷温泉）を詠んだとされる。

・村田丹下が描いた大雪山（現在確認されているのは28枚）の絵画は、大半が山岳をメインにした風景画であるが、塩谷が所有していた２点の絵画は山岳画ではなく建物をメインにした「層雲渓」と「塩谷邸」である。推測ではあるが委嘱前の絵画であることから、塩谷自身が制作依頼をして描かせた絵画かもしれない。「層雲渓」は層雲閣建設途中の絵画であり、塩谷は自身がこれから調査会活動から層雲峡開発事業を行っていくプロセスをこの絵画に重ね合わせていたことから、山岳画ではなく「層雲渓」を最後まで所有し手放さなかったのかもしれない。

・この絵画は塩谷忠が当初所有していたことから大雪山調査会事務所（旭川市６条17丁目）に飾られていた。絵画は塩谷忠没後、娘から孫娘に引き継がれたが引っ越しを機に孫娘が知り合いの札幌の画廊に譲渡した。譲渡品のなかには、「層雲渓」の他に村田丹下が描いた「塩谷邸」と大町桂月から贈られた「掛け軸」があったとされるが、現在は確認できていない。
清水氏は「知られざる大雪山の画家・村田丹下」のなかでも書かれているように、300点ともいわれる丹下の絵画（清水氏は100点ほどと推測）の所在を探していたことから、この絵の情報を伝えたところ後日、札幌の画廊に連絡をして絵画代について交渉をしたが購入には至らなかったという。

出版委員（層雲峡ビジターセンター長）　片山　徹